普通高等职业教育"十三五"规划教材

教育部高等学校高职高专经济类教指委重点建设课程教材

21世纪高职高专会计类专业课程改革规划教材

成本会计实务

第四版

主　编◎董淑芳　王飔雨

副主编◎王国英　王峰声　李培红　杨明太　侯冬梅

中国人民大学出版社

·北京·

图书在版编目（CIP）数据

成本会计实务/董淑芳，王飓雨主编．—4版．—北京：中国人民大学出版社，2018.7
21世纪高职高专会计类专业课程改革规划教材
ISBN 978-7-300-25935-2

Ⅰ．①成… Ⅱ．①董… ②王… Ⅲ．①成本会计-会计实务-高等职业教育-教材 Ⅳ．①F234.2

中国版本图书馆CIP数据核字（2018）第134421号

普通高等职业教育“十三五”规划教材
教育部高等学校高职高专经济类教指委重点建设课程教材
21世纪高职高专会计类专业课程改革规划教材
成本会计实务（第四版）
主　编　董淑芳　王飓雨
副主编　王国英　王峰声　李培红　杨明太　侯冬梅
Chengben Kuaiji Shiwu

出版发行	中国人民大学出版社		
社　址	北京中关村大街31号	邮政编码	100080
电　话	010－62511242（总编室）		010－62511770（质管部）
	010－82501766（邮购部）		010－62514148（门市部）
	010－62515195（发行公司）		010－62515275（盗版举报）
网　址	http://www.crup.com.cn		
	http://www.ttrnet.com(人大教研网)		
经　销	新华书店		
印　刷	北京密兴印刷有限公司	版　次	2009年3月第1版
规　格	185 mm×260 mm　16开本		2018年7月第4版
印　张	16	印　次	2018年7月第1次印刷
字　数	373 000	定　价	35.00元

前　言

本书自2009年出版后，随着具体会计准则和有关法规的陆续出台，已经过两次修订，深受读者好评。本次修订主要是依据财政部最新颁发实施的《企业会计准则》，按照现行《企业产品成本核算制度（试行）》及“营改增”后的税收政策，并结合实际教学过程中发现的问题以及部分读者来信中的建议，对正文的相关内容及教师使用的教学资源做了适当的修正。

本次修订保持教材原有的框架，增加了“项目六　作业成本法”。主要介绍了作业成本法的基本原理和一般程序，并通过实例进一步说明作业成本法与传统成本法的区别，使得成本会计的内容更加充实，以适应新时期、新制度环境下成本会计的发展并满足企业经营管理的需要，为学生将来的可持续发展奠定较为扎实的基础。

本次修订主要由黄河水利职业技术学院董淑芳、王飔雨负责，王国英、李培红、侯冬梅、杨明太及江苏商贸职业学院王峰声老师等共同参与。全书具体分工为：董淑芳编写第一部分；李培红编写第二部分项目一的任务一和任务三；王飔雨编写第二部分项目一的任务二、项目六及项目六测试题；王峰声编写第二部分项目一的任务四、项目二及项目二测试题；侯冬梅编写第二部分项目一的任务五及项目一测试题；杨明太编写第二部分的项目三及其测试题；王国英编写第二部分的项目四及其测试题、项目五及其测试题。

本书既可以作为高等职业院校会计专业的成本会计教材、普通本（专）科院校会计专业的辅助教材，也可以作为在职会计人员岗位培训用书、自学进修用书。

尽管我们反复斟酌，多次修改，但差错在所难免。欢迎广大读者和同行批评指正，以便对本书做进一步修改和补充。

编　者

前言

目　录

第一部分　课程的整体设计及基本理论

第二部分　成本核算方法

项目一　品种法　37
任务一　熟悉生产过程　37
任务二　各项要素费用的归集与分配　45
任务三　综合性费用的归集与分配　76
任务四　完工产品成本的计算与结转　96
任务五　成本报表的编制与分析　115

项目二　分批法　148
任务一　熟悉生产过程　148
任务二　生产费用的归集与分配　151

项目三　分步法　162
任务一　熟悉生产过程　162
任务二　生产费用的归集与分配　165

项目四　定额法　200
任务一　熟悉生产过程　200
任务二　生产费用的归集　201
任务三　完工产品成本的结转　211

项目五　分类法　216
任务一　熟悉生产过程　216
任务二　生产费用的归集与分配　217
任务三　完工产品成本的结转　223
任务四　联产品、副产品和等级产品的成本核算　225

项目六 作业成本法 234

任务一 熟悉作业成本 234

任务二 作业成本法的基本原理及计算程序 239

任务三 作业成本法与传统成本法的区别 242

任务四 作业成本管理 245

参考文献 250

第一部分

课程的整体设计及基本理论

一、课程的整体设计

（一）课程定位

“成本会计实务”是一门实用性很强的课程，是高职高专财经类会计专业的必修课，是自“基础会计”与“财务会计”之后的又一门专业课。通过该课程的学习，学生不仅可以掌握成本核算的基本方法与技能，又可为“管理会计”“审计”“财务管理”等后续课程的教学打下良好的基础。实际工作中，成本管理是实现企业利润最大化的主要手段之一，因此成本核算岗位在会计岗位中具有举足轻重的地位，该岗位出具的成本报表，不仅为企业内部管理决策提供重要信息，而且为企业财务成果计算、外部财务报表的及时报送提供重要的依据。

（二）课程设计理念

“成本会计实务”课程将工作和学习有机融合在一起，依据工作过程，以项目为导向，以任务为驱动，遵循“必需够用，能力为本”的设计理念，按照理论与实践相结合的原则进行教学内容的选取。也就是说，既要有一定的针对性和适用性，又要满足实际岗位技能以及相关证书考核的要求。

在内容组织上，本教材打破了“以知识点讲解”为起点的传统模式，建立起以工作过程为导向、以项目教学为表现形式的任务引领式课程设置，使其在内容结构上能够更好地与工作相对接，最大限度地培养学生的职业能力。为了尽量做到科学、准确，在设计中，组织相关教师多次到企业一线进行调查和搜集资料，在进行工作任务与职业能力初始分析的基础上，又聘请一些资深行业专家反复进行了修改和论证。本教材将成本核算的主要内容分为六个项目：品种法、分批法、分步法、定额法、分类法和作业成本法（其中，传统成本法的内容设计见图1-1-1）。让学生在以项目为载体所设计的综合化情境中学习，完成工作过程，并获得相关知识和技能。

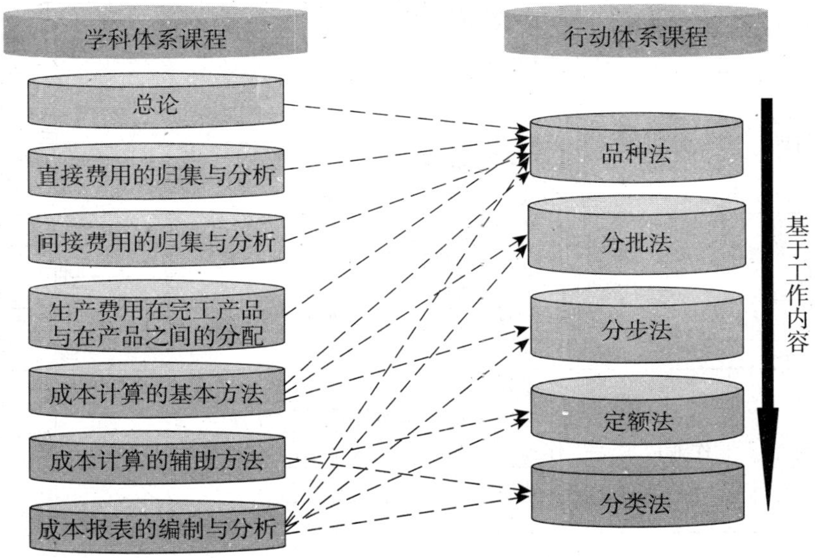

图1-1-1　传统成本法的内容设计（知识的解构与重构）

需要说明的是，该课程以项目为主体，并不排除必要的系统理论知识学习及单项技能训练。比如，在六个成本核算项目之前，先进行成本会计基础理论知识的学习，以帮助学生积累知识、增强对理论知识的理解，使学生从整体上理解每个工作任务；同时，在每个项目之后，适当配备了一些项目测试题，以提高学生的实际操作水平，达到更有效地培养学生职业能力的目的，从而体现了本教材“灵活、实用、多元化”的设计思路。

（三）课程的整体教学活动实施方案

在教学设计中，我们遵循“因材施教、灵活多样、化难为易”的教学原则，采取“实践为主、理论为辅”的教学模式，运用现代化教学设备辅助课程教学，将情境教学法与案例教学法有机结合，同时要求学生工学结合，实现与会计岗位的“零距离”对接，强化技能训练，以最终提高学生的知识水平和能力素质。

1. 课程项目内容及学时分配（见表 1－1－1）

表 1－1－1　项目内容及学时分配表

<table>
<tr><th colspan="3"></th><th>学习型工作任务</th><th>建议学时</th></tr>
<tr><td colspan="3" rowspan="3">第一部分：课程的整体设计及基本理论</td><td>课程的整体设计</td><td>2</td></tr>
<tr><td>成本会计基本理论概述</td><td>6</td></tr>
<tr><td>小计</td><td>8</td></tr>
<tr><td rowspan="27">第二部分：成本核算方法</td><td rowspan="6">项目一</td><td rowspan="6">品种法</td><td>熟悉生产过程</td><td>2</td></tr>
<tr><td>各项要素费用的归集与分配</td><td>6</td></tr>
<tr><td>综合性费用的归集与分配</td><td>8</td></tr>
<tr><td>完工产品成本的计算与结转</td><td>6</td></tr>
<tr><td>成本报表的编制与分析</td><td>6</td></tr>
<tr><td>小计</td><td>28</td></tr>
<tr><td rowspan="3">项目二</td><td rowspan="3">分批法</td><td>熟悉生产过程</td><td>2</td></tr>
<tr><td>生产费用的归集与分配</td><td>4</td></tr>
<tr><td>小计</td><td>6</td></tr>
<tr><td rowspan="3">项目三</td><td rowspan="3">分步法</td><td>熟悉生产过程</td><td>2</td></tr>
<tr><td>生产费用的归集与分配</td><td>6</td></tr>
<tr><td>小计</td><td>8</td></tr>
<tr><td rowspan="4">项目四</td><td rowspan="4">定额法</td><td>熟悉生产过程</td><td>2</td></tr>
<tr><td>生产费用的归集</td><td>2</td></tr>
<tr><td>完工产品成本的结转</td><td>2</td></tr>
<tr><td>小计</td><td>6</td></tr>
<tr><td rowspan="5">项目五</td><td rowspan="5">分类法</td><td>熟悉生产过程</td><td>1</td></tr>
<tr><td>生产费用的归集与分配</td><td>2</td></tr>
<tr><td>完工产品成本的结转</td><td>1</td></tr>
<tr><td>联产品、副产品和等级产品的成本核算</td><td>2</td></tr>
<tr><td>小计</td><td>6</td></tr>
<tr><td rowspan="5">项目六</td><td rowspan="5">作业成本法</td><td>熟悉作业成本</td><td>1</td></tr>
<tr><td>作业成本法的基本原理及计算程序</td><td>3</td></tr>
<tr><td>作业成本法与传统成本法的区别</td><td>1</td></tr>
<tr><td>作业成本管理</td><td>1</td></tr>
<tr><td>小计</td><td>6</td></tr>
<tr><td colspan="3"></td><td>合计</td><td>68</td></tr>
</table>

注：表中课时只是建议性的，具体执行时可根据实际情况做适当调整。

2. 课程具体教学实施方案

“成本会计实务”课程主要讲述成本的核算方法，而在成本核算中，主要以成本计算方法为主。所以，在不同的成本计算方法下，针对每个具体的工作任务，分别就学习情境、教学目标及教学组织等内容进行了如下设计。

项目一　品种法（28 学时）

任务一　熟悉生产过程（2 学时）

Ⅰ. 学习情境

(1) 企业的生产类型及其特点。

(2) 成本计算方法的确定。

(3) 品种法的适用范围。

(4) 品种法的特点。

(5) 品种法的核算程序。

Ⅱ. 教学目标

(1) 知识目标：了解企业各种生产类型的特点，熟悉其生产过程。

(2) 技能目标：会运用品种法进行产品成本的计算。

Ⅲ. 教学组织设计

(1) 学生角色：成本核算员。

(2) 教学情境：校外实训基地。

(3) 教学材料：企业实地参观学习。

(4) 教学内容过程设计：

1) 给学生发放成本核算业务流程图；

2) 到采用品种法的企业参观生产业务流程；

3) 由校外兼职教师（或企业一线成本核算人员）介绍企业采用品种法的生产业务流程及特点；

4) 学生归纳总结品种法的特点及适用范围。

任务二　各项要素费用的归集与分配（6 学时）

Ⅰ. 学习情境

(1) 材料费用的归集与分配。

(2) 职工薪酬费用的核算。

(3) 其他要素费用的核算。

Ⅱ. 教学目标

(1) 知识目标：

1) 了解各项费用要素的内容；

2) 熟悉各项费用要素归集的核算方法；

3) 掌握各项费用要素分配的核算方法。

(2) 技能目标：

1) 会核算材料费用；

2) 会核算人工费用；

3）会核算其他相关要素费用。

Ⅲ. 教学组织设计

（1）学生角色：成本核算员。

（2）教学情境：模拟企业的有关会计业务。

（3）教学材料：教材、《企业会计准则》、会计实训软件、多媒体教室和会计仿真实训室。

（4）教学内容过程设计：

各项要素费用核算按以下步骤进行：

1）编制归集各项要素费用的记账凭证；

2）确认各项要素费用的分配标准；

3）计算各项要素费用的分配率；

4）编制各项要素费用分配表；

5）编制分配各项要素费用的记账凭证。

任务三　综合性费用的归集与分配（8 学时）

Ⅰ. 学习情境

（1）辅助生产费用的归集与分配。

（2）制造费用的归集与分配。

（3）损失性费用的归集与分配。

Ⅱ. 教学目标

（1）知识目标：

1）了解各项费用的内容；

2）熟悉各项费用归集的核算方法；

3）掌握各项费用分配的核算方法。

（2）技能目标：

1）会核算辅助生产费用；

2）会核算制造费用；

3）会核算损失性费用。

Ⅲ. 教学组织设计

（1）学生角色：成本核算员。

（2）教学情境：模拟企业的有关会计业务。

（3）教学材料：教材、《企业会计准则》、会计实训软件、多媒体教室和会计仿真实训室。

（4）教学内容过程设计：

各项费用核算按以下步骤进行：

1）编制归集各项费用的记账凭证；

2）确认各项费用的分配标准；

3）计算各项费用的分配率；

4）编制各项费用分配表；

5）编制分配各项费用的记账凭证。

任务四　完工产品成本的计算与结转（6 学时）

Ⅰ. 学习情境

(1) 在产品和产成品的核算。

(2) 生产费用在完工产品和在产品之间的分配。

(3) 完工产品成本的结转。

Ⅱ. 教学目标

(1) 知识目标：

1) 了解完工产品与在产品之间的关系；

2) 熟悉在产品数量核算的账务处理；

3) 熟悉各种分配方法的特点及适用范围；

4) 掌握定额成本法、定额比例法和约当产量法及其账务处理；

5) 掌握完工产品成本结转的账务处理。

(2) 技能目标：

1) 能运用几种简单的分配方法进行生产费用的分配；

2) 能按照定额成本法进行生产费用的分配；

3) 能按照定额比例法进行生产费用的分配；

4) 能按照约当产量法进行生产费用的分配；

5) 能编制产品成本计算单；

6) 会进行账务处理。

Ⅲ. 教学组织设计

(1) 学生角色：成本核算员。

(2) 教学情境：模拟企业的有关会计业务。

(3) 教学材料：教材、会计实训软件、多媒体教室和会计仿真实训室。

(4) 教学内容过程设计：

1) 在产品数量的核算；

2) 几种简单的分配方法；

3) 定额成本法；

4) 定额比例法；

5) 约当产量法；

6) 产品成本计算单的编制；

7) 产品成本汇总表的编制；

8) 完工产品成本结转的账务处理。

任务五　成本报表的编制与分析（6 学时）

Ⅰ. 学习情境

(1) 成本报表概述。

(2) 成本报表的编制。

(3) 成本报表的分析。

Ⅱ. 教学目标

(1) 知识目标：

1）了解成本报表的内容及特点；

2）掌握成本报表的编制与分析方法。

(2) 技能目标：

1）能编制成本报表；

2）会进行成本报表的分析。

Ⅲ. 教学组织设计

(1) 学生角色：成本核算员。

(2) 教学情境：模拟一个企业的有关会计核算业务。

(3) 教学材料：教材、《企业会计准则》、会计实训软件、多媒体教室和会计仿真实训室。

(4) 教学内容过程设计：

1）成本报表的概念、特点、内容等；

2）成本报表的编制；

3）成本报表的分析。

项目二　分批法（6 学时）

任务一　熟悉生产过程（2 学时）

Ⅰ. 学习情境

(1) 生产类型特点。

(2) 按批别确定成本计算对象。

(3) 分批法的适用范围。

(4) 分批法的特点。

Ⅱ. 教学目标

(1) 知识目标：熟悉分批法的特点及适用范围。

(2) 技能目标：会运用分批法进行产品成本的计算。

Ⅲ. 教学组织设计

(1) 学生角色：成本核算员。

(2) 教学情境：校外实训基地。

(3) 教学材料：企业实地参观学习。

(4) 教学内容过程设计：

1）给学生发放成本核算业务流程图；

2）到采用分批法的企业参观生产业务流程；

3）由校外兼职教师（企业一线成本核算人员）介绍企业采用分批法的生产业务流程及特点；

4）学生归纳总结分批法的特点及适用范围。

任务二　生产费用的归集与分配（4 学时）

Ⅰ. 学习情境

(1) 分批法的成本计算程序。

(2) 一般分批法的应用。

(3) 简化分批法。

Ⅱ. 教学目标

(1) 知识目标：

1) 了解分批法的成本计算程序；

2) 熟悉一般分批法的计算方法；

3) 掌握简化分批法的计算方法。

(2) 技能目标：

1) 会运用一般分批法进行产品成本的计算；

2) 会运用简化分批法进行产品成本的计算。

Ⅲ. 教学组织设计

(1) 学生角色：成本核算员。

(2) 教学情境：模拟企业的有关会计核算业务。

(3) 教学材料：教材、《企业会计准则》、会计实训软件、多媒体教室和会计仿真实训室。

(4) 教学内容过程设计：

1) 一般分批法的概念、特点及计算方法；

2) 简化分批法的概念、特点及计算方法；

3) 一般分批法与简化分批法的区别。

项目三　分步法（8学时）

任务一　熟悉生产过程（2学时）

Ⅰ. 学习情境

(1) 生产类型特点。

(2) 按步骤确定成本计算对象。

(3) 分步法的适用范围。

(4) 分步法的特点和种类。

Ⅱ. 教学目标

(1) 知识目标：熟悉分步法的特点及适用范围。

(2) 技能目标：会运用分步法进行产品成本的计算。

Ⅲ. 教学组织设计

(1) 学生角色：成本核算员。

(2) 教学情境：模拟企业的有关生产业务流程。

(3) 教学材料：教材、会计实训软件、多媒体教室和会计仿真实训室。

(4) 教学内容过程设计：

1) 给学生发放分步法的成本核算业务流程图；

2) 由教师介绍企业采用分步法的生产业务流程及特点；

3) 学生归纳总结分步法的特点及适用范围。

任务二　生产费用的归集与分配（6 学时）

Ⅰ. 学习情境

（1）逐步结转分步法。

（2）平行结转分步法。

Ⅱ. 教学目标

（1）知识目标：

1）了解逐步结转分步法的特点及成本计算程序；

2）弄清楚平行结转分步法的特点及成本计算程序；

3）掌握逐步结转分步法下的综合结转分步法、分项结转分步法；综合结转分步法下的成本还原及平行结转分步法的计算方法。

（2）技能目标：

1）会用逐步结转分步法进行产品成本的计算；

2）会用平行结转分步法进行产品成本的计算。

Ⅲ. 教学组织设计

（1）学生角色：成本核算员。

（2）教学情境：模拟企业的有关会计核算业务。

（3）教学材料：教材、《企业会计准则》、会计实训软件、多媒体教室和会计仿真实训室。

（4）教学内容过程设计：

1）分步法的概念、特点及分类；

2）逐步结转分步法的概念、特点及计算方法；

3）成本还原；

4）平行结转分步法的概念、特点及计算方法。

项目四　定额法（6 学时）

任务一　熟悉生产过程（2 学时）

Ⅰ. 学习情境

（1）定额法的基本原理。

（2）定额法的适用范围。

（3）定额法的特点。

Ⅱ. 教学目标

（1）知识目标：熟悉定额法的特点及适用范围。

（2）技能目标：会运用定额法进行产品成本的计算。

Ⅲ. 教学组织设计

（1）学生角色：成本核算员。

（2）教学情境：校外实训基地。

（3）教学材料：企业实地参观学习。

（4）教学内容过程设计：

1）给学生发放成本核算业务流程图；

2）由教师介绍企业采用定额法的生产业务流程及特点；
3）学生归纳总结定额法的特点及适用范围。

任务二　生产费用的归集（2学时）

Ⅰ．学习情境
（1）定额成本的计算。
（2）相关差异的计算。
Ⅱ．教学目标
（1）知识目标：
1）了解定额成本法的特点；
2）弄清楚产品成本定额如何制定；
3）掌握定额变动差异的计算及定额成本法的成本计算程序。
（2）技能目标：
1）了解定额成本的计算方法；
2）会计算相关差异；
3）会计算实际成本。
Ⅲ．教学组织设计
（1）学生角色：成本核算员。
（2）教学情境：模拟企业的有关会计核算业务。
（3）教学材料：教材、会计实训软件、多媒体教室和会计仿真实训室。
（4）教学内容过程设计：
1）定额法的概念、特点；
2）定额成本的制定；
3）各种定额差异的计算；
4）采用定额法计算实际成本举例。

任务三　完工产品成本的结转（2学时）

Ⅰ．学习情境
进行案例分析。
Ⅱ．教学目标
（1）知识目标：
1）了解完工产品成本结转的步骤；
2）掌握完工产品成本结转的账务处理。
（2）技能目标：
1）能编制产品成本计算单；
2）会进行有关的账务处理。
Ⅲ．教学组织设计
（1）学生角色：成本核算员。
（2）教学情境：模拟一个企业的有关会计业务。
（3）教学材料：教材、会计实训软件、多媒体教室和会计仿真实训室。

(4) 教学内容过程设计：
1) 产品成本计算单的编制；
2) 完工产品成本结转的账务处理。

项目五　分类法（6学时）

任务一　熟悉生产过程（1学时）
Ⅰ. 学习情境
(1) 确定成本计算对象。
(2) 分类法的适用范围。
(3) 分类法的特点。
Ⅱ. 教学目标
(1) 知识目标：熟悉分类法的特点及适用范围。
(2) 技能目标：会运用分类法进行产品成本的计算。
Ⅲ. 教学组织设计
(1) 学生角色：成本核算员。
(2) 教学情境：校外实训基地。
(3) 教学材料：企业实地参观学习。
(4) 教学内容过程设计：
1) 给学生发放成本核算业务流程图；
2) 由教师介绍企业采用分类法的生产业务流程及特点；
3) 学生归纳总结分类法的特点及适用范围。
任务二　生产费用的归集与分配（2学时）
Ⅰ. 学习情境
(1) 分类计算产品成本。
(2) 类内各种产品费用的分配。
Ⅱ. 教学目标
(1) 知识目标：
1) 了解分类法的概念及特点；
2) 明确分类法的成本计算程序；
3) 掌握每类产品及类内产品费用的分配方法。
(2) 技能目标：
1) 会按照类别计算产品成本；
2) 会运用系数法分配生产费用。
Ⅲ. 教学组织设计
(1) 学生角色：成本核算员。
(2) 教学情境：模拟一个企业的有关会计核算业务。
(3) 教学材料：教材、会计实训软件、多媒体教室和会计仿真实训室。
(4) 教学内容过程设计：

1）分类法的概念、要点；
2）分类法的计算程序；
3）分类法计算举例。

任务三　完工产品成本的结转（1学时）

Ⅰ．学习情境
（1）产品成本计算单的编制。
（2）账务处理方式。

Ⅱ．教学目标
（1）知识目标：
1）了解完工产品成本结转的步骤；
2）掌握完工产品成本结转的账务处理。
（2）技能目标：
1）能编制产品成本计算单；
2）会进行有关的账务处理。

Ⅲ．教学组织设计
（1）学生角色：成本核算员。
（2）教学情境：模拟一个企业的有关会计业务。
（3）教学材料：教材、会计实训软件、多媒体教室和会计仿真实训室。
（4）教学内容过程设计：
1）产品成本计算单的编制；
2）完工产品成本结转的账务处理。

任务四　联产品、副产品和等级产品的成本核算（2学时）

Ⅰ．学习情境
（1）联产品成本的核算。
（2）副产品成本的核算。
（3）等级产品成本的核算。

Ⅱ．教学目标
（1）知识目标：
1）了解联产品、副产品和等级产品的概念及特点；
2）弄清联产品、副产品和等级产品的特点；
3）掌握联产品、副产品和等级产品成本的分配方法。
（2）技能目标：会运用不同的分配方法计算联产品、副产品和等级产品的成本。

Ⅲ．教学组织设计
（1）学生角色：成本核算员。
（2）教学情境：模拟相关企业的有关会计核算业务。
（3）教学材料：教材、会计实训软件、多媒体教室和会计仿真实训室。
（4）教学内容过程设计：
1）联产品、副产品和等级产品的概念、要点；

2）联产品、副产品和等级产品成本的计算方法；

3）联产品、副产品和等级产品成本计算实例。

项目六　作业成本法（6学时）

任务一　熟悉作业成本（1学时）

Ⅰ．学习情境

（1）作业成本法的含义。

（2）作业成本法的特征。

（3）作业成本法的基本概念。

（4）作业成本法的优缺点及影响因素。

Ⅱ．教学目标

（1）知识目标：了解作业、成本动因及作业成本法的基本概念。

（2）技能目标：会运用作业成本法进行产品成本的计算。

Ⅲ．教学组织设计

（1）学生角色：成本核算员。

（2）教学情境：校外实训基地。

（3）教学材料：企业实地参观学习。

（4）教学内容过程设计：

1）给学生重点介绍作业成本法与传统成本法的主要区别；

2）由教师介绍企业采用作业成本法的业务流程及特点；

3）学生归纳总结作业成本法的特征及优缺点。

任务二　作业成本法的基本原理及计算程序（3学时）

Ⅰ．学习情境

（1）作业成本法的基本原理。

（2）作业成本法的计算程序。

（3）作业成本法核算举例。

Ⅱ．教学目标

（1）知识目标：

1）熟悉作业成本法的基本原理；

2）掌握作业成本法的成本计算程序。

（2）技能目标：

1）了解作业成本法的计算程序；

2）会运用作业成本法计算产品的实际成本。

Ⅲ．教学组织设计

（1）学生角色：成本核算员。

（2）教学情境：模拟企业的有关会计核算业务。

（3）教学材料：教材、会计实训软件、多媒体教室和会计仿真实训室。

（4）教学内容过程设计：

1）作业成本法的基本原理；
2）作业成本法的计算程序；
3）作业成本法实际成本计算举例。

任务三 作业成本法与传统成本法的区别（1学时）

Ⅰ．学习情境
（1）作业成本法与传统成本法的比较。
（2）我国企业在借鉴作业成本法时应注意的问题。

Ⅱ．教学目标
（1）知识目标：如何借鉴和运用作业成本法。
（2）技能目标：注意作业成本法与传统成本法的区别。

Ⅲ．教学组织设计
（1）学生角色：成本核算员。
（2）教学情境：模拟一个企业的有关会计业务。
（3）教学材料：教材、会计实训软件、多媒体教室和会计仿真实训室。
（4）教学内容过程设计：
1）作业成本法与传统成本法的比较；
2）运用作业成本法时应注意的问题。

任务四 作业成本管理（1学时）

Ⅰ．学习情境
（1）作业成本管理的内涵。
（2）作业成本管理的实施。
（3）作业成本管理实施的现实意义。

Ⅱ．教学目标
（1）知识目标：熟知作业成本管理的原理、过程和制度。
（2）技能目标：会进行作业分析和价值链分析。

Ⅲ．教学组织设计
（1）学生角色：成本核算员。
（2）教学情境：模拟一个企业的有关会计业务。
（3）教学材料：教材、会计实训软件、多媒体教室和会计仿真实训室。
（4）教学内容过程设计：
1）作业成本管理的原理；
2）作业成本管理实施的一般程序；
3）作业成本管理实施的现实意义。

Ⅳ．其他说明

（1）用课件给出企业的有关业务资料，让学生结合教材的相关知识，讨论如何处理这些业务。

（2）每个学生按照给出的有关业务资料进行训练（教师针对训练中出现的问题进行改错分析）。

二、成本会计基本理论概述

（一）成本的概念和作用

1. 成本的概念

成本是指企业为生产和销售一定种类和数量的产品而发生的，以货币形式表现的各种物化劳动和活劳动中必要劳动的耗费。在任何社会制度下，生产一种产品都要耗费一定数量的劳动，产品的生产过程就是人、财、物的消耗过程，也就是成本的形成过程。但在不同时期，人们对成本的认识不同。在资本主义产生之前，小商品生产者为维持简单再生产，只考虑物化劳动的消耗补偿，而往往忽视活劳动消耗的合理补偿，因而，没有形成完整的成本概念。到了资本主义经济时期，商品生产发展到一定阶段，才有了完整的成本概念。

马克思指出："按照资本主义方式生产的每一个商品 W 的价值，用公式来表示是 W=c+v+m。如果我们从这个产品价值中减去剩余价值 m，那末，在商品中剩下的，只是一个在生产要素上耗费的资本价值 c+v 的等价物或补偿价值。""商品价值的这个部分，即补偿所消耗的生产资料价格和所使用的劳动力价格的部分，只是补偿商品使资本家自身耗费的东西，所以对资本家来说，这就是商品的成本价格。"① 马克思在这里称为商品的"成本价格"的那部分商品价值，指的就是商品成本。

马克思从商品价值的构成角度，深刻、科学地剖析商品生产成本的经济内涵，即 c+v。然而从商品价值的构成角度分析，对于个别商品生产者而言，是无法正确计算和把握的，它是对生产成本的经济内涵的一种高度的理论抽象。这种符合成本客观经济内涵的成本，会计学者称为"理论成本"。在我国的会计实务工作中，为了使各企业能够正确地计算成本，国家以"理论成本"为依据规定了成本开支范围，统一产品生产成本所包含的内容，使各企业列入成本的各种支出项目和内容保持一致，以便进行成本比较、分析，挖掘降低成本的潜力，正确计算利润和缴纳税金。

但在实际工作中，一方面，成本的开支范围是由国家通过有关法规制度来加以界定的。为了促使企业加强经济核算，减少生产损失，将劳动者为社会劳动所创造的某些价值，如财产保险费等，以及一些不形成产品价值的损失性支出，如产品制造的废品损失、季节性和修理期间的停工损失等，也计入成本。从实质上看，这些费用支出并不形成产品价值，不是产品的生产性耗费，而是纯粹的损耗，从其性质上看并不属于成本的范围。但是考虑到经济核算的要求，将其计入成本，使之得到必要的补偿。当然，对于成本实际开支范围与成本经济实质的背离，必须严格限制，否则，成本的计算就失去了理论依据。

另一方面，企业生产经营中所发生的劳动耗费，是将其全部对象化，从而计算产品的全部成本，还是将其按一定的标准分类，一部分计入产品成本，另一部分计入期间费用，则取决于成本核算制度。可见，实际工作中的成本核算内容与理论成本包括的内容是有一定差别的。

2. 成本的作用

成本的作用是多方面的，就制造业而言，产品的生产是使用价值形成的过程，也是价值形成的过程。人们对生产过程的控制和观念的总结正是会计职能的体现，成本的作

① 马克思，恩格斯．马克思恩格斯全集：中文1版，第25卷．北京，人民出版社，1974：30.

用主要表现在：

（1）成本是补偿生产耗费的尺度。

为了保证企业再生产的不断进行，必须对生产耗费即资金耗费进行补偿。企业是自负盈亏的商品生产者和经营者，其生产耗费是用自身的生产成果即销售收入来补偿的。而成本（既包括制造成本也包括期间费用）就是衡量这一补偿份额大小的尺度。如果企业不能按照成本来补偿生产耗费，企业资金就会短缺，再生产就不能按原有的规模进行。可见，成本是划分生产耗费和企业纯收入的依据，在一定的销售收入中，成本越低，企业纯收入就越多。成本作为补偿生产耗费尺度的作用，对经济发展有着重要的影响。

（2）成本是综合反映企业工作质量的重要指标。

成本是一项综合性的经济指标，企业经营管理中各方面工作的业绩，都可以直接或间接地在成本上反映出来。例如，产品设计的好坏，生产工艺的合理程度，固定资产的利用情况，原材料的消耗、节约与浪费，劳动生产率的高低，产品质量的优劣，产品产量的增减以及供、产、销各环节的工作是否衔接协调，等等，都可以通过成本直接或间接地反映出来。

成本既然是综合反映企业工作质量的指标，因而就可以通过对成本的计划、控制、监督、考核和分析等来促使企业以及企业内各单位加强经济核算，努力改进管理，降低成本，提高经济效益。例如，通过正确确定和认真执行企业以及企业内部各单位的成本计划指标，可以事先控制成本水平和监督各项费用的日常开支，促使企业及企业内部各单位努力降低各种耗费；又如，通过成本的对比和分析，可以及时发现在物化劳动和活劳动消耗上的节约或浪费情况，总结经验，找出工作中的薄弱环节，采取措施挖掘潜力，合理地使用人力、物力和财力，从而降低成本，提高经济效益。

（3）成本是制定产品价格的一项重要因素。

在商品经济中，产品价格是产品价值的货币表现。产品价格应大体上符合其价值。无论是国家还是企业，在制定产品价格时都应遵循价值规律的基本要求。但在现阶段，人们还不能直接计算产品的价值，而只能计算成本，通过成本间接地、相对地掌握产品的价值。因此，成本就成了制定产品价格的重要因素。

当然，产品定价是一项复杂的工作，应考虑的因素有很多，如国家的价格政策及其他经济政策、各种产品的比价关系、产品在市场上的供求关系及市场竞争的态势等。所以，产品成本只是制定产品价格的一项重要因素。

（4）成本是企业进行经营决策的重要依据。

努力提高在市场上的竞争能力和经济效益，是社会主义市场经济条件下对企业的客观要求。而要做到这一点，企业首先必须进行正确的生产经营决策。进行生产经营决策，需要考虑的因素有很多，成本是应考虑的主要因素之一。这是因为，在价格等因素一定的前提下，成本的高低直接影响着企业盈利的多少；而较低的成本，可以使企业在市场竞争中处于有利地位。

（二）成本会计的含义及内容

1. 成本会计的产生和发展

成本会计是现代会计的一个分支，是社会经济发展到一定历史阶段的产物，它的产生及发展大概经历了早期、近代和现代三个阶段，并逐步成长完善。

（1）早期形成阶段。

资本主义初期，企业主为了确定经营盈亏，就试图计算成本。开始，只对成本估计一个大概值，后来逐步用统计方法去计算成本，但准确性较差。19 世纪产业革命后，企业数量增多，规模逐渐扩大，企业之间出现了竞争，生产成本受到重视。英国的会计界为适应这种形势需要，担当起研究成本计算的重任，经过一段时期的探索，最后才将成本的记录与计算和普通会计的工作结合起来。当时，部分行业在计算成本时，开始采用分批法和分步法，会计人员开始探索成本性态问题，将产品成本划分为主要成本、车间费用和一般管理费用，主要成本包括材料耗用、直接工资和其他直接费用，并制定了人工成本的归集及分配的方法，通过使用"时间卡"和"计时簿"，记录职工的出勤时间和完成的工作件数，以控制工资开支并正确计算人工成本。不少企业都形成了一套材料核算与管理办法，建立了"永续盘存制""先进先出法"等，从此使成本会计得以形成，并为其进一步发展奠定了良好的基础。

（2）近代发展阶段。

从 20 世纪 20 年代到第二次世界大战前，随着资本主义经济的进一步发展，管理上"泰勒制度"的实行，为会计提出了新的课题。为了配合泰勒的劳动定额和计划工资等管理模式，在会计中引入了标准成本、差异分析和预算控制等技术方法。同时，成本计算方法也扩大到各个行业和企业内部各部门。成本会计的范围扩大了，它不仅使会计核算与成本相结合，而且包括预算和控制等内容。成本会计的理论和方法有了进一步的完善和发展，相对财务会计而言，已经具有一定的独立性。

（3）现代发展阶段。

第二次世界大战以后，资本主义经济发展十分迅速，资本高度集中，企业规模日益扩大，跨国公司不断涌现。同时，科学技术与生产经营相结合，使新产品层出不穷，产品更新换代很快，市场竞争十分激烈。企业主为了在竞争中处于有利地位，一方面积极依靠科学技术开发新产品，开拓市场；另一方面注重企业管理，挖掘内部潜力，控制和降低成本，以低成本、高质量来求生存。因而，成本管理就成为企业管理中的一个重要组成部分。通过实践，企业管理人员意识到，要想大幅度地降低成本，必须从产品的设计、工艺、组织、生产等诸方面入手，制定各种不同方案，通过预测，选取最优方案，作为决策的依据。因而，企业管理需要会计人员不仅要做好生产过程中成本的日常控制和成本核算工作，还要做好成本预测、决策和预算工作，加强对成本的事前控制。同时，要注重成本的事后分析和反馈，为企业决策提供信息。这些内容的引入，进一步拓宽了成本会计的范围，完善了成本会计体系，推动了成本会计的发展。随着经济的发展，成本会计在企业管理中起到越来越重要的作用。

（4）成本会计的最新发展。

20 世纪 80 年代以后，高科技被普遍应用于生产，自动化程度显著提高，加上全面质量管理制度的实施，给企业成本的计量工作以猛烈的冲击，使存货制度既有需要也有可能从永续盘存制改为无盘存制（零存制）。日本丰田公司提出了适时制的管理思想，从而引发了作业成本法的产生。

作业成本法是以生产自动化为基础，与适时制和全面质量管理紧密配合，以成本作业为核算对象，追踪成本的形成和积累过程的一种成本计算方法。它是成本计算和成本管理相结合的产物。

综上所述，成本会计的方法和理论体系，随着经济发展阶段的不同而有所区别。

2. 成本会计的含义

成本会计是以成本费用为对象的一种专业会计。成本会计主要研究物质生产部门为制造产品而发生的成本，即产品的生产成本，以及企业在生产经营过程中进行日常管理、销售产品和筹集资金等所发生的各种期间费用。期间费用是为了保证企业生产经营活动的正常进行而发生的，与产品生产有一定的关系，但通常又是在经营期间发生的，不宜直接计入产品的生产成本。因此，在企业会计实务中将期间费用单独核算，直接由当期的业务收入予以补偿。

而成本会计的对象，不仅指制造企业的产品生产成本和期间费用，还包括其他行业企业的成本和期间费用，如农业企业、商品流通企业、运输企业、施工企业、房地产开发企业等。成本作为经济范畴，必定遍及各行各业的经济活动，这些行业企业在从事经济活动中发生的各种耗费也就构成了成本会计的对象。可见，成本会计实际上是一种成本、费用会计。

3. 成本会计的内容

成本会计既然是一种成本、费用会计，而费用又是一种耗费，可见，成本会计的内容就是企业成本费用的发生、分类、归集、分配、计算和核算。

（1）支出、费用与成本。

1）支出。支出是会计主体在经济活动中发生的所有开支与耗费。企业的支出可分为资本性支出、收益性支出、投资支出、所得税支出、营业外支出和利润分配支出。

资本性支出是指不仅与本期收益有关，而且与后期收益有关的支出，其支出的发生通常会形成长期资产，如企业构建固定资产、取得无形资产、形成长期待摊费用等所发生的支出。

收益性支出是为取得本期的收益而发生的，并由当前的收益予以补偿的支出，如企业生产经营中发生的材料耗费、工资支出、管理费用支出等。

投资支出是企业为通过分配增加财富，或为谋求其他利益取得其他企业资产而让渡本企业资产的支出，包括股权投资支出和债券投资支出等。

所得税支出是企业按照国家税法的规定，根据企业应纳税所得额计算并缴纳所得税而发生的支出。所得税支出作为所得税费用直接用当期收益补偿。

营业外支出是指与企业生产经营业务没有直接联系的各项支出，如企业支付的各项罚款、违约金、赔偿金、赞助支出以及非常损失等。

利润分配支出是指利润分配过程中发生的开支，如支付的现金股利等。

2）费用。费用是企业生产经营过程中所发生的经济利益的流出。费用可分为生产费用和期间费用。

生产费用是企业在一定时期为生产产品而发生的各项支出，如为生产产品而消耗的材料费用、生产工人的工资费用、车间为组织产品生产而直接发生的管理费用等。生产费用随着产品的形成而构成产品成本。

期间费用是企业在一定会计期间为保证生产经营的正常进行而发生的各项费用，如销售产品所发生的销售费用、企业管理部门在日常管理中发生的管理费用，以及为筹集生产经营资金而发生的财务费用等。费用是企业支出的主要部分，通常由收益性支出及资本性支出的转化而形成。期间费用由当期的收益予以补偿。

3）成本。成本是一种耗费，有广义与狭义之分。广义的成本是指企业发生的全部费用，包括生产费用与期间费用。狭义的成本通常仅指产品成本。产品成本是对象化的生产费用。

（2）支出、费用与产品成本的关系。

如上所述，支出是企业在经济活动中所发生的所有开支与耗费。费用是支出的主要组成部分，是企业支出中与生产经营相关的部分。产品成本是生产费用的对象化，生产费用是计算产品成本的基础，产品成本是生产费用的最后归宿。如果企业没有在产品，当期的生产费用即当期完工产品成本；如果企业有在产品，则生产费用与完工产品成本的关系是：

本期完工产品成本＝期初在产品成本＋本期生产费用－期末在产品成本

制造企业的支出、费用和产品成本之间的关系如图 1－1－2 所示。

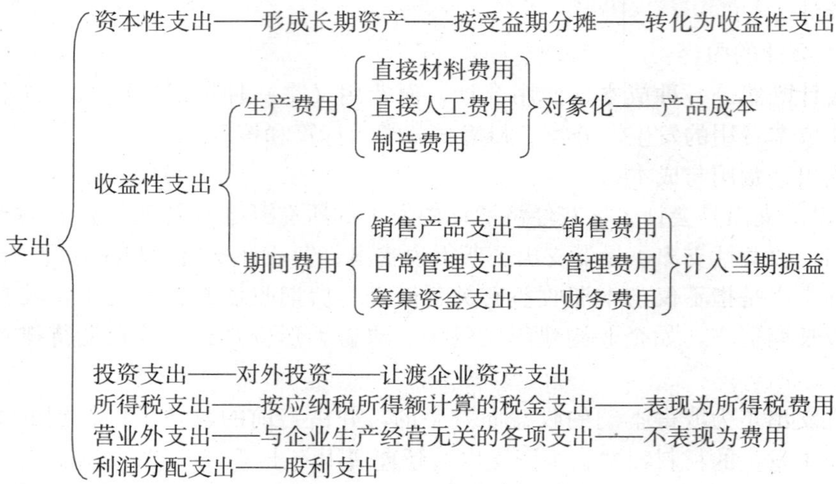

图 1－1－2　支出、费用与产品成本关系

（3）成本会计的主要内容。

成本会计的主要内容包括费用的汇总核算和产品（或商品）成本的计算两个部分。

费用的汇总核算，首先必须确定成本开支的范围，对于不应该计入成本的费用应予以剔除，然后按照一定的核算程序归集有关费用，按照一定的分配标准在各个成本核算对象间进行分配，以汇总、记录、计算出所耗费的费用总数。

产品成本的计算，就是要按照成本计算对象，把汇总的费用用于分配，计算出各个对象的总成本和单位成本。如某公司，由于生产多种产品，并且月末通常存在着完工产品和未完工的在产品，所以有必要将生产过程中所归集的费用在各种产品之间、完工产品和在产品之间进行分配，以求得各种产品的总成本和单位成本。

不同企业成本会计包含的内容有所不同。就制造企业而言，成本会计的具体内容主要包括：

1）供应过程中材料成本的归集、分配、计算与核算。

2）生产过程中生产费用的归集与分配、产品成本的计算与核算。

3）销售过程中产品销售成本的计算与核算。

4）期间费用的归集与分配。

5）成本报表的编制与分析。

由于供应过程中材料成本的核算、销售过程中产品销售成本的核算和期间费用的核算通常被列为“财务会计”课程的教学内容，因此，本教材主要阐述产品生产过程中的成本核算以及成本报表的编制及分析问题。

4. 成本会计的任务

成本会计的任务是成本会计职能的具体化，也是人们期望成本会计应达到的目的和对成本会计的要求。成本会计作为会计的一个重要分支，具有反映和监督两大基本职能，是企业经营管理的重要组成部分。因此，成本会计应担负的任务一方面取决于企业经营管理的要求，另一方面也必然要受到成本会计内容的制约。具体来说，成本会计在企业经营管理中应担负起以下几个方面的任务：

（1）进行成本预测、决策，确定目标成本，为企业有计划地进行成本管理提供基本依据。

在社会主义市场经济中，企业应在遵守国家的有关政策、法令和制度的前提下，按照市场经济规律的要求，正确地组织自己的生产经营活动。为此，企业必须在经营管理中加强预见性和计划性。也就是说，面对市场，企业应在分析过去的基础上，科学地预测未来，周密地对自身的各项经济活动实行计划管理。成本会计作为一项综合性很强的价值管理工作，应充分发挥自己的特点，在成本的计划管理中发挥主导作用。为了使企业成本管理工作有计划地进行和对费用开支有效地进行控制，成本会计工作应在企业各有关方面的配合下，根据历史成本资料、市场调查情况以及其他有关方面（如生产、技术、财务等）的资料，采用科学的方法来预测成本水平及其发展趋势，拟定各种降低成本的方案，进而进行成本决策，选出最优方案，确定目标成本；然后根据目标成本编制成本计划，制定成本费用的控制标准以及降低成本应采取的主要措施，以作为对成本实行计划管理、建立成本管理的责任制、开展经济核算和控制费用支出的基础。

（2）严格审核和控制各项费用支出，努力节约开支，不断降低成本。

企业作为自主经营、自负盈亏的商品生产者和经营者，应贯彻增产节约的原则，加强经济核算，不断提高自己的经济效益。这是社会主义市场经济对企业的客观要求。在此方面，成本会计担负着极为重要的任务。为此，成本会计必须以国家有关成本费用开支范围和开支标准，以及企业的有关计划、预算、规定、定额等为依据，严格控制各项费用的开支，监督企业内部各单位严格按照计划、预算和规定办事，并积极探求节约开支、降低成本的途径和方法，以促进企业经济效益的不断提高。

（3）正确进行成本核算，及时为企业的经营管理提供有用的信息。

按照国家有关法规、制度的要求和企业经营管理的需要，及时、正确地进行成本核算，提供真实、有用的成本信息，是成本会计的基本任务。这是因为，成本核算所提供的信息是企业正确地进行存货计价、正确地确定利润和制定产品价格的依据，同时是企业进行成本管理的基础。在成本管理中，对各项费用的监督与控制主要是在成本核算过程中，利用有关核算资料来进行的；成本预测、决策、计划、考核、分析等也是以成本核算所提供的成本信息为基本依据的。

(4) 考核成本计划的完成情况，开展成本分析。

在企业的经营管理中，成本是一个极为重要的经济指标，它可以综合反映企业以及企业内部有关单位的工作业绩。因此，成本会计必须按照成本计划等的要求，进行成本考核，肯定成绩，找出差距，鼓励先进，鞭策落后。成本是一个综合性很强的指标，其计划的完成情况是诸多因素共同作用的结果。因此，在成本管理工作中，还必须认真、全面地开展成本分析工作。通过成本分析，揭示影响成本升降的各种因素及其影响程度，以便正确评价企业以及企业内部各有关单位在成本管理工作中的业绩，揭示企业成本管理工作中的问题，从而促进成本管理工作的改善，提高企业的经济效益。

综上所述，成本会计的任务包括成本的预测、决策、计划、控制、核算、考核和分析。其中，进行成本核算，提供真实、有用的核算资料，是成本会计的基本任务和中心环节。鉴于此，本书的重要内容是：全面、系统地阐述工业企业成本核算的基本原理和各种成本计算方法（品种法、分批法、分步法、定额法、分类法和作业成本法），以及成本报表的编制与分析。

（三） 成本核算的原则

若要提高成本核算的质量，就必须以权责发生制为基础，采用符合成本核算的原则。尽管企业的性质、生产的产品等各不相同，成本核算呈现各自不同的特点，但在进行成本核算时，均应遵循以下原则。

1. 合法性原则

合法性原则是指计入成本的费用必须符合党和国家的方针政策、法令、制度的规定。例如，目前相关制度规定：购置和建造固定资产的支出，购入无形资产的支出，对外投资的支出，被没收的财物，各项罚款性质的支出，捐款和赞助性质的支出等都不能列入成本开支。如果出现违反规定的开支，必须在纳税申报时予以调整，保证成本指标的合法性。

2. 成本分期核算原则

企业的生产经营活动是不断进行的，为了核算一定期间生产产品的成本，企业就必须将生产经营期划分为若干个相等的成本会计期间，按期计算产品的生产成本，但成本核算中的分期必须与会计核算年度的分期一致，这样才有利于各项核算工作的开展。成本核算包括费用的归集、汇总与分配，这些都是按月进行的，而完工产品成本的计算期则与生产类型有关，与成本计算期不一定一致，可能与生产周期一致。遵循成本分期核算原则，主要是分清当月发生和当月负担的成本费用的界限，从时间上确定各个成本计算期的费用和产品成本的界限，保证成本核算的公平性。

3. 一贯性原则

一贯性原则是指成本核算所采用的方法必须前后一致，使各期成本资料有一个统一的口径，以便分析、比较与核算。例如，耗用材料成本的计价方法、折旧计提的方法、各项费用分配的标准与方法、在产品及产成品成本的计算方法等须前后保持一致。

坚持一贯性原则，并不是说成本核算方法固定不变，当原方法不能适应现时情况，而采用新方法会更有效地取得正确、有用的成本信息资料时，可改变成本核算方法。但采用新方法后，必须在成本报表的附注中加以说明。

4. 及时性原则

企业在进行成本核算时，应保证及时性，以满足计算盈亏、编制会计报表、进行成本分析和考核的需要。及时性原则的要求包括：成本项目发生时，能及时进行会计处理；企业高层管理者对提供的成本信息有一些特殊要求时，能及时满足；按期编制会计报表时，能及时提供成本资料。

5. 实际成本计价原则

实际成本计价也称历史成本计价，是指各项财产物资应按照取得或构建时发生的实际成本入账，并在财务报告中按实际成本反映。生产过程中消耗的原材料、燃料、动力、折旧等费用，都应该按实际成本计价，产成品成本应该按照已验收入库产品的实际成本计价，不能多转或少转，即以计划成本、估计成本替代实际成本。

6. 重要性原则

重要性原则是指把对成本有重要影响的内容和项目作为重点，单独设立项目进行核算与反映，力求精确。而对于那些次要内容和项目则从简核算，合并反映。例如，将构成产品实体或主要成分的原材料、生产工人的工资直接计入产品成本中的“直接材料”“直接人工”项目单独进行反映；对于一般性耗用数额不大的辅助材料、低值易耗品等，则可以作为消耗材料计入制造费用。

重要性原则是对其他核算原则的补充。例如，按照权责发生制原则，凡属于本期成本负担的费用，虽未支付亦应作为应付费用计入本期成本，但如果数额较小，就不一定要这样做，可以在实际支付时计入当月的成本。

另外，在成本核算过程中，还要遵守财务会计中的权责发生制原则。

（四）成本核算的要求

成本核算就是对企业生产经营过程中实际发生的产品成本和期间费用进行计算，并进行相应的账务处理。成本核算是成本管理的一个重要环节。为了充分发挥成本核算的作用，正确、及时地为有关方面提供有用的成本信息，在成本核算中应遵循下述要求。

1. 算管结合，算为管用

所谓“算管结合，算为管用”，是指成本核算应当与加强企业经营管理相结合，所提供的成本信息应当满足企业经营管理和决策的需要。为此，成本核算不仅要提供事后的成本信息，而且必须以国家法律、行政法规、国家统一的会计制度、企业成本计划和相应的消耗定额为依据，加强对各项生产费用和期间费用事前、事中的审核和控制。

为了满足企业经营管理和决策的需要，还应借鉴现代成本管理概念和成本计算方法，为不同的管理目的提供不同的管理成本信息，如变动成本与固定成本信息、可控成本与不可控成本信息、作业成本信息等。

2. 正确划分各种费用界限

为了正确计算产品成本和期间费用，必须正确划分以下几个方面费用的界限：

（1）正确划分计入产品成本和期间费用（简称成本、费用）的费用界限。

企业的经济活动是多方面的，费用的用途也是多种多样的，不同用途的费用，其列支的项目也不一样。例如，企业用于产品生产的费用应计入产品成本，用于产品销售、用于组织和管理生产经营活动、为筹集生产经营资金而发生的费用，应作为期间费用分别列支为销售费用、管理费用、财务费用。企业购建固定资产的支出应计入固定资产的造价，固定资产的盘亏和毁损、固定资产报废清理净损失则应计入营业外支出。哪些费用应该计入产品成本和期间费用，哪些不能计入，国家都有规定，这种规定叫做成本开支范围，是企业必须严格执行的重要财经制度和财经纪律。任意扩大或缩小成本、费用开支范围，多计或少计成本、费用，不仅是破坏国家财经纪律的非常行为，而且会造成成本数字不实，从而不利于企业的经营管理。

（2）正确划分各个月份的费用界限。

为了按月分析和考核产品成本和期间费用计划的完成情况，每个企业都必须按月结算费用，计算产品成本和期间费用。为此，还应将计入产品成本和期间费用的费用，划分为应由本月负担的费用和应由以后各月负担的费用：应由本月产品成本和期间费用负担的费用，应该全部计入本月产品成本和本月期间费用；本月发生但应由以后各月产品成本和期间费用负担的费用，应作为待摊费用，分配计入以后各月产品成本和期间费用；本月虽然尚未发生，但应由本月产品成本和期间费用负担的费用，应作为预提费用，预先分配计入本月产品成本和期间费用，即按照权责发生制原则，正确划分各个月份的费用界限。要注意防止利用待摊和预提的方法，任意调剂各月费用的错误做法。①

（3）正确划分各种产品的费用界限。

在生产多种产品的企业，为了分析和考核各种产品成本计划的完成情况，必须分别计算各种产品的成本。为此，应由本月产品成本负担的生产费用，还必须在各种产品之间进行划分。能分清应由某种产品负担的费用，应直接计入这种产品成本；分不清应由哪种产品负担的费用，即各种产品共同发生的费用，则应采用比较合理又简便的方法，分配计入各种产品成本。在划分各种产品的费用界限时，特别要注意划清盈利产品与亏损产品、可比产品与不可比产品之间的费用界限。要防止在这些产品之间任意增减费用，借以掩盖成本超支，或以盈补亏、弄虚作假的错误做法。

（4）正确划分完工产品和在产品的费用界限。

月末，将各项生产费用计入各种产品。如果该种产品已全部完工，那么，计入这种产品的生产费用就是该种产品的完工产品成本；如果该种产品全部未完工，那么，计入这种产品的生产费用就是该种产品的在产品成本；如果该种产品既有完工产品又有未完工的在产品，那么，计入这种产品的生产费用还应采用适当的分配方法在完工产品与月末在产品之间进行分配，以便计算完工产品成本和月末在产品成本。要防止任意提高或降低月末在产品费用，人为地调节完工产品成本的错误做法。

（5）划清收益性支出与资本性支出的界限。

收益性支出是指仅为取得当期收益而发生的支出或消耗，如支付当期的职工薪酬等属于收益性支出；资本性支出是指与本期和以后各期取得收益都相关的支出，如购买固定资产和无形资产的支出等属于资本性支出。

按照《企业会计准则》的规定，收益性支出符合成本确认条件的，应计入当期的成本费用；资本性支出通常确认为资产，用于生产的，将通过折旧的方式分期计入产品成

① 2006年颁布的《企业会计准则》虽然取消了“待摊费用”和“预提费用”两个账户，但会计界对此争议颇多，因为这两个账户的设置是以权责发生制为原则的。本书作者认为在成本会计核算中可以根据需要适当加以运用。

本，而不能直接计入当期成本费用。

综上所述可以看出，划分费用界限的过程，也是计算产品成本和期间费用的过程；费用划分是否正确，直接影响产品成本计算的准确性。检查和评价成本计算工作是否正确、合理，也是主要看上述几个方面的费用界限划分得是否正确、合理。

3. 正确确定财产物资的计价和价值结转方法

企业在生产经营过程中消耗的生产资料的价值，要转移到产品成本和期间费用中去。因此，这些财产物资的计价和价值结转的方法会影响产品成本和期间费用的水平。与流动资产有关的，如材料成本的组成内容、材料按实际成本计价进行核算、发出材料单位成本的计算方法（先进先出法、全月一次加权平均法等）、材料按计划成本计价进行核算时材料成本差异率的种类（个别差异率、分类差异率、综合差异率、本月差异率、上月差异率）等。与固定资产有关的，如固定资产原值的计算方法、折旧方法、折旧率的种类和高低等。与固定资产和流动资产共同相关的，如固定资产与低值易耗品的划分标准、低值易耗品的摊销方法、摊销期限长短等。为了正确地计算产品成本和期间费用，对于各种财产物资的计价和价值结转，都应采用既合理又简便的方法，国家有统一规定的，应采用国家统一规定的方法。各种方法一经确定，就不能随意变动，要保持相对稳定，以保证成本信息的可比性。

4. 做好成本核算的基础工作

为了进行成本控制，正确计算产品成本和期间费用，必须做好以下各项基础工作：

（1）定额的制定和修订。

根据企业当前设备条件和技术水平，充分考虑企业职工的积极因素，制定和修订原材料、燃料、动力和工时等的消耗定额，这不仅是编制产品成本计划和期间费用计划，分析和考核成本、费用水平的依据，也是审核和控制各项耗费的标准。在计算产品成本时，往往还要以产品的原材料和工时的定额消耗量或定额费用作为分配实际费用的标准。可见，制定和修订各种定额是进行成本审核、控制和正确进行成本核算的前提。

（2）材料物资的计量、收发、领退和盘点。

为了正确地进行成本核算，必须建立和健全材料物资的计量、收发、领退和盘点制度。对材料物资的收发、领退，半成品的内部转移和产成品的入库等，均应填制相应的凭证，经过一定的审批手续，并经过计量、验收或交接，防止任意领发和转移。库存的材料、半成品和产成品，车间的在产品和半成品，均应按照规定进行盘点，防止丢失、积压、毁坏变质或被贪污盗窃。上述各项工作，不仅是正确进行成本核算所必需的，也是进行生产管理、物资管理和资金管理所必需的。

（3）原始记录制度的制定。

原始记录是反映生产经营活动的原始资料，是进行成本核算和管理的依据。因此，对于生产过程中材料的领用、人工和动力的耗费、半成品的内部转移，以及产品质量的检验和产成品入库等，都要有真实的原始记录。原始记录对于劳动工资、设备动力、生产技术管理等方面，以及有关的计划统计工作，也有重要意义。会计部门应会同企业生产计划、统计、劳动工资、物资供销等部门，制定既符合各方面管理需要又符合成本核算要求，并且科学又简便易行的原始记录制度，同时要组织有关人员认真贯彻执行，以便正确、及时地为成本核算和其他有关方面的管理提供所需原始资料。

（4）内部计划价格的制定和修订。

为了分析和考核企业内部各单位成本计划的完成情况，分清企业内部各单位之间的经济责任，以及简化和加速核算工作，在计划管理基础较好的企业，应对材料、半成品和厂内各车间相互提供的劳务（如修理、运输等）制定厂内计划价格，作为内部结算的依据和考核的标准。厂内计划价格应尽可能接近实际并相对稳定，年度内一般不作变动。制定了计划价格的企业，对日常材料领用、半成品转移，以及各车间、部门之间相互提供劳务，应先按计划价格结算，月末再采用一定方法计算和调整价格差异，据以计算实际的成本和费用。

5. 适应生产特点和管理要求，采用适当的成本计算方法

企业产品成本的计算方法是指将生产经营过程中所发生的费用，按照一定的对象和标准进行归集和分配，以确定产品的总成本和单位成本的方法。产品成本是在生产过程中形成的，因而采用什么方法计算成本，必须要适应生产的特点，包括生产组织特点和工艺过程特点。计算产品成本是为管理提供数据资料，因而采用什么方法计算成本，还应考虑管理的要求。总之，要同时考虑生产特点和管理要求，确定应采用的产品成本计算方法，切合实际地为企业进行成本管理提供有用的信息。

（五）费用的分类

为了科学地进行成本管理，正确计算产品成本和期间费用，必须对企业生产经营过程中发生的各种费用进行合理的分类。费用可以按照不同的标准分类，其中最基本的是按照费用的经济内容和经济用途分类。

1. 费用按照经济内容分类

企业生产经营过程中发生的各种费用按其经济内容（或性质）划分，可分为劳动对象方面的费用、劳动手段方面的费用和活劳动方面的费用三大类，称为企业费用的三要素。为了具体地反映企业一定时期各种费用的构成和水平，还应在此分类的基础上，将企业费用进一步划分为以下八个要素费用：

（1）外购材料。

外购材料是指企业耗用的一切从外部购进的原料及主要材料、半成品、辅助材料、包装物、修理用备件和低值易耗品等。

（2）外购燃料。

外购燃料是指企业耗用的一切从外部购进的各种燃料，包括固体、液体、气体燃料。

（3）外购动力。

外购动力是指企业耗用的从外部购进的各种动力。

（4）职工薪酬。

职工薪酬是指企业根据有关规定应付给职工的各种薪酬。包括工资、职工福利费、社会保险费、住房公积金、工会经费、职工教育经费、非货币性福利及外资企业按规定从净利润中提取的职工奖励和福利基金等。

（5）折旧费。

折旧费是指企业按照规定计算的固定资产折旧费。出租固定资产的折旧费不包括在内。

（6）利息费用。

利息费用是指企业应计入财务费用的借款利息费用支出减去存款利息收入后的净额。

（7）税金。

税金是指应计入企业管理费用的各种税金，包括房产税、土地使用税、车船税、印花税等。

（8）其他费用。

其他费用是指不属于以上各要素的费用，如邮电费、差旅费、租赁费、保险费、外部加工费等。

按照上述费用要素反映的费用，称为要素费用。

费用按经济内容分类的作用为：可以反映企业在一定时期内发生了哪些费用、数额各是多少，据以分析各个时期费用的结构和各种费用支出的水平；由于这种分类反映了外购材料和燃料费用以及职工工资的实际支出，因而可以为编制材料采购资金计划和劳动工资计划、核定储备资金定额和考核储备资金周转速度提供资料。

但是，这种分类不能说明各项费用的用途，因而不便于分析各种费用支出是否合理、节约。

2. 费用按照经济用途分类

企业发生的各种费用按其经济用途应分为哪些费用是应计入产品成本的生产费用和直接计入当期损益的期间费用，哪些不是。

（1）生产费用按经济用途分类。

计入产品成本的生产费用在生产过程中的用途各不相同。有的直接用于产品生产，有的间接用于产品生产。为了具体地反映计入产品成本的生产费用的各种用途，还应将其进一步划分为若干项目，即产品生产成本项目，简称为产品成本项目或成本项目。

工业企业一般应设立以下成本项目：

1）直接材料，或称原材料。直接材料是指直接用于产品生产，构成产品实体的原料和主要材料以及有助于产品形成的辅助材料。

2）燃料及动力。燃料及动力是指直接用于产品生产的外购和自制的燃料及动力。

3）直接人工，或称职工薪酬。直接人工是指直接参加产品生产的工人工资，按生产工人工资一定比例分配的职工福利费，计算缴纳的医疗保险费、养老保险费、失业保险费、工伤保险费、生育保险费和住房公积金等费用。

4）制造费用。制造费用是指车间（或分厂）在产品制造过程中发生的下列费用：一是间接用于产品生产的而没有专设成本项目的费用，如机物料消耗、辅助工人工资、车间厂房折旧费等；二是直接用于产品生产但不便于直接计入产品成本，因而没有专设成本项目的费用，如机器设备的折旧费等；三是为组织管理生产所发生的费用，如车间管理人员工资、办公费、差旅费等。

企业或主管企业的上级机构在规定或调整成本项目时，应考虑以下几个问题：首先是该项费用在产品成本中所占比重的大小；其次是该项费用在管理上有无单独反映、控制和考核的需要；最后是某项费用专设成本项目所增加的核算工作量的大小。对于产品成本中所占比重较大的费用或管理上需要单独反映、控制和考核的费用，应该专设成本项目。例如，我国工业企业能源消耗量比较大，因而一般应专设“燃料及动力”成本项目，以便单独反映、控制和考核。但如果工艺上耗用的燃料和动力不多，为了简化核算工作，也可不单设该成本项目，而将工艺用燃料费用并入“直接材料”成本项目，将工艺用动力费用并入“制造费用”成本项目。又如，生产过程中可能发生废品，如果废品损失在产品成本中所占比重较大，可单设“废品损失”成本项目，以便作为一项重点费用进行核算和管理。

将计入产品成本的生产费用划分为若干成本项目的作用在于：可以按照费用的用途考核各项费用定额或计划的执行情况，分析费用支出是否合理、节约。为此，产品成本不仅要分产品计算，还要分成本项目计算。产品成本计算的过程，也就是计入产品成本的生产费用按其经济用途划分，最后按成本项目计入各种产品成本的过程。

（2）期间费用按经济用途分类。

期间费用按其经济用途可分为销售费用、管理费用和财务费用。

1）销售费用。销售费用是指企业在销售产品过程中发生的费用以及为销售本企业产品而专设的销售机构的经费。包括运输费、装卸费、包装费、广告费、展览费、委托代销费、保险费、租赁费、销售服务费，以及专设销售机构人员的职工薪酬、差旅费、办公费、折旧费、修理费、物料消耗、低值易耗品摊销等费用项目。

2）管理费用。管理费用是指企业行政管理部门为组织和管理生产经营活动而发生的各项费用。包括行政管理人员的职工薪酬、办公费、差旅费、折旧费、修理费、物料消耗、低值易耗品摊销、董事会费、咨询费、聘请中介机构费、诉讼费、排污费、绿化费、无形资产摊销、长期待摊费用摊销、业务招待费等费用项目。

3）财务费用。财务费用是指为筹集生产经营资金而发生的各项费用。包括银行借款利息支出（减存款利息收入）、汇兑损失（减汇兑收益）以及相关的手续费等费用项目。

3. 生产费用的其他分类

（1）生产费用按与生产工艺的关系分类。

计入产品成本的生产费用按与生产工艺的关系，可以分为直接生产费用和间接生产费用。直接生产费用是指由于生产工艺本身引起的、直接用于产品生产的各项费用，如原材料费用、生产工人薪酬和机器设备折旧费等。间接费用是指与生产工艺没有联系、间接用于产品生产的各项费用，如车间机物料消耗、辅助工人薪酬和车间厂房折旧费等。

（2）生产费用按计入产品成本的方法分类。

计入产品成本的生产费用按计入产品成本的方法，可以分为直接计入费用和间接计入费用。直接计入费用是指可以分清由哪种产品耗用、可以直接计入某种产品成本的费用。间接计入费用是指不能分清由哪种产品耗用、不能直接计入某种产品成本，而必须按照一定标准分配计入有关产品成本的费用。

生产费用按与生产工艺的关系分类和按计入产品成本的方法分类之间的联系表现在：直接生产费用大多是直接计入费用，间接生产费用大多是间接计入费用。但也不都是如此。例如，在只生产一种产品的企业或车间中，直接生产费用和间接生产费用都可以直接计入该种产品成本，都是直接计入费用；在用同一种原材料同时生产出几种产品的联产品生产（如石油提炼）企业中，直接生产费用和间接生产费用都不能直接计入某种产品成本，而是属于间接计入费用。

（3）生产费用按与产品产量的关系分类。

计入产品成本的生产费用按与产品产量的关系，可以分为变动费用和固定费用。变动费用是指与产品产量增减有直接联系的费用，如原材料费用。固定费用是指与产品产量增减没有直接联系的相对固定的费用，如管理人员薪酬等。区分变动费用和固定费用，有利于进行成本分析，寻求降低成本的途径。变动费用随着产量的变动而变动，降低变动费用主要应从降低单位产品的消耗着手；固定费用与产量变动的关系不大，降低固定费用主要应从提高产量和减少费用的绝对额着手。此外，区分变动费用和固定费用，还有利于对成本和利润进行预测。此项内容将在“管理会计”课程的有关章节作详细阐述。

（六）产品成本核算的程序

1. 产品成本核算的一般工作过程

产品成本核算的工作过程就是将生产过程中发生的原材料、燃料和动力、职工薪酬、折旧等费用，按照成本核算的要求，通过一系列的归集和分配手续，逐步汇总到产品成本中去；月末，将归集的生产费用在完工产品和在产品之间进行分配，确定产成品成本和在产品成本；最后，编制成本报表并进行报表分析。其过程一般如下：

（1）熟悉企业生产过程。

计算产品成本有各种不同的方法，这些方法的产生与运用，在很大程度上取决于企业生产的类型和管理的要求。而产品成本是在生产过程中形成的，不同行业的企业，其生产特点千差万别。所以企业的生产类型不同，采用的成本计算方法也不同。为了正确计算产品成本，满足成本管理的要求，就有必要了解和熟悉企业的生产过程。

（2）生产费用在各个成本计算对象之间进行归集和分配。

成本计算对象是指企业承担费用的对象。对于本期发生的应计入产品成本的费用，应在各个成本计算对象之间进行分配和归集，计算出各个成本计算对象本期发生的生产费用。生产费用在各个成本计算对象之间进行归集和分配，实际上就是要正确划分各个产品成本的界限，从而正确确定本期应计入各个产品（各个成本计算对象）成本的费用。

（3）生产费用在完工产品与月末在产品之间进行分配。

对各成本计算对象所承担的生产费用，如果期末有的产品已完工，有的尚未完工，这时，还应当在完工产品和月末在产品之间进行分配，以确定本期完工产品的实际总成本和单位成本。

生产费用在本期完工产品与月末在产品之间进行分配，也就是正确划分本期完工产品和月末在产品之间的界限。

（4）完工产品成本的结转。

期末，应将本期完工产品成本作为产成品成本结转入库，形成企业库存商品（存货）的价值。

（5）成本报表的编制与分析。

企业运用各种产品成本计算方法对产品成本进行核算后，还要根据核算的结果定期编制成本报表，向管理当局报送。同时，需要对各种成本资料进行分析，总结产品成本管理中的经验，发现存在的问题和不足，提出改进的意见和建议，并以书面报告的形式提供给企业管理部门，以便决策者及时了解企业产品成本的构成及成本水平，利用成本数据进行各种预测和决策，达到加强产品成本管理的目的。

产品成本核算的一般工作过程如图 1-1-3 所示。

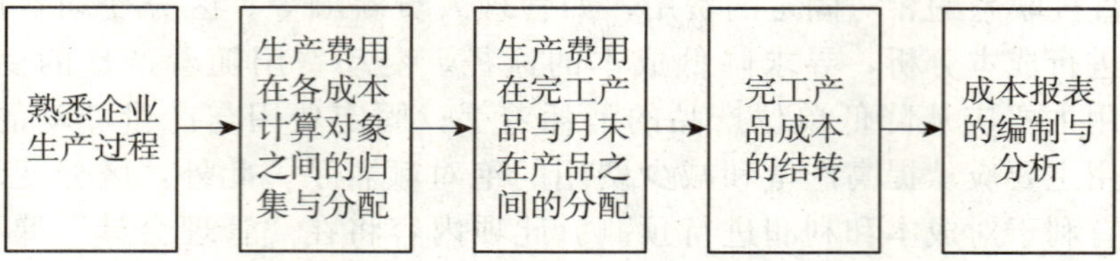

图 1-1-3　产品成本核算的一般工作过程

2. 产品成本核算的账户设置及账务处理程序

在产品成本计算过程中，要将发生的生产费用按一定的产品成本计算对象进行归集与分配，最终确定完工产品成本，就必须设置相应的总分类账户和必要的明细分类账户。

为了进行成本核算，制造企业主要设置“生产成本”与“制造费用”两个账户。如果需要单独核算废品损失，还应设置“废品损失”账户。下面分别加以说明。

（1）“生产成本”账户。

“生产成本”账户用来核算企业进行产品生产（包括完工产品、自制半成品和提供劳务服务等）、自制材料、自制工具及自制设备等所发生的各项生产费用。

为了分别核算基本生产成本和辅助生产成本，还应在“生产成本”总账科目下，分设“基本生产成本”和“辅助生产成本”两个二级科目。为了减少二级科目，简化会计分录，也可将“生产成本”总账科目分为“基本生产成本”和“辅助生产成本”两个总账科目。本书按分设后的两个总账科目进行讲述。

1）“基本生产成本”总账科目及其明细账的设置。基本生产是指为完成企业主要生产目的而进行的产品生产。“基本生产成本”科目是为了归集进行基本生产活动而发生的各项生产费用和计算基本生产产品成本而设立的。该科目的借方登记为进行基本生产所发生的各项费用；贷方登记完工入库的产品成本；期末如有余额在借方，为月末在产品成本，即生产过程占用的资金。该科目应按产品品种等成本计算对象分设明细账，一般称为产品成本明细账或产品成本计算单、成本计算单、本月完工产品成本和月末在产品成本。其格式如表 1-1-2、表 1-1-3 所示。

表 1-1-2　　**产品成本明细账**

（成本计算单）

车间：××　　产品：甲产品　　单位：元

20××年		凭证号码（略）	摘要	产量（件）	直接材料	直接人工	制造费用	成本合计
月	日							
4	30		在产品成本		19 000	2 000	3 000	24 000
5	31		本月生产费用		60 000	5 200	6 000	71 200
5	31		生产费用累计		79 000	7 200	9 000	95 200
5	31		本月完工产品成本	400	63 200	6 400	8 000	77 600
5	31		产成品单位成本		158	16	20	194
5	31		在产品成本		15 800	800	1 000	17 600

表 1-1-3　　**产品成本明细账**

（成本计算单）

车间：××　　产品：甲产品　产量：400　　单位：元

成本项目	月初在产品成本	本月生产费用	生产费用累计	完工产品成本		月末在产品成本
				总成本	单位成本	
直接材料	19 000	60 000	79 000	63 200	158	15 800
直接人工	2 000	5 200	7 200	6 400	16	800
制造费用	3 000	6 000	9 000	8 000	20	1 000
合计	24 000	71 200	95 200	77 600	194	17 600

上述产品成本明细账，虽然未标明借方、贷方和余额，但其结构不外乎这四个部分：上月末在产品成本即本月初在产品成本，为月初借方余额；本月生产费用为本月借方发生额；本月完工产成品成本为本月贷方发生额；月末在产品成本为月末借方余额。

在产品种类较多的企业，为了按车间和产品成本项目汇总反映全部产品的总成本，还可设置基本生产成本二级账，其格式如表 1-1-4 所示。

表 1-1-4　　**基本生产成本二级账**

车间：××　　单位：元

20××年		凭证号码（略）	摘要	直接材料	直接人工	制造费用	合计
月	日						
4	30		在产品成本	67 060	8 650	10 080	85 790
5	31		本月生产费用	160 000	18 050	25 500	203 550
5	31		生产费用累计	227 060	26 700	35 580	289 340
5	31		本月完工产品成本	210 000	23 000	20 680	253 680
5	31		在产品成本	17 060	3 700	14 900	35 660

在设置基本生产成本二级账的情况下，基本生产成本总账、二级账和明细账应按照平行登记的规则进行登记。二级账作为总账与明细账的中介，还可以配合车间经济核算，为考核和分析各车间产品总成本提供资料。

2）“辅助生产成本”总账科目及其明细账的设置。辅助生产是指为基本生产服务而进行的产品生产和劳务供应，如工具、模具、修理用件等产品的生产和修理，运输，供电、供水等劳务的供应。辅助生产提供的产品和劳务，有时也对外销售，但这不是它的主要目的。

“辅助生产成本”科目就是为了归集进行辅助生产所发生的各项费用，计算辅助生产产品和劳务的成本而设立的。其借方登记为进行辅助生产而发生的各项费用；贷方登记完工入库产品的成本和分配转出的劳务费用；期末如有余额在借方，表示辅助生产在产品的成本，即辅助生产在产品占用的资金。该科目应按辅助生产车间和生产的产品、劳务分设明细账，账中按辅助生产的成本费用项目设立专栏或专行进行明细登记。

(2)“制造费用”账户。

为了归集和分配车间（或分厂）为生产产品和提供劳务而发生的制造费用，反映制造费用计划的执行情况，核算中应设立“制造费用”科目。该科目的借方登记实际发生的制造费用；贷方登记分配转出的制造费用。除季节性生产企业外，该科目月末应无余额。

“制造费用”科目应按车间、部门设置明细账，账内按费用项目设立专栏。如果辅助生产车间规模小、费用少，为了简化核算工作，也可不单设制造费用明细账，将发生的制造费用直接记入“辅助生产成本”科目及其明细账的借方。

为了能够对成本核算程序有一个总括的了解，下面以产品成本核算的品种法为例，结合前述的成本核算一般程序和成本核算的主要会计账户，列示成本核算的账务处理程序（如图1-1-4所示）。

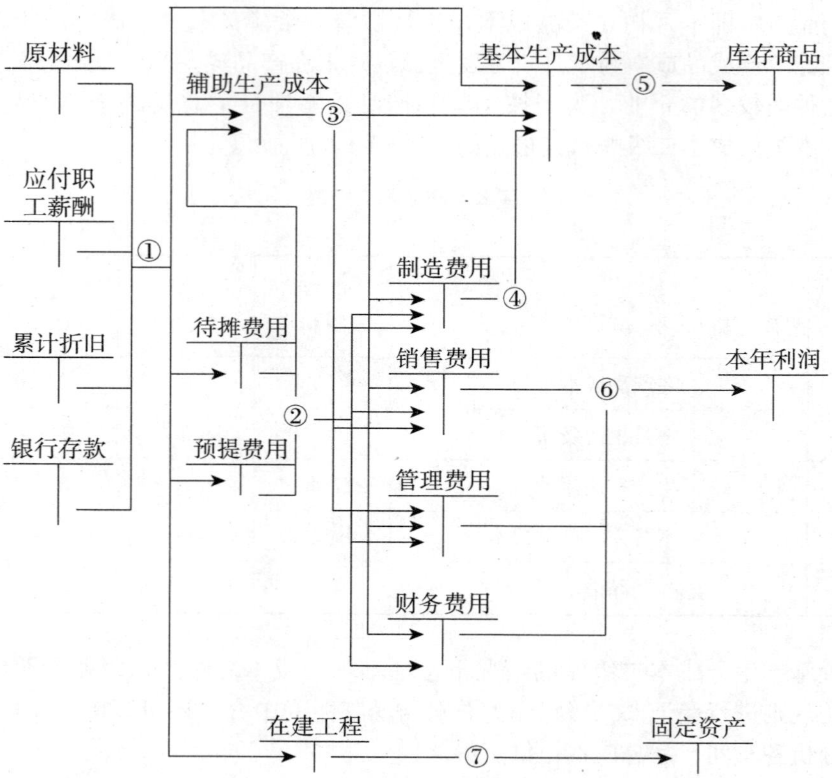

图1-1-4 成本核算账务处理程序

注：①各项费用要素的结转和分配；

②摊销和预提各项费用；

③分配辅助生产费用；

④分配制造费用；

⑤结转完工产品成本；

⑥结转各项期间费用；

⑦结转应计入固定资产价值的在建工程成本。

思考题

1. 什么是成本？其作用如何？
2. 简述成本会计的发展历程。
3. 为了正确计算产品成本，应该划清哪几个方面的费用界限？防止哪些错误做法？
4. 成本会计的内容包括哪些？
5. 简述成本会计的任务。
6. 生产费用的分类方法有哪些？如何分类？
7. 简述产品成本核算的一般过程。
8. 为了进行产品成本的核算，需要设置哪些会计账户？

第二部分
成本核算方法

➢ 项目一　品种法

➢ 项目二　分批法

➢ 项目三　分步法

➢ 项目四　定额法

➢ 项目五　分类法

➢ 项目六　作业成本法

项目一 品种法

项目综述

品种法是产品成本计算的最基本方法，是成本会计核算的基础。它是以产品的品种作为成本计算对象，并按不同的产品品种设置产品成本明细账，按产品品种分配和归集生产费用的一种成本计算方法。通过实施该项目，学生应熟悉生产过程，掌握品种法的成本计算方法。学习时，学生应结合实例学会和掌握品种法的实际应用。

任务一 熟悉生产过程

为了正确计算产品成本，圆满地完成成本核算任务，除了要划分各种费用的界限外，还要根据企业具体的生产特点和管理要求选用合适的会计处理方法，这就需要在进行会计处理前，充分了解企业的生产过程，熟悉产品的成本构成特点，为具体的成本核算工作打下基础。

情境一 企业的生产类型及其特点

生产类型不同，成本核算的组织方式和成本计算的方法也不相同。要做好成本核算工作，必须要研究生产的分类。按照工业生产的一般特点，可作如下分类。

一、按生产工艺过程的特点分类

产品生产工艺过程是指产品从投料到完工的生产工艺、加工制造的过程。按生产工艺过程的特点，可以分为单步骤生产和多步骤生产。

（一）单步骤生产

单步骤生产也称简单生产，是指生产工艺过程不能间断、不可能或不需要划分为几个生产步骤的生产，也可能是一次投料，不能分散在不同地点进行的生产。例如发电、采掘等工业生产。这类生产由于技术上不可间断（如发电），或由于工作地点的限制（如采煤），往往只在一个企业或车间进行，而不能由几个企业或车间共同协作进行。

（二）多步骤生产

多步骤生产也称复杂生产，是指生产工艺过程由若干可以间断的、分散在不同地点、分别在不同时间进行的生产步骤所组成的生产。如纺织、钢铁、机械、造纸、服装等工业生产。多步骤生产按其产品的加工方式不同，又可分为连续加工式生产和装配式生产。连续加工式生产是指原材料投入生产后，要依次经过若干个生产步骤的连续加工才能完成产品的生产。前一个步骤制成的半成品是下一个步骤继续加工的对象，依此类推，直到最后一个加工步骤完工才制成产成品。纺织、钢铁等工业生产都属于此种类型。装配式生产是指先将原材料分别加工为零件、部件，再将零件、部件装配为产品的生产。机械、车辆、仪表制造、家电制造等工业生产都属于此类。

二、按生产组织方式分类

生产组织方式是指企业生产的专业化程度，具体是指在一定时期内生产产品品种的多少，同类产品的数量以及生产的重复程度。按生产组织方式，可以分为大量生产、成批生产和单件生产。

（一）大量生产

大量生产是指不断重复生产相同一种或几种产品的生产。在从事这种生产的企业或车间中，产品的品种较少，而且比较稳定。例如采掘、纺织、发电等。

（二）成批生产

成批生产是指按照事先规定的产品批别和数量，或者根据订货者的需要，分批进行一定种类产品的生产。在从事这种生产的企业或车间中，产品的品种较多，而且具有一定的重复性和周期性，如服装、机械的生产。成批生产按照产品批量的大小又可以分为大批生产和小批生产。大批生产，由于产品批量大，往往在几个月内不断地重复生产一种或几种产品，因而性质近似于大量生产；小批生产，由于生产产品的批量小，一批产品一般可以同时完工，因而其性质近似于单件生产。

（三）单件生产

单件生产类似于小批生产，是指根据订货单位的要求，生产个别的、特定品种和规格的产品。例如重型机器制造、船舶和专用设备的制造等。在从事这种生产的企业或车间中，产品的品种多，而且很少重复。

单步骤生产和连续加工式的多步骤生产的生产组织方法多为大量生产。装配式的多步骤生产的生产组织形式，则有大量生产、成批生产和单件生产的区别。

情境二　成本计算方法的确定

制造企业产品成本计算的过程，就是对生产经营过程中所发生的费用按照一定的对象进行归集和分配，计算出产品的总成本和单位成本的过程。其中，生产的特点在很大程度上影响着成本计算方法的选择。同时，由于成本计算是为成本管理提供资料的，因此采用什么方法、提供哪些资料，还要考虑成本管理的要求。也就是说，企业在确定成本计算方法时，必须从实际情况出发，同时考虑生产特点和管理需要。

一、生产类型对产品成本计算方法的影响

企业采用何种方法计算产品成本，在很大程度上取决于产品的生产类型，而生产类型对成本计算方法的影响主要表现在成本计算对象的确定上，此外，还对生产费用计入产品成本的程序、计算期的确定、生产费用在完工产品和在产品之间的分配等方面产生影响。

（一）生产类型对成本计算对象的影响

成本计算对象是承担成本的客体，也是费用归集与分配的目标。确定成本计算对象是设置产品生产成本明细账、归集与分配生产费用、正确计算产品成本的重要前提。

从产品生产工艺过程的特点看，单步骤生产的企业，由于生产工艺不可间断，必须以产品品种作为成本计算对象；多步骤连续加工式生产的企业，由于生产过程是由可以间断的若干生产步骤组成，应以生产步骤作为成本计算对象；多步骤装配式生产的企业，若零部件无独立核算意义，则不需要按步骤计算半成品成本，而以产品品种作为成本计算对象。

从产品生产组织方式的特点看，大量生产的企业，连续不断地生产相同产品，只能以产品品种作为成本计算对象。大批生产的企业，可视具体情况，按产品品种或产品批别计算产品成本。单件、小批生产的企业，一批产品一般可同时完工，可按产品批别计算产品成本。

（二）生产类型对生产费用计入产品成本程序的影响

生产费用计入产品成本的程序是指产品生产过程中所消耗的原材料、燃料、职工薪酬、固定资产折旧等各项费用，经过一系列的归集和分配，最后汇总成产品成本的步骤。产品的生产类型不同，生产费用计入产品成本的程序也不相同。

在大量生产单一产品的企业或车间，成本计算对象只有一个，产品生产所发生的全部费用可以直接计入该产品成本。在单件小批生产的情况下，由于产品的品种、批别较多，产品生产所发生的生产费用，若能明确认定为生产某一批产品的，则可以直接计入该批产品成本；若不能直接计入，则应该先归集，然后按一定标准分配计入各有关批别产品的成本。在大量大批多步骤生产的情况下，生产费用计入产品成本的过程往往也是计算各步骤半成品成本并随其实物转移而逐步结转的过程。产品在各步骤的生产费用，逐步累积成完工产品成本。如果不需要单独计算各步骤半成品成本，也可将完工产品在各步骤加工所发生的费用，按一定规则组合成完工产品成本。

（三）生产类型对成本计算期的影响

成本计算期是指对生产费用计入产品成本中所规定的日期。

在大量大批生产的情况下，由于生产活动连续不断进行，产品经常重复生产，为了满足计算损益的需要，只能定期按月计算产品的成本。在单件小批生产的情况下，产品成本有可能在某件或某批产品完工以后计算，各批产品的生产周期[①]往往不同，而且批量

① 在制造业生产中，产品生产周期是指从原材料投入到产品制成并验收入库为止所经过的时间，它通常与公历月份不相吻合。

小，生产不重复或重复少，可以按照各批产品的生产周期计算产品成本。所以，单件小批生产的成本计算期与会计报告期往往不一致。

（四）生产类型对完工产品和在产品之间费用分配的影响

在单步骤生产中，生产过程不能间断，生产周期也短，月末一般没有在产品，或者虽有在产品，但数量、金额较小，因而不计算在产品对成本的影响不大，所以，当月归集的生产费用即为当月完工产品成本，不必在完工产品和在产品之间进行分配。在多步骤生产中，生产费用是否需要在完工产品与在产品之间进行分配，在很大程度上取决于生产组织的特点。在大量大批多步骤生产的情况下，产品生产周期较长，且与成本计算期不一致，各步骤往往存在数量不等的在产品，需要采用适当的方法，将产品成本在完工产品和在产品之间进行分配。在单件小批量生产的情况下，由于成本计算期与产品生产周期一致，一般不需要将产品成本在完工产品和在产品之间进行分配。当某件或某批产品完工时，所归集的生产费用全部为完工产品成本；当某件或某批产品未完工时，所归集的生产费用全部为在产品成本。

二、管理要求对产品成本计算方法的影响

一个企业究竟采用什么方法计算产品成本，并不完全取决于企业生产类型的特点，还受到企业内部管理要求的影响。例如，确定单件小批生产的成本计算对象时，可以根据合理地组织生产和便于管理的需要，对客户的订单作适当合并或再划分成小批别，将重新组织的生产批别作为成本计算对象。又如，确定大量大批多步骤生产的成本计算对象时，一般以每种产品及其所经历的生产步骤作为成本计算对象，按产品的生产步骤来计算产品成本。但是如果企业规模小，管理上不需要计算半成品的加工成本，则可以适当归并，以减少成本计算对象和简化计算。因此，企业选择成本计算方法时，除考虑生产类型的特点外，还要考虑成本管理的要求。

三、产品成本计算的方法

生产类型和管理要求在多方面对产品成本计算产生影响。不同的成本计算对象、生产费用计入产品成本的程序、成本计算期、期末在产品的计价方法相互结合，形成各种不同的成本计算方法。一般认为，在构成成本计算的各种要素中，成本计算对象是决定性因素，是区分不同成本计算方法的主要标志。

（一）产品成本计算的基本方法

产品成本计算对象不外乎产品的品种、批别、生产步骤等，因而产品成本计算的基本方法也就分为品种法、分批法和分步法三种。

1. 品种法

品种法是指将产品的品种作为产品成本计算对象来归集生产费用、计算产品成本的方法。该方法既适用于大量大批单步骤生产的企业，如发电、采掘等企业，也适用于管理上不要求分步骤计算成本的大量大批多步骤生产的企业，如水泥厂等。

在大量大批生产中，不可能等全部产品都完工后才计算其实际成本，成本计算期与会计报告期一致（定期按月），但与生产周期不一致。大量大批生产往往月末有在产品，

需要在本月完工产品和月末在产品之间分配生产费用。

2. 分批法

分批法是指将产品的批别（分批、不分步）作为成本计算对象来归集生产费用、计算产品成本的方法。该方法适用于单件小批单步骤生产和管理上不要求分步骤计算成本的单件小批多步骤生产的企业，如机械、船舶制造等企业。在单件小批多步骤生产的企业中，一批（或一件）产品往往同时投产又同时完工，在该批产品完工时，就应计算它的完工产品成本。未完工时，全部都是在产品。它的成本计算期不确定，与产品的生产周期一致，所以一般不需要将生产费用在完工产品和月末在产品之间进行分配。

3. 分步法

分步法是指将产品和其所经过的生产步骤作为成本计算对象的成本计算方法。它适用于管理上要求分步骤计算产品成本的多步骤生产的企业，如纺织和冶金等企业。

与品种法相同，分步法生产，尤其是大量大批多步骤生产，一般在产品完工后才计算成本，只能定期按月计算每一步骤的成本，成本计算期与会计报告期一致，而与产品生产周期不一致。月末有在产品，需要在本月完工产品和月末在产品之间分配生产费用。

（二）产品成本计算的辅助方法

在实际工作中，由于产品生产情况复杂多样，企业管理条件差异很大，为了简化成本计算工作或较好地利用管理条件，还需要采用一些其他的成本计算方法，如定额法、分类法等。

1. 定额法

定额法是在定额管理基础较好的企业，为了加强生产费用和产品成本的定额管理，加强成本控制而采用的成本计算方法。它的基本特点是以产品的定额成本为基础，加上或减去脱离定额差异以及定额变动差异来计算产品的实际成本。该方法适用于管理制度比较健全、定额管理工作较好、产品生产已经定型和消耗定额合理且稳定的企业。

2. 分类法

分类法是以产品类别为成本计算对象归集生产费用，计算各类产品成本，然后按一定的标准在同类产品中计算各种产品成本的方法。它主要是为了适应一些企业产品品种规格繁多、成本核算工作繁重的情况而设计的一种简化的成本计算方法。它的特点是以产品类别作为成本计算对象，将生产费用先按产品的类别进行归集，计算各类产品成本，然后按照一定的分配标准，在同类别的各种产品之间分配，来计算各种产品的成本。该方法主要适用于产品的品种规格多，但每类产品的结构、所用原材料、生产工艺过程都基本相同的企业。

定额法和分类法从计算产品实际成本的角度来说，不是必不可少的，而且在采用时，应结合三种基本计算方法中的一种进行计算。因此，定额法和分类法也称为辅助成本计算方法。例如，在定额管理基础工作较好、消耗定额比较准确和稳定的多步骤生产企业，可在分步法的基础上采用定额法计算产品成本。又如，对于产品品种、规格繁多的企业，可采用品种法与分类法相结合的方法计算产品成本，以简化核算。

四、产品成本计算方法的实际应用

各种成本计算方法分别适用于有着不同特点和不同成本管理要求的企业，在实际工作中，同一个企业或同一个车间，由于其生产特点和管理要求并不完全相同，就有可能同时采用几种不同的成本计算方法；同一产品的生产费用在该产品和各个生产步骤以及各种半成品、各成本项目之间结转，其生产的特点和管理的要求也不一样，这样，对同一种产品也有可能同时采用几种成本计算方法。

（一）同时使用几种成本计算方法

在企业内部生产多种产品时，有可能出现几种成本计算方法同时使用的情况。如果一个企业不止生产一种产品，这些产品的特点不同，其生产类型也可能不一样，就应采用不同的方法计算产品成本。如重型机械厂，一般采用分批法计算产品成本，但如果有传统产品，产品已经定型，属于大量生产，也可采用品种法或分步法计算产品成本。

在企业拥有多个生产车间的情况下，也会出现几种方法同时使用的情况。比如在工业企业里，一般都设有基本生产车间和辅助生产车间，基本生产车间和辅助生产车间生产的特点和管理要求是不一样的，应采用不同的方法进行成本计算。例如，钢铁企业的基本生产车间是炼铁、炼钢和轧钢，属于大批量复杂生产，根据其生产特点和管理要求，可采用分步法计算产品成本；但企业内部的供电、供气等辅助生产车间，则属于大批量简单生产，根据其特点，应采用品种法计算成本。

企业采用什么样的成本计算方法，主要是就其基本生产车间而言的，并不表明该企业只采用这一种方法计算成本，可以多种方法同时使用。

（二）结合使用几种成本计算方法

根据不同的成本管理要求，有些工业企业除同时使用几种成本计算方法外，还有以一种成本计算方法为主，结合其他成本计算方法的某些特点加以综合应用的情况。例如小型机械厂，一般采用分批法计算产品成本，但由于企业设置不同的生产车间，如铸造、加工、装配等，因而采用不同的成本计算方法。铸造车间应采用品种法计算铸铁的成本，加工车间和装配车间应采用分批法计算产品成本，而铸造车间将铸铁件转入加工和装配车间时，则应采用分步法进行结转。这样，在一个企业里，就结合使用了品种法、分批法和分步法三种成本计算方法。

总之，企业采用什么方法计算产品成本，应根据企业生产的特点和成本管理的要求来确定，不能生搬书本上的理论，应灵活掌握。要本着主要产品从细、次要产品从简的原则合理地加以确定。同时，在一个企业里，所采用的成本计算方法也不是一成不变的，应根据生产特点的发展和企业管理水平的提高，修改成本计算方法，以适应新形势的需要。

情境三　品种法的适用范围

品种法适用于大量大批的单步骤生产，如发电、采掘等企业的生产。在这种类型的生产中，由于是单步骤生产，产品的生产工艺过程不可能或者不需要划分为几个生产步骤，也没有中间产品产出，因而也就不可能或者不需要按照生产步骤计算产品成本。

在大量大批多步骤的生产中，如果企业或车间规模较小，或者车间是封闭式的，即从原材料投入到产品生产的全过程都是在一个车间进行的，或者生产是按流水线组织的，管理上不要求提供各步骤成本资料，可采用品种法计算产品成本，如铸造和玻璃制品的熔铸等生产。

此外，辅助生产车间的供水、供气、供电等单步骤的大量生产，也可以采用品种法计算产品成本。

情境四　品种法的特点

一、成本计算的对象是品种

品种法的成本计算对象是产品品种，并按产品开设成本计算单或设置生产成本明细账。在采用品种法计算产品成本的企业或车间中，如果只生产一种产品，成本计算对象就是该产品。计算产品成本时，只需要为这种产品开设一本产品生产明细账，账内按照成本项目设置专栏，归集生产费用。在这种情况下，发生的生产费用可以直接记入该产品成本明细账，不存在将生产费用在各种产品之间进行分配的问题。如果企业生产两种以上产品，成本计算对象就是不同产品的品种，要按产品品种分别开设成本明细账，此时，对发生的生产费用就要区分直接费用和间接费用。直接费用可以直接记入各产品成本明细账；间接费用则需要采用适当的分配方法，在各种产品之间进行分配，然后分别记入各产品的成本明细账。

二、成本计算期一般按日历月份划分

按品种法计算产品成本的企业应于每月月末计算完工产品和在产品成本，因为采用品种法计算产品成本的企业，一般都是大批量重复生产一种或几种产品，这种企业的生产活动是连续不断重复进行的。不能在产品完工时立即计算出成本的，必须定期在月末计算完工产品成本，所以品种法的成本计算期与会计报告期一致，而与生产周期不一致。

三、生产费用一般不需要在完工产品与月末在产品之间进行分配

采用品种法，一般不需要在完工产品和月末在产品之间分配生产费用，因为大批量生产时，月末一般没有在产品或不用考虑在产品数量（数量小且稳定）。在不考虑月末在产品时，当月的生产费用全部由完工产品承担，各产品成本计算单中所归集的生产费用就是当月完工产品的总成本，将总成本除以总产量就是该产品的单位成本。但当大批量多步骤生产时，由于生产步骤多，在产品数量及占用的费用也比较大，这时就需要考虑月末在产品。要采用一定的分配方法将产品成本计算单中归集的生产费用在完工产品和月末在产品之间进行分配，以正确计算完工产品成本和月末在产品成本。

情境五　品种法的核算程序

由于品种法是产品成本计算方法中最基本的方法，因而品种法的核算程序体现着产品成本计算的一般程序。品种法的核算主要有三个步骤：首先，按产品品种设置成本明细账，并按成本项目分别设置专栏，以便按成本项目归集生产费用。其次，根据各种费

用分配表，将各项生产费用分别按产品品种计入各有关成本项目。对于直接费用，如材料费用、人工费用等，可以直接记入产品成本明细账；对于间接费用，如制造费用、外购动力费等，首先按其发生地点进行归集，其次按一定比例分配记入有关产品成本明细账。最后，计算各种产品的总成本和单位成本。具体程序如下：

(1) 按产品品种设置成本明细账。企业应设置“基本生产成本”总分类账，同时按照产品品种设置产品生产成本明细账；按照辅助生产提供的产品或劳务设置“辅助生产成本”总账和明细账，同时在“制造费用”总账科目下设置明细账。这是成本计算的开始环节，对于有月初在产品成本的产品，还应在产品成本明细账中登记月初在产品成本。

(2) 根据生产过程中发生的各项费用的原始凭证和有关资料，编制各要素费用分配表，根据费用分配表登记“基本生产成本”“辅助生产成本”“制造费用”等明细账。对于直接费用，如直接材料、直接人工等费用，可以直接记入成本明细账的专栏；对于间接费用，则可先在“制造费用”等明细账中归集，然后按一定的分配标准分别记入有关产品成本明细账。

(3) 将“辅助生产成本”明细账上归集的费用，按各种产品和各单位的耗用量，编制辅助生产费用分配表，分配辅助生产费用。

(4) 将基本生产车间“制造费用”明细账上所归集的费用，采用一定的方法，在各个成本计算对象之间进行分配，编制制造费用分配表。

(5) 根据各成本明细账中归集的生产费用，编制产品成本计算单，计算并结转本月完工产品成本，同时登记有关“基本生产成本”明细账。

品种法的具体核算程序如图 2-1-1 所示。

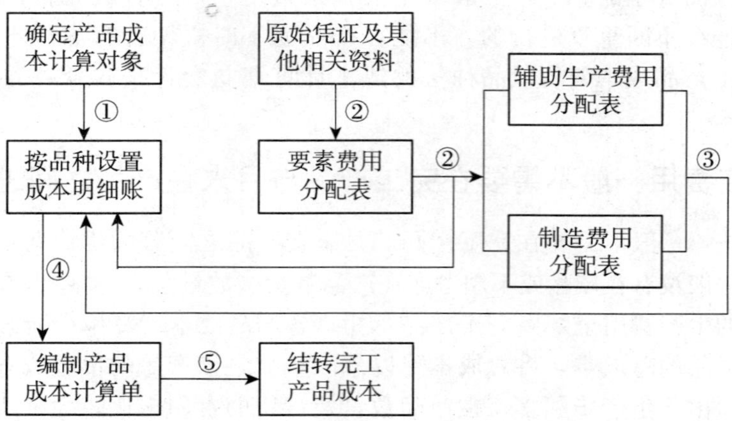

图 2-1-1　品种法的核算程序

注：①按照产品品种设置产品成本明细账；

②归集和分配各项要素费用；

③分配辅助生产费用和制造费用；

④编制产品成本计算单；

⑤结转完工产品成本。

任务二　各项要素费用的归集与分配

情境一　材料费用的归集与分配

一、材料费用核算的内容

（一）材料费用的概念和特点

材料费用是指企业生产经营过程中实际消耗的原材料、辅助材料、备品备件、外购半成品、燃料、动力、包装物等，是产品制造成本的主体。加强材料费用的核算是控制产品成本的主要工作。

材料费用的特点：在生产过程中被用来加工，构成产品实体，或有助于产品形成，或为劳动工具所消耗。经过一个生产周期，就全部被消耗或改变其原有的实物形态，其价值也一次、全部地转移到新产品中去，构成产品价值的重要组成部分。

工业企业的材料品种繁多、规格复杂、收发频繁，为了便于管理与核算，相对准确地计算产品成本，必须对材料进行科学的分类。

（二）材料的分类

材料按其在生产经营过程中的作用不同，可以分为以下几类：

（1）原料及主要材料。

原料及主要材料是指经过加工后，构成产品实体或主要成分的各种原料和材料。如在加工企业中，炼铁用的铁矿石、纺纱用的原棉、炼油用的原油、制造机器用的钢材等；在化工企业中，经过化学变化后形成产品主要成分的各种原料和材料，如氯碱工业生产烧碱用的食盐，化肥工业生产合成氨用的煤、焦炭等。作为进一步加工使用的外购半成品，其性质与原材料一样，也是用来加工生产以构成产品实体或主要成分的劳动对象，因而也可以列入本类。

（2）辅助材料。

辅助材料是指直接用于生产过程，有助于产品的形成或为产品生产创造正常劳动条件，但不构成产品主要实体的各种材料，如漂染用的漂白剂、染料，防腐用的油漆，化学反应中的各种触媒、催化剂，维护机器用的润滑油、防锈剂，清洁用的扫帚、抹布，照明用的电灯泡等。

（3）燃料。

燃料是指在生产过程中，用来燃烧发热的各种燃料，包括固体燃料、液体燃料和气体燃料，如煤、汽油、天然气等。

（4）修理用备件。

修理用备件是指本企业的机器设备和运输设备等专用的各种备品配件，如齿轮、阀门、轴承等。

（5）包装物。

包装物是指包装本企业产品，并准备随同产品一起销售的，或者在销售过程中租借给购货单位使用的各种包装用的物品，如桶、箱、坛、袋、瓶等。

（6）低值易耗品。

低值易耗品是指单位价值较低，容易损耗的各种工具、管理用具、玻璃器皿以及劳保用品等。从性质上看，低值易耗品并不是劳动对象，而是劳动资料，但由于它不具备固定资产的条件，因而把它列为材料一类。

生产时产生的废料和设备报废时产生的废料，如果回收后能再利用的，则分别按其用途列入原料及主要材料、辅助材料或燃料。如果无利用价值，准备出售的，则可列为辅助材料，数额较大的，也可单设“废料”类核算。

上述分类是按照材料在生产过程中的作用来划分的，因而同一种材料在不同的企业中，就有可能被划分在不同的类别中，当然也存在一种材料兼有多种用途的情况，这时应按其主要用途进行分类。为了加强材料的实物管理，做好成本核算工作，各类材料还可以按其物理性能、技术特征、规格等标准作进一步的分类。

任何工业企业，不论其规模大小，不论其生产什么产品，都有材料的消耗，都会产生材料的收入、发出、结存数量及金额的核算要求。购进材料时要确定其采购成本，发出材料时要计算发出材料的成本，期末结存材料也需要确定结存成本，以便结转下期并在资产负债表中列示。因此，材料费用的核算是企业成本核算中非常重要的任务之一。

二、材料费用的归集

企业在生产过程中耗用的各种材料，应由财务部门在月份终了时，将当月领料时填制的全部领料单、限额领料单、退料单等各种原始凭证，按产品品种和不同用途进行归集、整理，编制发出材料汇总表，为材料费用的分配打下基础。

（一）材料费用的原始凭证

材料费用通常是工业企业在生产经营过程中耗用较大的费用之一。为了有效地控制材料费用，必须建立和健全领料、退料制度。材料领退的凭证主要有领料单、限额领料单、领料登记表、退料单等。

1. 领料单

领料单是指仅供一次使用的领发料凭证，一般是一式多联。领料部门在填制完毕后，凭此向仓库领料，经收、发料双方签章，仓库据以发料，并留下一联作为其发料的凭证，一联送交财务部门作为入账的依据，另一联交还领料部门作为其领料的凭证。领料单的格式如表2-1-1所示。

表2-1-1 领料单

编号：12345

领料部门：修理车间　　发料仓库：材料仓库

材料类别	材料编号	材料名称	规格	计量单位	请领数量	实发数量	单价（元）	金额（元）
黑色金属	1278 1294	圆钢 圆钢	5cm 10cm	千克 千克	60 80	60 80	10 12	600 960
用途	维修设备		备注			合计	1 560	

生产部门负责人：张扬　　领料人：王芳　　发料人：李红

领料单通常是一单一料，适用于领料次数不多、零星消耗的材料的领发，以及没有制定消耗定额的材料的领发。

2. 限额领料单

限额领料单是对经常领用并有消耗定额的材料，在一定的时期（最长1个月）和规定的限额内，可以多次使用的领发料累计凭证。限额领料单一式多联，由供应部门或生产计划部门根据生产计划和产品消耗定额等有关资料，按车间、部门或工作令号填明所需要的材料品种和限额，经供应部门或生产计划部门负责人签章后，一联留存备查，一联送交用料车间或部门，一联送交仓库，作为一定期间内领发材料的依据。限额领料单的格式如表2-1-2所示。

表2-1-2 **限额领料单**

编号：1468
产品名称：A产品
领料部门：钣金车间 计划产量：600只
发料仓库：材料仓库 单位消耗定额：10千克

材料类别	材料编号	材料名称	规格	计量单位	全月领用限额	全月实发数量	单价（元）	金额（元）	备注
黑色金属	1275	圆钢	20cm	千克	6 000	5 800	8	46 400	
领料日期	请领数量		实发数量		累计实发数量	领料人签章		发料人签章	
1月5日 1月20日	3 000 2 800		3 000 2 800		3 000 5 800	王永生 王永生		李静 李静	

供应部门负责人：冯斌 生产部门负责人：李明

限额领料单上列明的“全月领用限额”是领料部门当月可领用材料的最高限额。领料部门可以根据生产的需要，在规定的限额内一次或分次领用。倘若超过限额或者变更规定材料的领取，则应区别情况进行处理。对于因市场需要增加计划产量而超过限额的领料，经有关部门审核批准后，可以办理追加限额手续；对于因生产操作不当或其他原因而超过限额的领料，应说明原因和责任，并另行填制领料单，经有关部门审核批准后，才能据此向仓库领料；对于变更规定材料，领取代用材料的情况，则应说明变更的理由，并另行填制领料单，经过技术部门审核批准后，才能据此向仓库领料。

限额领料单可以有效地监督材料消耗定额的执行，以控制材料的耗费，促使领料部门合理、节约地使用材料，降低产品的材料费用，也便于仓库主动备料。限额领料单可以“一单一料”，在配套发料的情况下，也可以“一单多料”，它适用于经常领用，并已制定消耗定额的材料。

3. 领料登记表

领料登记表是指在一定时期内可以多次使用的领发料累计凭证。领料登记表一式多联，平时存放于仓库。领料时，由领料人在该表上签收，月末汇总后，仓库自留一联，一联交领料部门，一联转交财会部门入账。领料登记表的格式如表2-1-3所示。

表 2-1-3　　领料登记表

领料部门：钣金车间　　发料仓库：油库

材料类别	材料编号	材料名称	规格	计量单位
油料	2811	机油	10 号	千克
日期	领用数量	累计领用数量	领料人	发料人
1 月 10 日	50	50	田丽	方芳
1 月 12 日	60	110	郑伟	方芳
1 月 19 日	40	150	郑伟	方芳
1 月 25 日	50	200	田丽	方芳
材料单价	6.5 元	合计金额	1 300 元	

领料登记表适用于经常领用、数量零星的消耗材料，以减少日常填制领料凭证的工作，便于月末材料费用的汇总。

4. 退料单

退料单是领料部门将已领未用的多余材料予以退回的凭证。退料单一式多联，由退料部门退料时填列，退料后，退料部门留下一联，作为退料的依据，仓库留下一联，作为收料的依据，一联转交财会部门入账。退料单的格式如表 2-1-4 所示。

表 2-1-4　　退料单

退料部门：钣金车间　　收料仓库：钢材仓库

材料类别	材料编号	材料名称	规格	计量单位	数量	单价（元）	金额（元）
黑色金属	1275	圆钢	20cm	千克	40	8	320
退料原因	生产 A 产品余料						

生产部门负责人：张军　　退料人：王强　　收料人：威宇

若月末存在已领未用的多余材料，生产部门必须填制退料单，办理退料手续，将材料退回仓库。对下月仍需继续使用的月末多余材料，应办理假退料手续，即同时填制本月的退料单和下月的领料单，材料不退回仓库，从而正确计算产品成本和反映各种存货资金的占用。

（二）材料发出的计价

材料收发结存的日常核算可以按实际成本计价，也可以按计划成本计价，月末计算材料成本差异率，将发出材料的计划成本调整为实际成本。

一般来说，企业的材料应按取得时的实际成本计价入账。但在会计实务中，企业的材料日常收发核算，应视其规模大小、材料品种的多少、收发业务的繁简程度来确定是采用实际成本计价，还是采用计划成本计价。

1. 材料发出按实际成本计价

按实际成本计价是指每种材料的收发结存，都按其在采购（或委托加工、自制）过程中所发生的实际成本进行计价。

由于企业购进的材料产地、价格和运输费用不同，各批购进材料的单位成本往往各不相同，因此必须采用一定的方法确定材料发出的单位成本。

企业对材料的计价可以选择采用先进先出法、加权平均法、移动加权平均法和个别计价法。对于不同的材料可以采用不同的方法，但一经确定后，不得随意变更。如需变更，应对变更的原因以及变更后带来的影响等在财务报告中作必要的说明。

以方达公司为例简述这几种计价方法的应用。

方达公司20××年11月某项材料的收、发、存数据资料如表2-1-5所示。

表2-1-5　　材料收、发、存数据资料表

数量单位：千克　金额单位：元

日期		摘要	收入			发出			结存		
月	日		数量	单价	金额	数量	单价	金额	数量	单价	金额
11	1	月初结存							840	5	4 200
	5	购入	400	5.2	2 080				1 240		
	9	发出				560			680		
	12	购入	280	6	1 680				960		
	18	发出				680			280		
	25	购入	420	6.5	2 730				700		
	30	本月合计	1 100		6 490	1 240					

（1）先进先出法。

先进先出法是指根据先购进先发出的原则，对于发出的材料以先购进材料的成本进行计价，从而计算发出材料成本的方法。

【例2-1-1】　以方达公司的数据资料为例，按先进先出法计算某材料收、发、存成本，如表2-1-6所示。

表2-1-6　　材料收、发、存成本计算表

数量单位：千克　金额单位：元

日期		摘要	收入			发出			结存		
月	日		数量	单价	金额	数量	单价	金额	数量	单价	金额
11	1	月初结存							840	5	4 200
	5	购入	400	5.2	2 080				840 400	5 5.2	4 200 2 080
	9	发出				560	5	2 800	280 400	5 5.2	1 400 2 080
	12	购入	280	6	1 680				280 400 280	5 5.2 6	1 400 2 080 1 680
	18	发出				280 400	5 5.2	1 400 2 080	280	6	1 680
	25	购入	420	6.5	2 730				280 420	6 6.5	1 680 2 730
	30	本月合计	1 100		6 490	1 240		6 280	700	6.3	4 410

采用先进先出法的优点是能够及时反映材料的收入、发出以及结存的数量和金额，从而便于监督储备资金的变化情况；其缺点是计算工作量较大。由于材料期末库存是根据近期材料采购成本计价的，其价值接近市场价格，当材料采购成本持续上涨时，计算出来的产品成本将会偏低，当材料采购成本持续下降时，计算出来的产品成本将会偏高，因此，这种方法适用于单位成本变动不大的材料。

（2）加权平均法。

加权平均法是指全月一次加权平均法，是在一个计算期内综合计算材料的加权平均单价，再乘以发出材料的数量，从而计算发出材料成本的方法。相关计算公式如下：

$$全月加权平均单价=\frac{月初结存的材料成本+本月入库的材料成本}{月初结存的材料数量+本月入库的材料数量}$$

本月发出材料成本＝全月加权平均单价×本月发出材料数量

月末结存材料成本＝(月初结存材料成本＋本月入库材料成本)－本月发出材料成本

如果全月加权平均单价是一个除不尽的小数，一般应先计算月末结存材料成本，再倒挤计算发出材料成本。

【例 2-1-2】 仍以方达公司的数据资料为例，按加权平均法计算某材料收、发、存成本，如表 2-1-7 所示。

表 2-1-7　材料收、发、存成本计算表

数量单位：千克　金额单位：元

日期		摘要	收入			发出			结存		
月	日		数量	单价	金额	数量	单价	金额	数量	单价	金额
11	1	月初结存							840		4 200
	5	购入	400	5.2	2 080				1 240		
	9	发出				560			680		
	12	购入	280	6	1 680				960		
	18	发出				680			280		
	25	购入	420	6.5	2 730				700		
	30	本月合计	1 100		6 490	1 240	5.510 3	6 833	700	5.510 3	3 857

$$本月加权平均单价=\frac{4\ 200+6\ 490}{840+1\ 100}\approx 5.510\ 3（元）$$

本月结存材料成本＝700×5.510 3≈3 857（元）

本月发出材料成本＝(4 200＋6 490)－3 857＝6 833（元）

采用加权平均法，计算发出材料的成本较为均衡，计算工作量也较小。但该方法只能在月末计算发出材料的成本，平时无法反映材料的结存金额，不利于加强材料的管理。这种方法适用于单位成本波动较大的材料。

（3）移动加权平均法。

移动加权平均法是指以各次收入材料的数量和金额与各次收入前结存的数量和金额为基础，计算出加权平均单价，进而计算发出材料成本的方法。

【例 2-1-3】 仍以方达公司数据资料为例，按移动加权平均法计算某材料收、发、存成本，如表 2－1－8 所示。

表 2－1－8　　　　　　　　　材料收、发、存成本计算表

数量单位：千克　金额单位：元

日期		摘要	收入			发出			结存		
月	日		数量	单价	金额	数量	单价	金额	数量	单价	金额
11	1	月初结存							840	5	4 200
	5	购入	400	5.2	2 080				1 240	①	6 280
	9	发出				560	①	2 834	680		3 446
	12	购入	280	6	1 680				960	②	5 126
	18	发出				680	②	3 631	280		1 495
	25	购入	420	6.5	2 730				700	③	4 225
	30	本月合计	1 100		6 490	1 240		6 465	700		4 225

注：移动平均单价①＝（4 200＋2 080）÷（840＋400）≈5.06（元）；

移动平均单价②＝（3 446＋1 680）÷（680＋280）≈5.34（元）；

移动平均单价③＝（1 495＋2 730）÷（280＋420）≈6.04（元）。

采用移动加权平均法计算发出材料的成本最为均衡，并能随时计算发出材料的成本，便于管理者及时了解材料的收入、发出以及结存情况，但每次购进材料都要重新计算加权平均单价，工作量较大。这种方法适用于单位成本波动较大的材料。

（4）个别计价法。

个别计价法又称分批计价法，是指认定每件或每批材料的实际单位成本，计算发出该件或该批材料成本的方法。

采用个别计价法计算的材料成本符合实际，但计算的工作量最为繁重，适用于能分清件别、批次的材料。

通过上述采用不同成本计算方法计算发出材料成本的比较可知，在进价逐步升高即通货膨胀的环境下，宜优先选择加权平均法，在进价逐步下跌即通货紧缩的环境下，宜选择先进先出法，个别计价法较为中性，但需要符合使用的条件。

为了简化登记总账的工作，一般在月末根据全部收料凭证汇总编制收料凭证汇总表，根据全部发料凭证汇总编制发料凭证汇总表，然后根据收、发料凭证汇总表，编制记账凭证并登记总账。发料凭证汇总表的格式如表 2－1－9 所示。

表 2－1－9　　　　　　　　　发料凭证汇总表

年　月

单位：元

应借科目		应贷科目			
		原料及主要材料	辅助材料	燃料	合计
基本生产成本	1—10 日				
	11—20 日				
	21—31 日				
	小计				

续前表

应借科目		应贷科目			
		原料及主要材料	辅助材料	燃料	合计
辅助生产成本	1—10 日				
	11—20 日				
	21—31 日				
	小计				
⋮					
管理费用	1—10 日 11—20 日 21—31 日 小计				
合计					

根据发料凭证汇总表，编制会计分录如下：

借：基本生产成本

　　辅助生产成本

　　制造费用

　　管理费用

　贷：原材料——原料及主要材料

　　　　　　——辅助材料

　　　　　　——燃料

采用实际成本计价，可以比较准确地核算产品成本中的材料费用和材料资金的实际占用。但在材料收发业务频繁的情况下，材料的计价工作很繁重，且不能从账上反映材料采购业务是节约还是超支。因此，该方法通常适用于材料品种较少、收发次数不多的企业。

2. 材料发出按计划成本计价

按计划成本计价是指每种材料的收发结存都按预先确定的计划成本计价。当材料的品种、规格复杂繁多时，核算的工作量很大，为了简化核算手续，可以采用计划成本核算，届时发出材料的成本按事先制定的计划成本计价，到月末再将发出材料的计划成本调整为实际成本。调整的方法是将期末的材料成本差异在已经发出材料和期末结存材料之间进行分摊，其计算公式如下：

$$材料成本差异率=\frac{期初结存材料成本差异+本期收入材料成本差异}{期初结存材料计划成本+本期收入材料计划成本}\times 100\%$$

本期发出材料应分摊的材料成本差异＝发出材料的计划成本×材料成本差异率

发出材料的实际成本＝发出材料的计划成本＋发出材料应负担的成本差异

结存材料的实际成本＝结存材料的计划成本＋结存材料应负担的成本差异

材料成本差异率的计算结果若是正数，表示实际成本大于计划成本，是超支；若是负数，表示实际成本小于计划成本，是节约。无论是超支还是节约，均借记“基本生产成本”“辅助生产成本”“制造费用”“销售费用”“管理费用”等科目，贷记“材料成本差异”科目（超支用蓝字反映，节约用红字反映）。

由于各种材料的成本差异率各不相同，材料品种繁多的企业不可能为每种材料都计算差异率，并分摊材料成本差异，因此需要将材料分类，计算其差异率，并分摊材料成本差异。但分类必须适当，以保证成本计算的准确性。

材料计划成本的内容应与材料实际成本口径一致，并应尽可能接近实际成本。计划单位成本原则上应一年制定一次，无特殊情况，在年度内不作变动。这种计价方法通常适用于材料实际成本变动不大、材料品种多、收发料频繁的企业。

三、材料费用的分配

材料费用的分配是指将企业一定时期内耗费的材料，采用一定的方法分配计入产品成本和期间费用。

（一）材料费用分配的对象

工业企业在生产经营过程中领用的各种材料，应按照领料部门及领料用途，分别确定不同的对象进行分配。

基本生产车间为制造产品而耗费的、构成产品实体或有助于产品形成的原料及主要材料、外购半成品、辅助材料、燃料等应记入“基本生产成本”科目；辅助生产车间为进行辅助产品或劳务生产而耗费的各种材料，应记入“辅助生产成本”科目；各生产车间或分厂因组织、管理生产和维护机器设备而耗费的各种材料费用，应记入“制造费用”科目；销售部门因销售产品而耗费的材料，应记入“销售费用”科目；企业行政管理部门耗费的各种材料，应记入“管理费用”科目。

（二）材料费用分配的原则

材料费用的分配应贯彻直接计入原则和重要性原则。

1. 直接计入原则

直接计入原则是指直接用于产品生产的材料费用，应尽量直接计入有关产品成本，从而真实地反映产品成本。因为采用一定的方法分配计入产品成本的材料费用，总存在着一定的假定性和主观性，从而影响产品成本的真实性。

2. 重要性原则

重要性原则是指在产品成本中占有较大比重的直接材料费用，应计入按成本计算对象设置的“基本生产成本”明细科目的“直接材料”成本项目内，并单独列示。

构成产品实体的原料及主要材料、外购或自制的半成品等，即使是由多个成本计算对象共同领用和耗费的，也应将其在各有关成本计算对象之间进行分配后，记入“基本生产成本”明细科目的“直接材料”成本项目内。而对于在产品成本中所占比重小的，并由多个成本计算对象共同领用和耗费的直接材料费用，也可同间接材料费用一并按其发生的车间或分厂记入“制造费用”科目，待期末分配后，再记入“基本生产成本”明细科目的“制造费用”成本项目内。

（三）材料费用分配的方法

工业企业对于多种产品共同耗费的在产品成本中占有较大比重的直接材料，应采用既合理又简便的分配方法在各种产品之间进行分配。

材料费用的分配标准有很多，通常有定额消耗量比例、定额费用比例、重量比例等。材料费用分配的计算公式如下：

$$材料分配率=\frac{各种产品共同耗费的直接材料费用}{各种产品的分配标准数额总和}$$

某种产品应分配的直接材料费用＝该产品的分配标准数额×材料分配率

【例 2-1-4】 大宏公司10月生产A、B两种产品，共同耗费圆钢19 600千克，每千克4元，共计78 400元。生产A产品3 000只，单位消耗定额为6千克；生产B产品2 000只，单位消耗定额为5千克。按材料定额消耗量的比例分配A、B两种产品的直接材料费用如下：

A产品圆钢定额消耗量＝3 000×6＝18 000（千克）

B产品圆钢定额消耗量＝2 000×5＝10 000（千克）

$$材料分配率=\frac{78\ 400}{18\ 000+10\ 000}=2.8$$

A产品应分配的直接材料费用＝18 000×2.8＝50 400（元）

B产品应分配的直接材料费用＝10 000×2.8＝28 000（元）

按材料定额消耗量比例分配直接材料费用，可以考核材料消耗定额的执行情况，便于分析材料消耗差异对成本的影响，有利于加强对材料消耗的管理。

（四）材料费用分配汇总表的编制及核算

各种材料费用的分配是通过编制材料费用分配汇总表进行的。材料费用分配汇总表是根据限额领料单、领料单、退料单等原始凭证，按照领料部门及用途编制而成的。

材料核算有实际成本计价与计划成本计价两种，现分述之。

1. 按实际成本计价时材料费用分配汇总表的编制及核算

材料采用实际成本计价，在编制材料费用分配汇总表时，可以根据领料凭证上的实际成本加总填列，若有退料凭证，则应将其金额从相关的领料凭证中扣除。采用实际成本计价的材料费用分配汇总表如表2-1-10所示。

【例 2-1-5】 大宏公司的材料按实际成本计价，20××年10月的材料费用分配汇总表如表2-1-10所示。

表 2-1-10 **材料费用分配汇总表（按实际成本计价）**

20××年10月31日

金额单位：元

应借科目		成本（费用）项目	直接计入	分配计入			合计
				定额消耗量	分配率	分配金额	
基本生产成本	A产品	原材料	56 000	18 000	2.85	51 300	107 300
	B产品	原材料	31 000	9 000	2.85	25 650	56 650
	小计		87 000	27 000		76 950	163 950
辅助生产成本	供电车间	原材料	5 400				5 400
	供水车间	原材料	3 400				3 400
	小计		8 800				8 800

续前表

应借科目		成本（费用）项目	直接计入	分配计入			合计
				定额消耗量	分配率	分配金额	
制造费用	机物料消耗		5 000				5 000
销售费用	销售机构经费		1 700				1 700
管理费用	公司经费		3 000				3 000
合计			105 500			76 950	182 450

根据材料费用分配汇总表，编制会计分录如下：

借：基本生产成本——A 产品　107 300
　　　　　　　　——B 产品　56 650
　　辅助生产成本——供电车间　5 400
　　　　　　　　——供水车间　3 400
　　制造费用——机物料消耗　5 000
　　销售费用——销售机构经费　1 700
　　管理费用——公司经费　3 000
　贷：原材料　182 450

2. 按计划成本计价时材料费用分配汇总表的编制及核算

材料按计划成本计价时，材料费用分配汇总表除了要设置“计划成本合计”栏外，还要设置“差异率”和“差异额”栏，在编制材料费用分配汇总表时，首先将领料凭证上的计划成本加总，直接填入或分配填入相关的“计划成本合计”栏内，然后根据本月各种材料的成本差异率，计算应负担的差异额并填入“差异额”栏内。采用计划成本计价的材料费用分配汇总表如表 2-1-11 所示。

【例 2-1-6】　大宏公司的材料按计划成本计价，基本生产车间和辅助生产车间领用材料的成本差异率为−2%，其他部门领用材料的成本差异率为 1%。20××年 10 月 31 日编制的 10 月材料费用分配汇总表如表 2-1-11 所示。

根据材料费用分配汇总表，编制会计分录如下：

（1）分配各部门耗用材料的计划成本，编制会计分录如下：

借：基本生产成本——A 产品　109 490
　　　　　　　　——B 产品　57 806
　　辅助生产成本——供电车间　5 510
　　　　　　　　——供水车间　3 469
　　制造费用——机物料消耗　4 950
　　销售费用——销售机构经费　1 683
　　管理费用——公司经费　2 970
　贷：原材料　185 878

（2）调整发出原材料及主要材料节约的成本差异，编制会计分录如下：

借：基本生产成本——A 产品　[2 190]
　　　　　　　　——B 产品　[1 156]

表 2-1-11

材料费用分配汇总表（按计划成本计价）

20××年 10 月 31 日

金额单位：元

应借科目		成本费用项目	直接计入计划成本	分配计入计划成本			计划成本合计	差异率	差异额	实际成本
				定额消耗量	分配率	分配金额				
①		②	③	④	⑤	⑥=④×⑤	⑦=③+⑥	⑧	⑨=⑦×⑧	⑩=⑦+⑨
基本生产成本	A 产品	原材料	57 290	18 000	2.9	52 200	109 490	−2%	−2 190	107 300
	B 产品	原材料	31 706	9 000	2.9	26 100	57 806	−2%	−1 156	56 650
	小计		88 996	27 000		78 300	167 296		−3 346	163 950
辅助生产成本	供电车间	原材料	5 510				5 510	−2%	−110	5 400
	供水车间	原材料	3 469				3 469	−2%	−69	3 400
	小计		8 979				8 979		−179	8 800
制造费用		机物料消耗	4 950				4 950	1%	50	5 000
销售费用		销售机构经费	1 683				1 683	1%	17	1 700
管理费用		公司经费	2 970				2 970	1%	30	3 000
合计			107 578			78 300	185 878		−3 428	182 450

辅助生产成本——供电车间 110

——供水车间 69

贷：材料成本差异——原料及主要材料 3 525

（3）调整发出辅助材料超支的成本差异，编制会计分录如下：

借：制造费用——机物料消耗 50

销售费用——销售机构经费 17

管理费用——公司经费 30

贷：材料成本差异——辅助材料 97

（五）燃料费用的核算

燃料实际上也是材料，如果燃料费用在产品成本中所占的比重较大，可以与动力费用一起专设“燃料及动力”成本项目进行核算，同时还应增设“原材料——燃料”会计科目，用以核算燃料的增减变动和结存情况，以及燃料费用的分配情况。

燃料费用分配与原材料费用的分配方法相同：直接用于产品生产的燃料，属于直接计入费用的，则直接计入各种产品成本的“燃料及动力”成本项目。几种产品共同耗用的燃料属于间接计入费用，应采用适当的分配方法，分配计入各种产品成本的“燃料及动力”成本项目。分配标准可以是产品的重量、体积、所耗原材料的数量或费用，也可以是燃料的定额消耗量或定额费用等。直接用于辅助生产和虽直接用于产品生产但没有专设成本项目的燃料费用，应记入“辅助生产成本”“制造费用”总账科目及其所属明细账有关项目。用于产品销售，以及组织和管理生产经营活动的燃料费用，则应记入“销售费用”“管理费用”总账科目及所属明细账有关项目。

燃料费用的分配通常是通过编制燃料费用分配表（略）进行的。

（六）包装物的核算

包装物是指为了包装本企业的商品而储备的各种包装容器，如桶、箱、瓶、坛、袋等。它是盛装、装潢商品，保护商品安全，降低商品损耗，便利商品流通的不可缺少的物质条件。包括：生产过程中用于包装产品并成为产品组成部分的包装物；随同商品出售的包装物；出租或出借给外单位使用的包装物。

各种包装材料，如纸、绳、铁丝、铁皮等，应在“原材料”科目内核算；用于储存和保管商品、材料而不对外出售、出租或出借的包装物，应按价值大小和使用年限长短，分别在“固定资产”或“低值易耗品”科目核算；单独列作企业产品的自制包装物，应作为库存商品处理。

1. 生产领用包装物

对于在生产过程中领用的用于包装产品的包装物，企业可设置“周转材料——包装物”科目（也可单独设置“包装物”科目），用来核算包装物的增减变化、价值损耗等情况。领用时，借记“基本生产成本”等科目，贷记“周转材料——包装物”科目。

2. 随同商品出售的包装物

随同商品出售的包装物，有的单独计价，有的不单独计价，因此应区分情况分别核算。

（1）随同商品出售且单独计价的包装物。核算这类业务，应一方面反映销售收入的实现，借记“银行存款”科目，贷记“其他业务收入——销售包装物收入”科目；另一方面反映销售成本的增加，借记“其他业务成本——销售包装物成本”科目，贷记“周转材料——包装物”科目。

（2）随同商品出售而不单独计价的包装物。这类包装物的成本应计入销售费用，即借记“销售费用”科目，贷记“周转材料——包装物”科目。

3. 出租、出借包装物

企业出租、出借的包装物在周转使用的过程中，其实物形态保持不变，因此，其价值也应按其损耗程度，逐渐转移到有关的成本费用中去。

企业应当根据所拥有包装物的实际情况以及管理要求，合理确定包装物的摊销方法。包装物的摊销方法有一次转销法、五五摊销法和分次摊销法。我国现行制度规定，企业应当采用一次转销法或五五摊销法对包装物进行摊销，计入相关资产的成本或当期损益。

（1）一次转销法。一次转销法适用于生产领用的包装物和随同商品出售的包装物摊销；数量不多，金额较小，且业务不频繁的出租、出借包装物，也可以采用一次转销法，只是在收回已使用过的出租、出借包装物时，要加强实物管理，并在备查簿中进行登记。

（2）五五摊销法。五五摊销法适用于数量较多、金额较大，且业务频繁的出租或出借包装物。采用五五摊销法，企业应设置“在库包装物”“在用包装物”“出租包装物”“出借包装物”“摊销”五个明细科目进行核算。领用全新包装物时，摊销其全部账面价值的一半；报废时，再摊销剩余价值的一半。这种方法只适用于出租、出借包装物的核算。五五摊销法避免了一次转销法可能出现账外财产的情况，有利于加强包装物的实物管理，因而这种摊销方法使用比较广泛。

企业出租包装物时，按实际收到包装物的租金，借记“库存现金”“银行存款”等科目，贷记“其他业务收入——出租包装物收入”“应交税费”等科目。

出租、出借包装物的数额不大时，可在领用时将其实际成本一次全部摊销。根据包装物的成本，借记“其他业务成本——出租包装物成本”“销售费用”科目，贷记“周转材料——包装物”科目。对于价值较高的出租、出借包装物，可根据使用期限，采用一次转销法或五五摊销法进行核算。

收到出租、出借包装物的押金时，借记“库存现金”“银行存款”等科目，贷记“其他应付款”科目；退回押金时，作相反的会计分录。对于逾期未退包装物而没收的押金，借记“其他应付款”科目，贷记“其他业务收入——出租包装物收入”和“应交税费”科目。

已经使用的出租、出借包装物，当不能继续使用而报废时，按其残料价值，借记“原材料”等科目，贷记“其他业务成本——出租包装物成本”“销售费用”（出借包装物）等科目。

【例 2-1-7】 联升公司随货出租给购货单位全新包装箱 100 个，计划单位成本为 100 元，共计 10 000 元，收取租金 2 000 元，押金 7 020 元。包装物数额不大，在领用时一次转销。

（1）出租包装物时：

借：其他业务成本——出租包装物成本　　10 000

　　贷：周转材料——包装物　　10 000

(2) 收到包装物押金时：

借：银行存款　　7 020

　　贷：其他应付款——存入保证金　　7 020

(3) 收到出租包装物租金时：

借：银行存款　　2 000

　　贷：其他业务收入——出租包装物收入　　2 000

(4) 租赁期满，退还包装物押金，已委托银行办理：

借：其他应付款——存入保证金　　7 020

　　贷：银行存款　　7 020

若租赁期满，出租的包装物逾期未还，没收包装物押金，则：

借：其他应付款——存入保证金　　7 020

　　贷：其他业务收入——出租包装物收入　　6 051.72

　　　　应交税费——应交增值税（销项税额）　　968.28

(5) 出租包装物退回报废，验收入库的包装物残值为 300 元，则：

借：原材料　　800

　　贷：其他业务成本——出租包装物成本　　800

【例 2-1-8】　联升公司随货出借给购货单位全新包装箱 100 个，计划单位成本为 60 元，共计 6 000 元，收取押金 5 850 元，在领用时一次转销。

(1) 出借包装物时：

借：销售费用　　6 000

　　贷：周转材料——包装物　　6 000

(2) 收到出借包装物押金时：

借：银行存款　　5 850

　　贷：其他应付款——存入保证金　　5 850

(3) 出借包装物按期收回，退还包装物押金，已委托银行办理：

借：其他应付款——存入保证金　　5 850

　　贷：银行存款　　5 850

若出借的包装物逾期未还，没收包装物押金，则：

借：其他应付款——存入保证金　　5 850

　　贷：其他业务收入——出借包装物收入　　5 043.10

　　　　应交税费——应交增值税（销项税额）　　806.90

(4) 出借包装物退回报废，验收入库的包装物残值为 2 000 元，则：

借：原材料　　2 000

　　贷：销售费用　　2 000

（七）低值易耗品的核算

低值易耗品是指单位价值较低或使用年限较短，不作为固定资产核算的各种用具物品。包括一般工具、专用工具、替换设备、玻璃器皿、管理用具和劳动保护用品以及在经营过程中周转使用的包装容器等各种用具物品。

为了核算低值易耗品的收入、发出和结存情况，企业应设置“周转材料——低值易耗品”科目（也可以单独设置“低值易耗品”科目）。该科目的借方反映外购、自制、盘盈或委托加工收回的低值易耗品的实际成本或计划成本；贷方反映领用、报废和盘亏低值易耗品的实际成本或计划成本；期末借方余额反映库存低值易耗品的实际成本或计划成本。本科目应按“在库”“在用”“摊销”等明细科目进行明细核算。

低值易耗品的日常核算一般按照实际成本进行，在按计划成本进行核算的企业，不论采用何种摊销方法，在领用月份的月末，应分摊当月所领用的低值易耗品的成本差异。

低值易耗品的摊销，应根据具体情况采用一次转销法或五五摊销法。

1. 一次转销法

一次转销法是指在领用低值易耗品时，将其全部价值一次计入有关成本、费用科目的方法。即领用时，借记“制造费用”“管理费用”“其他业务成本”等科目，贷记“低值易耗品”科目。低值易耗品报废时，将残料价值冲减当月有关的成本、费用，借记“原材料”等科目，贷记“制造费用”“管理费用”“其他业务成本”等科目。

采用一次转销法，核算比较简便，但可能会使各月成本、费用负担不太合理，由于低值易耗品摊销后就注销了其账面价值，会产生账外财产，容易造成财产散失，不利于实物的管理与控制。该方法一般适用于单位价值较低、使用期限较短或者容易损坏的管理用具和小型工具、卡具，以及在单件小批生产方式下，为制造某批次订货所需的专用工具。

2. 五五摊销法

采用五五推销法，低值易耗品在领用时摊销其价值的50%，在报废时再摊销其剩余50%的价值。为了反映在库、在用低值易耗品的价值及摊余价值，应在“周转材料”科目下分设“在库”“在用”及“摊销”三个明细科目。领用时，借记“周转材料——在用”科目，贷记“周转材料——在库”科目；同时，按低值易耗品价值的50%计算摊销数额，借记“制造费用”“管理费用”“其他业务成本”等科目，贷记“周转材料——摊销”科目。低值易耗品报废时，按收回残料的价值，借记“原材料”等科目，按报废低值易耗品价值的50%减去残值后的差额，借记“制造费用”“管理费用”“其他业务成本”等科目，按报废低值易耗品价值的50%，贷记“周转材料——摊销”科目；然后，将报废低值易耗品的价值注销，借记“周转材料——摊销”科目，贷记“周转材料——在用”科目。

【例2-1-9】 方达公司行政管理部门12月领用管理用的一批用具，成本为2 000元，回收残料价值100元，采用五五摊销法摊销。

（1）领用时：

借：周转材料——在用	2 000	
贷：周转材料——在库		2 000

（2）摊销领用低值易耗品价值的50%时：

借：管理费用	1 000	
贷：周转材料——摊销		1 000

（3）低值易耗品报废，残料入库及摊销报废低值易耗品50%的价值时：

借：原材料	100	

管理费用　　900

贷：周转材料——摊销　　1 000

(4) 注销报废低值易耗品的价值时：

借：周转材料——摊销　　2 000

贷：周转材料——在用　　2 000

五五摊销法的优点是低值易耗品在报废以前账面一直保留一半价值，因而便于对低值易耗品进行价值监督及实物管理，而且将低值易耗品的价值进行两次摊销，对于成本、费用的负担比较合理，但该方法核算工作量比较大。这种方法适用于每期领用数量和报废数量大致相等，因而每月摊销额相差不多的低值易耗品。

情境二　职工薪酬费用的核算

一、职工薪酬费用核算的内容

(一) 职工薪酬的内容

职工薪酬是指企业为获得职工提供的服务而给予职工的各种形式的报酬以及其他相关支出。它既是职工对企业投入劳动获得的报酬，也是企业的成本费用。职工薪酬包括职工在职期间和离职后提供给职工的全部货币性薪酬和非货币性福利。企业提供给职工配偶、子女或其他被赡养人的福利等，也属于职工薪酬。

具体来说，职工薪酬主要包括以下内容。

1. 职工工资、奖金、津贴和补贴

职工工资、奖金、津贴和补贴，是指按照国家统计局发布的《关于职工工资总额组成的规定》，构成工资总额的计时工资、计件工资、支付给职工的超额劳动报酬和增收节支的劳动报酬、为了补偿职工特殊或额外的劳动消耗和因其他特殊原因支付给职工的津贴，以及为了保证职工工资水平不受物价影响支付给职工的物价补贴等。

企业按照规定支付给职工的加班加点工资，以及根据国家法律、法规和政策规定，在职工因病、工伤、产假、计划生育假、婚丧假、事假、探亲假、定期休假、停工学习、执行国家或社会义务等特殊情况下，按照计时工资或计件工资标准的一定比例支付的工资，也属于职工工资范畴，在职休假或缺勤时，不应当从工资总额中扣除。

2. 职工福利费

职工福利费是指企业为职工提供的福利，如为补助职工食堂、生活困难的职工等从成本费用中提取的金额。

3. 社会保障费

社会保障费是指企业按照国家规定的基准和比例计算，向社会保险经办机构缴纳的医疗保险费、养老保险费、失业保险费、工伤保险费和生育保险费。

养老保险费包括基本养老保险费、补充养老保险费和商业养老保险费。企业按照国家规定的基准和比例计算，向社会保险经办机构缴纳的养老保险费为基本养老保险费；根据《企业年金试行办法》《企业年金基金管理试行办法》等相关规定，向有关单位（企业年金基金管理人）缴纳的养老保险费为补充养老保险费；以商业保险形式提供给职工的各种保险待遇为商业养老保险费。

4. 住房公积金

住房公积金是指企业按照国家《住房公积金管理条例》规定的基准和比例计算，向住房公积金管理机构缴存的住房公积金。

5. 工会经费和职工教育经费

工会经费和职工教育经费是指企业为了改善职工文化生活、提高职工业务素质，用于开展工会活动和职工教育及职业技能培训，根据国家规定的基准和比例，从成本费用中提取的金额。

6. 非货币性福利

非货币性福利是指企业以自产产品或其他有形资产发放给职工作为福利，将自己拥有的资产无偿提供给职工使用，为职工无偿提供医疗保健服务等。

7. 辞退福利

辞退福利是指企业由于分离办社会、实施主辅业分离、辅业改制、分流安置富余人员、实施重组或改组计划、职工不能胜任等原因，在职工劳动合同到期之前解除与职工的劳动关系，或者为鼓励职工自愿接受裁减而提出补偿建议的计划中给予职工的经济补偿。

辞退福利包括：职工劳动合同到期前，不论职工本人是否愿意，企业决定解除与职工的劳动关系而给予的补偿；职工劳动合同到期前，为鼓励职工自愿接受裁减而给予职工的补偿，职工有权选择继续在职或接受补偿离职。

8. 其他与获取职工提供的服务相关的支出

其他与获取职工提供的服务相关的支出是指除上述七种薪酬以外的其他为获取职工提供的服务而给予的薪酬。

（二）职工薪酬的确认和计量

1. 职工薪酬确认的原则

企业应当在职工为其提供服务的会计期间，将应付的职工薪酬（不包括辞退福利）确认为负债，并根据职工提供服务的受益对象，分别下列情况处理：

（1）应由生产产品、提供劳务负担的职工薪酬，计入产品成本或劳务成本。

（2）应由在建工程、无形资产开发成本负担的职工薪酬，计入建造固定资产或无形资产的开发成本。

（3）上述两项之外的其他职工薪酬，计入当期损益。

2. 职工薪酬的计量标准

（1）货币性职工薪酬。计量货币性职工薪酬时，国家规定了计提基础和计提比例的，应当按照国家规定的标准，计量企业承担的职工薪酬义务和计入成本费用的职工薪酬。其中，“五险一金”，即医疗保险费、养老保险费、失业保险费、工伤保险费、生育保险费和住房公积金，企业应按照国务院、所在地政府或企业年金计划规定的标准，计量应付职工薪酬义务和应计入成本费用的薪酬金额。工会经费和职工教育经费，企业应当按照相关规定，在职工为其提供服务的会计期间，按照职工工资总额2%和1.5%的计提标准，计量应付职工薪酬（工会经费、职工教育经费）义务和应计入成本费用的薪酬金额。

国家没有规定计提基础和计提比例的，企业应当根据历史经验数据和实际情况，计算确定应付职工薪酬义务和应计入成本费用的薪酬金额。

(2) 非货币性职工薪酬。企业以自产产品作为非货币性福利发放给职工的，应当根据受益对象，按照该产品的公允价值和相关税费，计量应计入成本费用的职工薪酬金额。

需要注意的是，在以自产产品作为非货币性福利发放给职工作为福利的情况下，企业进行账务处理时，应当通过“应付职工薪酬”科目归集当期应计入成本费用的非货币性薪酬金额，以确定完整准确的企业人工成本金额。

企业将拥有的房屋等资产无偿提供给职工使用的，应当根据受益对象，将该住房每期应计提的折旧计入相关资产成本或当期损益，同时确认应付职工薪酬。租赁住房等资产供职工无偿使用的，应当根据受益对象，将每期应付的租金计入相关资产成本或当期损益，并确认应付职工薪酬。难以认定受益对象的，直接计入当期损益，并确认应付职工薪酬。

二、职工薪酬费用的归集

职工工资、奖金、津贴和补贴等的计算是企业职工薪酬费用归集的基础，也是企业与职工之间进行工资结算的依据。

职工工资、奖金、津贴和补贴是指企业在一定时期内，实际支付给全部职工的劳动报酬，它由计时工资、计件工资、奖金、工资性津贴和补贴、加班加点工资及特殊情况下支付的工资等组成。

(一) 计时工资

计时工资是根据每位职工的工资标准和考勤记录计算的。计时工资标准是指根据不同职工的工作能力、劳动熟练程度、技术复杂程度和劳动繁简轻重程度，以及所负责任大小确定单位时间的工资标准。

计时工资包括下列三项内容：

(1) 对已做工作按计时工资标准支付的工资。

(2) 实行结构工资制的企业支付给职工的基础工资和职务（岗位）工资。

(3) 新参加工作职工的见习工资（包括学徒的生活费）等。

计时工资有月薪制、周薪制、日薪制和小时工资制。企业固定职工的计时工资通常采用月薪制，每月的工资标准是相同的，即不论各月节假日的多少，职工只要出满勤，就可以取得月标准工资。当职工有缺勤时，就应按月标准工资扣除缺勤天数计算工资额。这样就需要将月标准工资计算成日标准工资。

日标准工资有两种计算标准。一种是按法定工作日计算。其计算依据是：全年共 365 天，每周法定休息 2 天，全年休息日 104 天，法定假日 11 天，除去 115 天休假日，年法定工作日为 250 天，除以 12 以后，月法定工作日为 20.83 天。则日标准工资计算公式如下：

日标准工资＝月标准工资÷20.83

按 20.83 天计算日标准工资时，由于标准工资是按法定工作日计算的，因此休假日不计算工资。

另一种是按日历天数计算。为了简化计算，全年总天数按国家统计口径 360 天计算，除以 12 以后，日历天数为 30 天。则日标准工资计算公式如下：

日标准工资＝月标准工资÷30

按30天计算日标准工资时，由于没有扣除休假日，因此休假日也计算工资，如果连续缺勤期间内含有休假日，那么休假日也应按缺勤计算，扣发工资。

计算出日标准工资后，再据以计算缺勤应扣除工资，缺勤应扣除工资分为事假、旷工应扣工资和病假应扣工资两种，其计算公式如下：

事假、旷工应扣工资＝日标准工资×事假、旷工天数

病假应扣工资＝日标准工资×病假天数×病假扣款率

然后将职工的月标准工资扣除缺勤应扣除工资，即为职工应得的计时工资。

【例2-1-10】 职工张华的月标准工资为2 480元，1月考勤记录反映其请事假1天，病假2天（其中一天是节假日），病假扣款率为20%，该月日历天数为31天。

（1）按法定工作日计算该职工的计时工资如下：

张华日标准工资＝2 480÷20.83＝119.06（元）

张华应得计时工资＝2 480－（119.06×1＋119.06×1×20%）＝2 337.13（元）

（2）按日历天数计算该职工的计时工资如下：

张华日标准工资＝2 480÷30＝82.67（元）

张华应得计时工资＝2 480－（82.67×1＋82.67×2×20%）＝2 364.26（元）

很显然，按法定工作日计算日标准工资更为合理，日标准工资除了用于计算职工缺勤应扣除工资外，还用于计算职工的加班加点工资。

（二）计件工资

计件工资是指按职工所完成的工作量和计件单价计算支付的劳动报酬。一般是针对生产工人所采用的计算方法。

工作量包括合格品数量和料废数量。料废是指因原材料质量不符合要求而造成的废品。对于加工完毕后，在检验时发现的料废，可以同合格品一起计算计件工资；对于加工过程中发现的料废，则应根据生产工人完成的定额工时计算其计件工资。工废是指由于工人操作不当等原因而造成的废品。出现工废时，不但不能计算计件工资，还可能根据具体情况要求当事人赔偿损失。计件单价是根据加工单位零件所需耗费的定额工时，乘以该加工零件的加工等级计算的小时标准工资而取得的。

计件工资按照结算对象不同，分为个人计件工资和集体计件工资两种。

计件工资通常选用下列三种方式：

（1）按营业额提成或利润提成办法支付给职工的工资。

（2）按工作任务包干办法支付给职工的工资。

（3）在超额累进计件、直接无限计件、限制计件或超定额计件等不同计件工资形式下，支付给职工的工资。

（三）奖金

奖金是指支付给职工的超额劳动报酬和增收节支的劳动报酬。包括以下五项内容：

（1）生产奖，是指超产奖、质量奖、安全（无事故）奖、考核各项经济指标的综合奖、年终奖等。

（2）节约奖，是指各种原材料和动力的节约奖。

（3）劳动竞争奖，是指发给劳动模范、先进个人的各种奖金和实物奖励。

（4）奖励工资。

（5）其他经常性奖金。

（四）工资性津贴和补贴

工资性津贴和补贴是指为补偿职工特殊或额外劳动消耗和因其他特殊原因而支付给职工的津贴，以及为保证职工工资水平不受物价上升影响而支付给职工的物价补贴。工资性津贴和补贴包括以下五项内容：

（1）特殊野外工作津贴，具体有高空津贴、井下津贴、流动施工津贴、野外工作津贴等。

（2）保健性津贴，具体有卫生防疫津贴、医疗卫生津贴和科技保健津贴等。

（3）技术性津贴，具体有科技津贴、特级技师津贴等。

（4）年功性津贴，具体有工龄津贴。

（5）物价补贴，具体有粮价补贴、副食品价格补贴等。

（五）加班加点工资

加班加点工资是指按照职工加班加点的时间和加班加点的工资标准支付给职工的劳动报酬。

（六）特殊情况下支付的工资

特殊情况下支付的工资是指按照国家规定在某些非工作时间内支付给职工的工资，以及按规定支付给职工的附加工资和保留工资。非工作时间内支付的工资包括职工病假、工伤假、产假、计划生育假、婚丧假、探亲假、定期休假等期间分别按计时工资标准或这一标准的一定比例支付的工资。

三、职工薪酬费用的分配

（一）工资费用分配的核算

期末，企业应将工资费用按照职工薪酬费用发生的车间、部门及人员进行分配，基本生产车间生产工人的薪酬中，计件工资属于直接计入费用，应直接分配计入各种产品的“直接人工”成本项目；计时工资、工资性津贴和补贴、奖金和特殊情况下支付的工资等属于间接计入费用，需要按生产工时比例等分配标准分配后再计入各种产品的“直接人工”成本项目；基本生产车间管理人员的薪酬应计入制造费用，辅助生产车间人员的薪酬应计入辅助生产成本；专设销售部门人员的薪酬应计入销售费用；行政管理部门人员的薪酬应计入管理费用。

职工工资费用的分配通常是以编制工资费用分配汇总表（见表2-1-12）进行的。

对于间接计入职工薪酬费用的分配，通常采用实际生产工时比例分配法。其计算公式如下：

$$生产工人工资费用分配率=\frac{各种产品应负担的生产工人薪酬费用总和}{各种产品实际生产工时之和}$$

$$\begin{array}{c}某种产品应分配的\\生产工人薪酬\end{array}=\begin{array}{c}该种产品实际\\生产工时\end{array}\times\begin{array}{c}生产工人工资\\费用分配率\end{array}$$

倘若取得各种产品的实际生产工时资料有困难，也可以采用定额工时比例分配法。

【例 2-1-11】 豫东机械厂 8 月工资总额为 98 000 元，基本生产车间生产 A、B 两种产品，其计件工资为 35 000 元，其中：用于 A 产品 20 000 元，用于 B 产品 15 000 元。其余部分生产工人工资属于间接计入工资费用，按产品的实际生产工时分配，A 产品耗用 7 500 工时，B 产品耗用 5 000 工时。辅助生产车间工资 3 600 元，基本生产车间管理人员工资 3 000 元，销售人员工资 3 200 元，管理部门工作人员工资 6 500 元，医务人员工资 1 700 元。

(1) 计算间接计入职工薪酬费用分配率：

间接计入职工薪酬费用＝98 000－35 000－3 600－3 000－3 200－6 500－1 700
＝45 000（元）

间接计入职工薪酬费用分配率＝45 000÷（7 500＋5 000）＝3.6

(2) 编制工资费用分配汇总表，如表 2-1-12 所示。

表 2-1-12　　工资费用分配汇总表

20××年 8 月

应借科目		成本或费用项目	直接计入工资费用（元）	间接计入工资费用			工资费用合计（元）
				生产工时	分配率	分配金额（元）	
基本生产成本	A 产品	直接人工	20 000	7 500	3.6	27 000	47 000
	B 产品	直接人工	15 000	5 000	3.6	18 000	33 000
	小计		35 000	12 500		45 000	80 000
辅助生产成本	修理车间	职工薪酬	3 600				3 600
制造费用		职工薪酬	3 000				3 000
销售费用		职工薪酬	3 200				3 200
管理费用		职工薪酬	8 200				8 200
合计			53 000			45 000	98 000

(3) 根据工资费用分配汇总表，编制会计分录如下：

借：基本生产成本——A 产品　　47 000
　　　　　　　　——B 产品　　33 000
　　辅助生产成本——修理车间　　3 600
　　制造费用　　3 000
　　销售费用　　3 200
　　管理费用　　8 200
　贷：应付职工薪酬——工资　　98 000

（二）职工福利费的核算

对于职工福利费，企业应当在实际发生时，根据实际发生额计入当期损益或相关资产成本，借记“基本生产成本”“制造费用”“管理费用”“销售费用”等科目，贷记“应付职工薪酬——职工福利”科目。在各月实际发生的职工福利费相差不多的情况下，可以根据实际发生的金额进行分配；如果各月实际发生的职工福利费相差较大，则应根据估计的金额进行分配。

【例 2-1-12】 某企业下设一所职工食堂，每月根据在岗职工数量及岗位分布情况、相关历史经验数据等计算需要补贴食堂的金额，从而确定企业每期因补贴职工食堂需要承担的福利费金额。20××年 9 月，企业在岗职工共计 180 人，其中：管理部门 30 人，生产车间 150 人（产品生产人员 140 人，车间管理人员 10 人）。企业的历史经验数据表明，每个职工每月需补贴食堂 120 元，该企业应编制如下会计分录：

借：基本生产成本 16 800
　　制造费用 1 200
　　管理费用 3 600
　贷：应付职工薪酬——职工福利 21 600

本例中，该企业应当分配的职工福利费＝180×120＝21 600（元）。

20××年 10 月，该企业支付 21 600 元补贴给食堂。该企业应编制如下会计分录：

借：应付职工薪酬——职工福利 21 600
　贷：银行存款 21 600

四、其他人工费用的核算

人工成本是企业在生产产品或提供劳务过程中发生的各种直接和间接人工费用总和。除以上所涉及的工资和职工福利费之外，社会保险费、教育经费、住房公积金等大都构成企业的现时义务，均应纳入人工成本加以核算。

（一）“五险一金”的核算

“五险一金”即医疗保险费、养老保险费、失业保险费、工伤保险费、生育保险费以及住房公积金，它由企业根据国家规定的基准和比例计算，分别向社会保险经办机构和住房公积金管理机构办理。企业根据工资总额的一定比例计算确定“五险一金”时，应按规定计入相应的成本费用项目。

【例 2-1-13】 沿用例 2-1-11 的资料，根据当地政府规定，企业分别按照工资总额的 10%、12%、2%和 10.5%计提医疗保险费、养老保险费、失业保险费三项社会保险费和住房公积金，分别缴纳给当地社会保险经办机构和住房公积金管理机构。具体计算如表 2-1-13 所示。

表 2-1-13　社会保险费及住房公积金提取计算表

20××年 8 月　　单位：元

应借科目		工资总额	医疗保险提取额（10%）	养老保险提取额（12%）	失业保险提取额（2%）	住房公积金提取额（10.5%）	合计
基本生产成本	A 产品	47 000	4 700	5 640	940	4 935	16 215
	B 产品	33 000	3 300	3 960	660	3 465	11 385
	小计	80 000	8 000	9 600	1 600	8 400	27 600
辅助生产成本	修理车间	3 600	360	432	72	378	1 242

续前表

应借科目		工资总额	医疗保险提取额（10%）	养老保险提取额（12%）	失业保险提取额（2%）	住房公积金提取额（10.5%）	合计
制造费用	基本生产车间	3 000	300	360	60	315	1 035
销售费用	销售机构	3 200	320	384	64	336	1 104
管理费用	行政部门	8 200	820	984	164	861	2 829
合计		98 000	9 800	11 760	1 960	10 290	33 810

根据表 2－1－13，编制会计分录如下：

借：基本生产成本——A 产品　　16 215
　　　　　　　　——B 产品　　11 385
　　辅助生产成本——修理车间　　1 242
　　制造费用　　1 035
　　销售费用　　1 104
　　管理费用　　2 829
　贷：应付职工薪酬——社会保险费　　23 520
　　　　　　　　　——住房公积金　　10 290

（二）工会经费和职工教育经费的核算

企业根据工资总额的一定比例计算确定工会经费和职工教育经费时，应按规定计入相应的成本费用项目。

目前，一般企业工会经费和职工教育经费的计提比例分别是 2%和 1.5%。但对从业人员技术要求高、培训任务重、经济效益好的企业，可以按照国家规定，将职工教育经费的计提比例提高为 2.5%。

【例 2－1－14】 沿用例 2－1－11 的资料，根据规定，企业分别按照工资总额的 2%和 1.5%计提工会经费和职工教育经费，具体计算如表 2－1－14 所示。

表 2－1－14　　工会经费和职工教育经费提取计算表

20××年 8 月　　单位：元

应借科目		工资总额	工会经费提取额（2%）	职工教育经费提取额（1.5%）	两费合计
基本生产成本	A 产品	47 000	940	705	1 645
	B 产品	33 000	660	495	1 155
	小计	80 000	1 600	1 200	2 800
辅助生产成本	修理车间	3 600	72	54	126
制造费用	基本生产车间	3 000	60	45	105
销售费用	销售机构	3 200	64	48	112
管理费用	行政部门	8 200	164	123	287
合计		98 000	1 960	1 470	3 430

根据表2-1-14，编制会计分录如下：

借：基本生产成本——A产品　1 645
　　　　　　　——B产品　1 155
　　辅助生产成本——修理车间　126
　　制造费用　105
　　销售费用　112
　　管理费用　287
　贷：应付职工薪酬——工会经费　1 960
　　　　　　　　——职工教育经费　1 470

（三）非货币性职工薪酬的核算

企业向职工提供非货币性薪酬，应当分情况进行处理。

1. 企业以其自产产品或者以外购商品作为福利

企业以其自产产品或者以外购商品作为福利发放给职工时，应当根据受益对象，按照该产品的公允价值和相关税费，计量应计入相关资产成本或费用的职工薪酬金额。其中，以自产产品作为福利发放给职工的，要同时确认主营业务收入，并结转销售成本。

【例2-1-15】　某公司为一家电视机生产企业，共有职工525名，其中生产电视机的生产工人450人，生产车间技术人员、管理人员45人，企业管理人员30人。公司将自己生产的液晶电视机作为福利发放给公司职工。电视机的单位生产成本为4 500元，售价为每台6 000元，该公司适用的增值税率为16%。

计算电视机的销售总额及增值税额：

液晶电视机销售总额=6 000×525=3 150 000（元）

液晶电视机的增值税销项税额=3 150 000×16%=504 000（元）

按电视机的公允价值计算应付职工薪酬，计入成本费用：

计入生产成本金额=6 000×450×（1+16%）=3 132 000（元）

计入制造费用金额=6 000×45×（1+16%）=313 200（元）

计入管理费用金额=6 000×30×（1+16%）=208 800（元）

根据以上计算结果，编制会计分录如下：

借：基本生产成本　3 132 000
　　制造费用　313 200
　　管理费用　208 800
　贷：应付职工薪酬——非货币性福利　3 654 000

实际发放电视机时，确认收入并结转成本：

借：应付职工薪酬——非货币性福利　3 654 500
　贷：主营业务收入　3 150 000
　　　应交税费——应交增值税（销项税额）　504 000
借：主营业务成本——非货币性福利　2 362 500
　贷：库存商品　2 362 500

【例2-1-16】　假设在例2-1-15中，该公司将外购的每件不含税价格为1 200元的家具作为福利发放给公司职工，目前公司的福利费余额足够支付此笔福利。家具已经发放给职工，款项目前尚未支付。该公司购买的家具适用的增值税税率为16%。

按家具的公允价值计算应付职工薪酬，计入成本费用：

借：基本生产成本　　626 400
　　制造费用　　62 640
　　管理费用　　41 760
　贷：应付职工薪酬——非货币性福利　　730 800

公司发放家具时的会计处理为：

借：应付职工薪酬——非货币性福利　　730 800
　贷：库存商品　　630 000
　　　应交税费——应交增值税（进项税额转出）　　100 800

2. 企业无偿向职工提供住房等资产使用

企业将拥有产权的房屋等资产无偿提供给职工使用时，应当根据受益对象，将住房每期应计提的折旧计入相关资产成本或当期损益，同时确认应付职工薪酬。企业租赁住房等资产无偿提供给职工使用时，应当根据受益对象，将每期应付的租金计入相关资产成本或当期损益，同时确认应付职工薪酬。难以确认受益对象的，直接计入当期损益，并确认应付职工薪酬。

【例2-1-17】 某公司为远途上班的生产一线工人免费提供职工集体宿舍，该集体宿舍楼每月计提折旧4 800元；该公司同时为两名车间管理人员每人租赁一套租金为2 000元的住房，供其无偿居住。编制会计分录如下：

借：制造费用　　8 800
　贷：应付职工薪酬——非货币性福利　　8 800
借：应付职工薪酬——非货币性福利　　8 800
　贷：累计折旧　　4 800
　　　其他应付款　　4 000

情境三　其他要素费用的核算

一、外购动力费用的核算

（一）外购动力费用支付的核算

外购动力费用是指企业向外单位购买电力、蒸气、煤气等动力所支付的费用。该费用是由动力供应单位根据其派遣的抄表员抄录的企业耗用动力数量和计价标准开列账单向企业收取的。

由于动力供应单位确定企业耗用动力数量的抄表日并非每月的月末，而是每月月中的某一天，而进行成本核算的会计期间是每月的月初至月末，这样动力供应单位每月开具结算动力费用账单的数量和金额必然与企业月末核算产品成本时实际耗用动力的数量和金额不一致。倘若将动力供应单位账单上所列的金额直接记入有关的成本和费用科目，就会影响各月成本和费用的正确性。因此需要遵循权责发生制原则和配比原则，将支付的外购动力费用先记入“应付账款”科目。此外，企业在支付动力费用的同时，还要按费用的16%支付增值税，增值税是价外税，不计入成本和费用，应将其列入“应交税费”科目。

【例2-1-18】　某公司收到电力公司账单一张，列明耗用电力50 000度，每度0.60元，共计30 000元，增值税税额为4 800元，公司当即签发转账支票付讫，编制会计分录如下：

借：应付账款　30 000

　　应交税费——应交增值税（进项税额）　4 800

　贷：银行存款　34 800

（二）外购动力费用分配的核算

外购动力有多种不同的用途，有的直接用于产品生产，如生产工艺用电力；有的间接用于产品生产，如生产车间用于照明和调节温度；有的用于产品销售，如销售部门用于照明和调节温度；有的用于经营管理，如行政管理部门用于照明和调节温度等。企业应根据外购动力耗用的部门和用途进行分配。

耗费外购动力的部门通常有计量仪表，可以根据仪表显示的耗用数量和单价，通过计算来确定各个部门应分配的外购动力费用。然而，基本生产车间由于同一设备往往生产多种产品，难以为每种产品都安装计量仪表，因此，对于基本生产车间直接用于产品的外购动力费用，可以选择适当的标准在产品之间进行分配。分配的标准有生产工时比例、机器功率时数比例、定额消耗量比例等。外购动力费用分配的计算公式如下：

$$\text{分配率}=\frac{\text{各种产品共同耗用的外购动力费用}}{\text{各种产品的分配标准数额之和}}$$

$$\text{某种产品分配的外购动力费用}=\text{该种产品的分配标准数额}\times\text{分配率}$$

企业按基本生产车间直接用于产品生产的动力费用，借记“基本生产成本——××产品（燃料动力费）”科目，按辅助生产车间耗用的动力费用，借记“辅助生产成本——××车间（燃料动力费）”科目，按基本生产车间用于照明和调节温度的动力费用，借记“制造费用——水电费”科目，按销售部门和行政管理部门耗用的动力费用，分别借记“销售费用——销售机构经费”和“管理费用——公司经费”科目；贷记“应付账款”科目。

在实际工作中，企业是通过编制外购动力费用分配表（见表2-1-15）进行外购动力分配的。

【例2-1-19】　某公司耗用的外购动力均有计量记录，对直接用于产品的外购动力费用采用生产工时比例进行分配。该公司基本生产车间共发生外购动力费用9 000元，A产品耗用10 000生产工时，B产品耗用15 000生产工时，编制的外购动力费用分配表如表2-1-15所示。

表2-1-15　　**外购动力费用分配表**

应借科目		成本（费用）项目	分配标准（生产工时）	分配率	分配额(元)
基本生产成本	A产品	燃料及动力	10 000	0.36	3 600
	B产品	燃料及动力	15 000	0.36	5 400
	小计		25 000		9 000

续前表

应借科目		成本（费用）项目	分配标准（生产工时）	分配率	分配额(元)
辅助生产成本	机修车间	水电费			600
	运输部门	水电费			340
	小计				940
制造费用		水电费			400
销售费用		销售机构经费			320
管理费用		公司经费			900
合计					11 560

根据表 2-1-15，编制会计分录如下：

借：基本生产成本——A 产品——燃料及动力　　3 600
　　　　　　　　——B 产品——燃料及动力　　5 400
　　辅助生产成本——机修车间　　600
　　　　　　　　——运输部门　　340
　　制造费用——水电费　　400
　　销售费用——销售机构经费　　320
　　管理费用——公司经费　　900
　贷：应付账款　　11 560

二、折旧费用的核算

（一）折旧费用的归集

固定资产在长期使用过程中保持实物形态不变，但其价值随着固定资产的使用和时间的推移而逐渐减少，这部分减少的价值就是固定资产折旧。企业根据确定的折旧计算方法和计算折旧的范围提取折旧，且以折旧费用的形式计入成本、费用。

固定资产准则规定，企业应对所有的固定资产计提折旧，已提足折旧继续使用的固定资产和单独计价入账的土地除外。提前报废的固定资产不再补提折旧。

企业一般应当按月计提折旧，当月增加的固定资产当月不计提折旧，当月减少的固定资产当月仍计提折旧。

（二）折旧费用的分配

由于生产一种产品要使用多种机器设备，而一种机器设备往往又要生产多种产品，难以将折旧费用直接计入产品成本，因此对折旧费用通常不单独设置成本项目，而是将其按固定资产使用车间、部门或用途，分别记入“制造费用”“销售费用”“管理费用”等科目及其所属明细科目，贷记“累计折旧”科目。

【例 2-1-20】 宏伟电器公司编制的折旧费用分配表如表 2-1-16 所示。

表 2-1-16　　折旧费用分配表

20××年 12 月　　单位：元

应借科目	使用部门	11 月固定资产折旧额	11 月增加的固定资产折旧额	11 月减少的固定资产折旧额	本月固定资产折旧额
制造费用	基本生产车间	5 000	500	800	4 700
辅助生产成本	供电车间	1 000	600	600	1 000
	供水车间	3 200	800	500	3 500
	小计	4 200	1 400	1 100	4 500
销售费用	销售部门	3 000	900	500	3 400
管理费用	行政管理部门	1 800	300	200	1 900
合计		14 000	3 100	2 600	14 500

根据表 2-1-16，编制会计分录如下：

借：制造费用　　4 700

　　辅助生产成本　　4 500

　　销售费用　　3 400

　　管理费用　　1 900

　贷：累计折旧　　14 500

三、待摊费用的核算

待摊费用是指本期支付的，但应由本期和以后各期负担的，摊销期在一年以内的各项费用。待摊费用的特点是先支付、后按受益期分月摊入各月的成本、费用。待摊费用包括待摊的低值易耗品、预付保险费、预付固定资产租金等。待摊费用由于受益期较长，因此不应一次全部计入当月的成本、费用，而应按照费月的受益期限分月摊销。摊销期限超过一年的费用支出，应作为长期待摊费用处理。

（一）待摊费用支出的核算

待摊费用的归集和分配通过“待摊费用”科目进行。待摊费用按费用种类设置明细账进行明细核算。支付（发生）各项待摊费用时，借记“待摊费用”科目，贷记“银行存款”“低值易耗品”“应交税费”等科目。

【例 2-1-21】　宏伟电器公司 10 月 1 日开出转账支票，预付第四季度保险费 4 500 元，编制会计分录如下：

借：待摊费用——保险费　　4 500

　贷：银行存款　　4 500

（二）待摊费用摊销的核算

待摊费用按受益期摊销时，按车间、部门和费用用途分别借记“制造费用”“辅助生产成本”“销售费用”“管理费用”等科目，贷记“待摊费用”科目。“待摊费用”科目期末为借方余额，表示已经支付（发生）尚未摊销的费用，属于企业的资产。

【例 2-1-22】 根据宏伟电器公司待摊费用的核算要求，例 2-1-21 中预付的保险费分 3 个月摊销，摊销比例为：辅助生产车间 30%（其中供电车间为 18%，供水车间为 12%），基本生产车间 50%，行政管理部门 15%，专设销售机构 5%。待摊费用分配表见表 2-1-17。

表 2-1-17 待摊费用分配表 单位：元

应借科目	费用项目	金额
辅助生产成本——供电车间	保险费	270
——供水车间	保险费	180
小计		450
制造费用	保险费	750
管理费用	保险费	225
销售费用	保险费	75
小计		1 050
合计		1 500

根据表 2-1-17，编制摊销保险费的会计分录如下：

借：辅助生产成本——供电车间 270
——供水车间 180
制造费用 750
管理费用 225
销售费用 75
贷：待摊费用 1 500

四、预提费用的核算

预提费用是指预先提取计入当期成本、费用，但尚未实际支付的各项费用。如预提借款利息费用、租金和保险费等。预提费用的预提期限应根据该费用的受益期限确定，以保证各月生产费用的合理负担和正确计算产品成本。

（一）预提费用预提的核算

预提费用的预提和支付应通过“预提费用”科目进行。预提时，应按车间、部门和用途分别借记“辅助生产成本”“制造费用”“管理费用”“财务费用”等科目及其所属明细科目，贷记“预提费用”科目及其所属明细科目。

【例 2-1-23】 宏伟电器公司预计第四季度利息支出为 5 400 元，每月应预提费用 1 800元。编制会计分录如下：

借：财务费用 1 800
贷：预提费用 1 800

（二）预提费用实际支出的核算

实际支付预提费用时，记入“预提费用”科目的借方和“银行存款”等科目的贷方。“预提费用”科目的期末余额在贷方，则预提数大于实际支付数，期末余额在借方，则预提数小于实际支付数。“预提费用”科目应按预提费用的种类进行明细核算，分别反映各种预提费用的预提和实际支付情况。

【例 2-1-24】 承例 2-1-23，宏伟电器公司 12 月实际支付利息 5 400 元。预提费用明细账和预提费用分配表如表 2-1-18、表 2-1-19 所示。

表 2-1-18 **预提费用明细账**

费用种类：利息支出 单位：元

20××年		摘要	借方金额	贷方金额	余额	
月	日				借或贷	金额
10	31	根据预提费用分配表预提费用		1 800	贷	1 800
11	30	根据预提费用分配表预提费用		1 800	贷	3 600
12	31	根据付款凭证付款	5 400		借	1 800
12	31	根据预提费用分配表预提费用		1 800	平	0

表 2-1-19 **预提费用分配表**

20××年 12 月 单位：元

应借科目	费用项目	金额
财务费用	利息支出	1 800
合计		1 800

12 月实际支付利息时，编制会计分录如下：

借：预提费用 5 400

　贷：银行存款 5 400

借：财务费用 1 800

　贷：预提费用 1 800

“预提费用”科目具有负债和资产双重性质，因为该科目可能有贷方余额，也可能有借方余额。其贷方余额为预提费用，属于负债；借方余额为待摊费用，属于资产。

通过上述待摊费用和预提费用的归集和分配，已按照权责发生制原则即受益原则划分了各个月份的成本、费用，也就是划分了前述第三个费用界限，并已将本月的成本、费用分别归集在“基本生产成本”“辅助生产成本”“制造费用”“销售费用”“管理费用”和“财务费用”等科目的借方。其中，记入“基本生产成本”科目借方的费用，也已在各产品成本明细账中作为本月生产费用按照成本项目进行归集。

五、利息费用的核算

利息费用不是产品成本的组成部分，而是财务费用的组成部分，通常在财务费用中为利息费用设立一个费用项目。

利息费用一般按季结算支付。先分月按计划预提，如例 2-1-24 中所述。

根据实际利息费用与按计划预提利息费用的差额，调整计入季末月份的财务费用：实际支付额大于预提费用时，借记“财务费用”科目，贷记“预提费用”科目；实际支付额小于预提费用时，用红字编制上述会计分录。季末月份也可以不按每月预提数预提，而以实际支付数减去前两个月预提数的差额，直接借记“财务费用”科目，贷记“预提费用”科目。如果利息费用数额不大，为了简化核算，也可以不预提利息费用，而在季末实际支付时将利息全部计入当月的财务费用，借记“财务费用”科目，贷记“银行存款”科目。

长期借款利息费用一般是每年计算一次，到期一次还本付息。每年计算结转应付利息时，借记“财务费用”“在建工程”科目，贷记“长期借款”科目，到期还本付息时，借记“长期借款”科目，贷记“银行存款”等科目。

任务三 综合性费用的归集与分配

情境一 辅助生产费用的归集与分配

一、辅助生产费用核算的内容

工业企业的生产车间按其生产性质不同，可分为基本生产车间和辅助生产车间两类。基本生产车间是指从事产品生产的车间，如纺织厂的纺纱、织布和印染等车间；钢铁厂的炼铁、炼钢和轧钢等车间；机器制造厂的铸造、锻压、机工和装配等车间。辅助生产车间是指为基本生产车间和企业其他各部门服务而进行产品生产和劳务供应的车间，如为基本生产车间提供工具、模具、修理用备件等多种产品的生产车间；为基本生产车间和企业其他各部门提供电、水、气、运输、修理等产品或劳务的生产车间。

辅助生产车间在为本企业提供服务的基础上，若有剩余的生产能力，也可以对外单位提供部分服务，以充分发挥其生产能力。

辅助生产费用是指辅助生产车间为开展生产活动而发生的费用，其实质就是辅助生产车间生产的产品或提供劳务的成本。由于辅助生产车间生产的产品或提供的劳务，首先是为基本生产车间服务的，这部分辅助生产费用必然成为企业产品成本的组成部分；其次是为企业其他各部门服务的，也就成为企业的期间费用；最后，如有为外单位服务的，则为企业的销售成本。很显然，辅助生产产品和提供劳务成本的高低，对于企业的产品成本和期间费用的高低有着很大的影响，并且只有辅助生产产品和提供劳务的成本确定并分配以后，才能计算企业产品的成本和确定企业的期间费用。这就决定了辅助生产车间所发生的费用必须单独进行归集与核算，并分配计入各受益对象中。

因此，正确及时地计算辅助生产产品和提供劳务的成本，合理分配辅助生产费用，对于降低产品成本、节约费用，以及正确计算产品成本和期间费用有着重要的意义。

二、辅助生产费用的归集

辅助生产费用应通过“辅助生产成本”科目进行归集。“辅助生产成本”科目是成本计算科目，用以核算企业所发生的辅助生产费用。该科目同“基本生产成本”科目一样，根据辅助生产车间情况设置相应的明细科目，进行明细核算。一般应按车间以及产品、劳务进行明细核算。企业辅助生产车间发生各项生产费用时，应记入该科目的借方，生产完工的产品或劳务的成本，经过分配转出时，记入该科目的贷方。期末如有余额在借方，表示辅助生产车间的在产品成本。

（一）辅助生产费用归集的程序

辅助生产费用归集的程序有两种，其主要区别在于辅助生产的制造费用归集的程序不同。一种是将辅助生产的制造费用与基本生产的制造费用一样，先通过“制造费用——辅助生产车间”明细科目进行单独归集，月终再按一定的标准分配转入“辅助生产成本”科目，计算辅助生产产品或提供劳务的成本。当辅助生产车间提供两种以上产品或劳务时，须采用这种方法。

另一种是辅助生产的制造费用不通过“制造费用”科目归集，而是直接记入“辅助生产成本”科目，计算辅助生产产品或提供劳务的成本。在辅助生产车间规模很小，制造费用很少，而且辅助生产车间不对外提供产品，不需要按照规定的成本项目计算产品成本、编制产品生产成本报表的情况下，为简化核算，可以采用这种方法。

1. 只提供单一品种服务的辅助生产车间

只提供单一品种服务的辅助生产车间，是指只生产一种产品或只提供一种劳务的辅助生产车间，如供水、供电、供气、运输等车间。由于这种车间发生的生产费用均是一种产品或劳务的直接费用，因此在发生生产费用时，可以直接记入按车间设置的辅助生产成本明细账内。辅助生产成本明细账的格式如表 2-1-20 所示。

表 2-1-20　　辅助生产成本明细账

车间：修理车间　　单位：元

20××年		凭证号数（略）	摘要	材料费	燃料及动力	职工薪酬	折旧费	水电费	其他	合计
月	日									
			耗用材料	3 500						3 500
			支付电力费用		280			120		400
			支付工资费用			2 000				2 000
			分配福利费			400				400
			计提折旧				1 200			1 200
			支付其他费用						600	600

2. 提供多品种服务的辅助生产车间

提供多品种服务的辅助生产车间，是指生产多种产品或提供多种劳务的辅助生产车间，如机械修理，工具、模具制造等车间。为了正确核算各种产品或劳务的成本，应按辅助生产车间的各种产品或劳务设置明细账，将各种产品和劳务所发生的直接费用直接记入该产品或劳务的明细账内，将辅助生产车间发生的间接费用先在“制造费用——辅助生产成本”科目内归集，月末将归集的制造费用采用一定的方法在各种产品和劳务之间进行分配，然后转入辅助生产成本的各种产品和劳务的明细账内。在这种情况下，辅助生产成本明细账的格式如表 2-1-21 所示。

表 2-1-21　　辅助生产成本明细账

车间：供电车间　　单位：元

20××年		凭证号数（略）	摘要	材料费	燃料及动力	职工薪酬	制造费用	合计
月	日							
			耗用材料	12 000				12 000
			支付电力费用		1 200		200	1 400
			支付工资费用			2 400		2 400
			分配福利费			500		500
			分配制造费用				3 000	3 000

提供多品种服务的辅助生产车间，产品与劳务成本的计算方法与基本生产车间相同。基本生产车间产品成本计算方法将在以后的章节中阐述，本书将重点阐述提供单一品种服务的情况。

（二）辅助生产费用归集的账务处理

在设置"制造费用——辅助生产车间"明细科目的情况下，发生辅助生产费用时，专设成本项目的费用应直接或分配记入"辅助生产成本"科目及其所属明细科目的借方。辅助生产车间发生的制造费用，应记入"制造费用"科目及其所属明细科目的借方进行归集，月末再直接或分配转入"辅助生产成本"科目及其所属明细科目的借方，计算辅助生产产品和提供劳务的成本。

在辅助生产的制造费用不通过"制造费用"科目归集的情况下，企业可将产品（或劳务）的成本项目与制造费用项目结合起来，设立简化的成本费用项目，在辅助生产成本明细账中设专栏或专行。这样，发生的辅助生产费用均记入"辅助生产成本"科目及其所属明细账的有关项目。辅助生产完工的产品（或劳务）成本，均应从"辅助生产成本"科目的贷方转出，期末如有借方余额，则为辅助生产的在产品费用。

三、辅助生产费用的分配

辅助生产费用的分配，就是将归集在"辅助生产成本"科目及其所属明细科目借方的辅助生产费用，采用规定的计算方法计算其总成本和单位成本，并按受益对象耗用劳务数量进行分配。

（一）辅助生产费用分配的特点

辅助生产车间提供的产品和劳务的种类不同，费用分配的程序也不一样。如辅助生产所提供的是工具、模具和修理用备件等产品，所发生的费用应计入完工工具、模具和修理用备件等产品的成本，在产品完工时，作为自制工具或材料入库，从"辅助生产成本"科目及其所属明细科目的贷方分别转入"低值易耗品"和"原材料"科目；有关车间、部门领用时，再从"低值易耗品""原材料"科目的贷方转入"制造费用""管理费用""销售费用"等科目的借方。如提供的是电、水、修理和运输等产品和劳务，则辅助生产所发生的费用应在各受益单位之间按照所耗劳务数量的比例进行分配。分配时，辅助生产费用从"辅助生产成本"科目及其所属明细科目的贷方转入"基本生产成本""制造费用""管理费用""销售费用"等科目的借方。

辅助生产提供的产品或劳务，主要是为基本生产车间和企业管理部门服务的，但在某些辅助生产车间之间也有相互提供产品和劳务的情况。因此，为了正确计算辅助生产产品和劳务的成本，并且将辅助生产费用正确地计入基本生产产品成本和经营管理费用，在分配辅助生产费用时，应在辅助生产车间之间交互进行。

（二）辅助生产费用分配的方法

辅助生产费用的分配，通常采用直接分配法、交互分配法、计划成本分配法、顺序分配法和代数分配法等。

1. 直接分配法

采用直接分配法，将各辅助生产车间发生的费用直接分配给辅助生产以外的各受益单位，辅助生产车间之间相互提供的劳务忽略不计，即辅助生产车间之间不相互分配费用。其计算公式如下：

$$\text{辅助生产费用分配率}=\frac{\text{待分配的辅助生产费用}}{\text{辅助生产车间以外各受益单位耗用的产品或劳务总量}}$$

$$\text{各受益单位应分配的辅助生产费用}=\text{该受益单位耗用的产品或劳务数量}\times\text{辅助生产费用分配率}$$

【例 2-1-25】　20××年 6 月，豫东机械厂供电和修理两个辅助生产车间发生的辅助生产费用分别为 28 050 元和 20 000 元。向各受益对象提供产品和劳务的资料如表 2-1-22所示。

表 2-1-22　　辅助生产的产品和劳务耗用汇总表

20××年 6 月

受益对象	供电度数	修理工时数
供电车间		600
修理车间	3 000	
A产品	20 000	
B产品	25 000	
基本生产车间	4 000	3 400
行政管理部门	2 000	600
合计	54 000	4 600

计算辅助生产费用分配率：

供电车间电力费用分配率＝28 050÷（54 000－3 000）＝0.55

修理车间工时费用分配率＝20 000÷（4 600－600）＝5

采用直接分配法编制的辅助生产费用分配表如表 2-1-23 所示。

表 2-1-23　　辅助生产费用分配表

（直接分配法）　　金额单位：元

项目	供电车间	修理车间	合计
辅助生产费用	28 050	20 000	48 050
产品或劳务的供应量	51 000	4 000	
分配率（单位成本）	0.55	5	

续前表

项目		供电车间	修理车间	合计
A产品	耗用数量	20 000		
	分配金额	11 000		11 000
B产品	耗用数量	25 000		
	分配金额	13 750		13 750
基本生产车间	耗用数量	4 000	3 400	
	分配金额	2 200	17 000	19 200
行政管理部门	耗用数量	2 000	600	
	分配金额	1 100	3 000	4 100
合计		28 050	20 000	48 050

根据辅助生产费用分配表，编制会计分录如下：

借：基本生产成本——A产品　　11 000
　　　　　　　　——B产品　　13 750
　　制造费用　　19 200
　　管理费用　　4 100
　贷：辅助生产成本——供电车间　　28 050
　　　　　　　　　——修理车间　　20 000

采用直接分配法，由于各辅助生产车间只对辅助生产以外受益部门分配费用，因而计算工作简便，但分配结果有较大误差。因此，直接分配法只适用于辅助生产车间不相互提供产品、劳务或提供产品、劳务较少的情况。

2. 交互分配法

采用交互分配法，各辅助生产车间的辅助生产费用根据各辅助生产车间交互分配前的单位成本（费用分配率）和相互提供的劳务数量，先在各辅助生产车间之间进行一次交互分配；然后将各辅助生产车间交互分配后的实际费用，向辅助生产车间以外的各受益单位按其耗用劳务数量的比例分配。

采用交互分配法，辅助生产费用的分配应分以下两步进行：

第一步：各辅助生产车间直接发生的费用被称为待分配辅助生产费用，将其在各辅助生产车间之间进行分配，其他部门暂不分配。

第二步：待分配辅助生产费用加上交互分配时从其他辅助生产车间分配转入的费用，再减去交互分配时转给其他辅助生产车间的费用，其余额就是辅助生产车间交互分配后归集的生产费用，被称为对外分配的费用，再将其用直接分配法在辅助生产车间以外的各受益对象之间进行分配。

【例2-1-26】 沿用例2-1-25中的资料，按交互分配法编制辅助生产费用分配表，如表2-1-24所示。

表 2-1-24　　**辅助生产费用分配表**

（交互分配法）　　金额单位：元

项目		供电车间			修理车间			合计
		数量	单位成本（分配率）	分配金额	数量	单位成本（分配率）	分配金额	
待分配辅助生产费用		54 000	0.519	28 050	4 600	4.348	20 000	48 050
交互分配	供电车间			+2 608.8	−600		−2 608.8	
	修理车间	−3 000		−1 557			+1 557	
对外分配辅助生产费用		51 000	0.570 6	29 101.8*	4 000	4.737	18 948.2*	48 050
对外分配	A 产品	20 000		11 412	—			11 412
	B 产品	25 000		14 265	—			14 265
	基本生产车间	4 000		2 282.4	3 400		16 105.8	18 388.2
	行政管理部门	2 000		1 142.4*	600		2 842.4	3 984.8

注：标注"*"的受尾数四舍五入影响。

（1）根据辅助生产费用分配表，编制会计分录如下：

借：辅助生产成本——供电车间　　2 608.8

　　　　　　　　——修理车间　　1 557

　贷：辅助生产成本——供电车间　　1 557

　　　　　　　　　——修理车间　　2 608.8

（2）根据对外分配的计算结果，编制会计分录如下：

借：基本生产成本——A 产品　　11 412

　　　　　　　　——B 产品　　14 265

　　制造费用　　18 388.2

　　管理费用　　3 984.8

　贷：辅助生产成本——供电车间　　29 101.8

　　　　　　　　　——修理车间　　18 948.2

采用交互分配法，由于在辅助生产车间内部将其相互提供的产品或劳务全面地进行了一次相互分配，基本上反映了辅助生产车间之间相互提供产品或劳务的关系，从而提高了分配结果的正确性。但该方法要经过两次分配，增加了计算的工作量。况且，由于这种方法采用实际分配率，即以实际单位成本进行分配，就会将辅助生产费用的节约或超支的差异一并转入基本生产费用中去，从而不利于对基本生产车间的业绩进行评价和考核。该方法适用于各辅助生产车间之间相互提供产品或劳务较多，而提供的数量不平衡的企业。

3. 计划成本分配法

计划成本分配法是指先将辅助生产费用按各辅助生产车间提供的产品或劳务，以计划单位成本作为分配率，向各受益对象进行分配后，再将按计划成本的分配额与实际生产费用的差额进行调整的方法。这种方法需要分两步进行。

第一步：将各受益对象（包括辅助生产车间）接受产品或劳务的数量，乘以计划单位成本（分配率），计算各受益对象应分配的费用数额。

第二步：各辅助生产车间在计划成本分配之前发生的生产费用，加上按计划成本分配时转入的费用，构成辅助生产车间实际发生的生产费用，将其与各辅助生产车间按计划成本分配转出的费用相比较，其差额为辅助生产的产品或劳务的实际成本与计划成本差异。

对实际成本与计划成本的差异应进行再分配，其分配的方法有两种：一是将差异按辅助生产车间以外各受益对象的收益比例分配；二是将差异全部分配给企业行政管理部门。第二种方法既简化了计算手续，又有利于对基本生产车间业绩的评价和考核。

【例 2-1-27】 沿用例 2-1-25 中的资料，并已知供电车间、修理车间的计划单位成本分别为 0.5 元、4.5 元。按计划成本分配法编制辅助生产费用分配表。

（1）用第一种方法分配辅助生产费用，编制的辅助生产费用分配表如表 2-1-25 所示。

表 2-1-25 **辅助生产费用分配表** 金额单位：元

项目		计划成本分配			调整分配			合计
		供电车间	修理车间	小计	供电车间	修理车间	小计	
待分配辅助生产费用		28 050	20 000	48 050	3 750	800	4 550	
产品或劳务供应量		54 000	4 600		51 000	4 000		
计量标准		度	工时		度	工时		
单位成本（分配率）		0.5	4.5		0.073 5	0.2		
供电车间	数量		600					
	金额		2 700	2 700				2 700
修理车间	数量	3 000						
	金额	1 500		1 500				1 500
A产品	数量	20 000			20 000			
	金额	10 000		10 000	1 470		1 470	11 470
B产品	数量	25 000			25 000			
	金额	12 500		12 500	1 837.5		1 837.5	14 337.5
基本生产车间	数量	4 000	3 400		4 000	3 400		
	金额	2 000	15 300	17 300	294	680	974	18 274
行政管理部门	数量	2 000	600		2 000	600		
	金额	1 000	2 700	3 700	148.5*	120	268.5	3 968.5
合计	金额	27 000	20 700	47 700	3 750	800	4 550	52 250

注：标注“*”的受尾数影响。

根据表 2-1-25，将各辅助生产车间的产品或劳务的实际成本与计划成本相比较，其成本差异计算如下：

供电车间的实际成本＝28 050＋2 700＝30 750（元）

修理车间的实际成本＝20 000＋1 500＝21 500（元）

供电车间的成本差异＝30 750－27 000＝3 750（元）

修理车间的成本差异＝21 500－20 700＝800（元）

根据表 2-1-25，编制会计分录如下：

借：辅助生产成本——供电车间	2 700	
——修理车间	1 500	
基本生产成本——A 产品	11 470	
——B 产品	14 337.5	
制造费用	18 274	
管理费用	3 968.5	
贷：辅助生产成本——供电车间		30 750
——修理车间		21 500

（2）用第二种方法分配辅助生产费用，只需编制辅助生产费用分配表（见表 2-1-25）的左半部分，以及计划成本分配部分，据此计算各辅助生产车间生产产品或提供劳务的实际成本与计划成本的差异。

根据表 2-1-25，编制会计分录如下：

借：辅助生产成本——供电车间	2 700	
——修理车间	1 500	
基本生产成本——A 产品	10 000	
——B 产品	12 500	
制造费用	17 300	
管理费用	3 700	
贷：辅助生产成本——供电车间		27 000
——修理车间		20 700

结转实际成本与计划成本的差异数，编制会计分录如下：

借：管理费用	4 550	
贷：辅助生产成本——供电车间		3 750
——修理车间		800

采用计划成本分配法，辅助生产费用只分配一次，且产品或劳务的计划单位成本是事先确定的，因而简化了计算工作。通过差异的计算，还能反映和考核辅助生产成本计划的执行情况。采用第二种方法分配辅助生产费用，由于差异全部计入管理费用，因而便于分析和考核各受益单位的成本，有利于分清企业内部各单位的经济责任。但采用这种分配方法，辅助生产产品或提供劳务的计划单位成本应比较准确。

4. 顺序分配法

顺序分配法是指按照各辅助生产车间之间相互提供产品或劳务数额多少的顺序，依次排列分配辅助生产费用的方法。采用这种方法，受益少的辅助生产车间排在前面，先将费用分配出去，分配时向排在后面的辅助生产车间分配费用；受益多的辅助生产车间排在后面，后分配费用，即将本车间的辅助生产费用加上前面辅助生产车间分来的费用一起分配出去。但排在后面的辅助生产车间不能向排在前面的辅助生产车间分配费用。计算公式为：

$$\begin{matrix}\text{单位成本}\\\text{（分配率）}\end{matrix}=\frac{\text{分配前费用}+\text{从排在前面的辅助生产车间分进的费用}}{\text{劳务总量}-\text{提供给排在前面的辅助生产车间的劳务量}}$$

【例 2-1-28】 沿用例 2-1-25 中的资料，按顺序分配法编制辅助生产费用分配表，如表 2-1-26 所示。

表 2-1-26 辅助生产费用分配表

（顺序分配法）

金额单位：元

项目		修理车间	供电车间	合计
待分配辅助生产费用		20 000	30 658.8	50 658.8
产品或劳务的供应量		4 600	51 000	
分配率		4.348	0.601	
修理车间	耗用数量			
	分配金额			
供电车间	耗用数量	600		
	分配金额	2 608.8		2 608.8
A产品	耗用数量		20 000	
	分配金额		12 020	12 020
B产品	耗用数量		25 000	
	分配金额		15 025	15 025
基本生产车间	耗用数量	3 400	4 000	
	分配金额	14 783.2	2 404	17 187.2
行政管理部门	耗用数量	600	2 000	
	分配金额	2 608*	1 209.8*	3 817.8
合计		20 000	30 658.8	50 658.8

注：标注“*”的受尾数影响。

从上述资料可以看出，修理车间受益少，要先分配，供电车间受益多，应排在后面分配。

修理车间待分配金额＝20 000（元）

修理车间工时费用分配率＝20 000÷4 600＝4.348

供电车间待分配金额＝28 050＋2 608.8＝30 658.8（元）

供电车间电力分配率＝30 658.8÷51 000＝0.601

根据辅助生产费用分配表，编制会计分录如下：

借：辅助生产成本——供电车间 2 608.8

　　基本生产成本——A产品 12 020

　　　　　　　　——B产品 15 025

　　制造费用 17 187.2

　　管理费用 3 817.8

　贷：辅助生产成本——供电车间 30 658.8

　　　　　　　　　——修理车间 20 000

顺序分配法也称梯形分配法。采用该分配法，不进行交互分配，计算较为简便，能有重点地反映辅助生产车间交互服务的关系，比直接分配法前进了一步，但是这种方法使排在前面的辅助生产车间不负担排在后面的辅助生产车间的费用，导致排在前面的辅助生产车间的费用归集不完整，不能全面反映辅助生产车间之间相互提供产品或劳务的关系，影响了分配结果的准确性。这种方法适用于各辅助生产车间之间相互受益程度有明显顺序的企业。

5. 代数分配法

代数分配法是指运用代数中多元一次联立方程组的原理分配辅助生产费用的方法。

采用代数分配法，首先设各辅助生产车间提供的产品或劳务的单位成本为未知数，并根据辅助生产车间之间相互提供产品或劳务的关系，建立多元一次方程组；其次，通过解多元一次方程组，计算出各辅助生产车间提供产品或劳务的单位成本，即辅助生产费用分配率；最后，根据各受益对象（包括辅助生产车间）耗用产品或劳务的数量和相应的辅助生产费用分配率分配辅助生产费用。

【例2－1－29】 沿用例2－1－25中的资料，用代数分配法分配辅助生产费用。

设：供电车间电力的单位成本为x，修理车间工时的单位成本为y，建立二元一次方程组如下：

$$\begin{cases}28\,050+600y=54\,000x\\20\,000+3\,000x=4\,600y\end{cases}$$

通过解方程组，得：

$$\begin{cases}x=0.571\,898\\y=4.720\,803\end{cases}$$

根据计算取得的单位成本编制辅助生产费用分配表，如表2－1－27所示。

表2－1－27 **辅助生产费用分配表**

（代数分配法）

金额单位：元

项目	供电车间	修理车间	合计
待分配辅助生产费用	28 050	20 000	
产品或劳务供应量	54 000	4 600	

续前表

项目		供电车间	修理车间	合计
计量单位		度	工时	
单位成本（分配率）		0.571 898	4.720 803	
供电车间	耗用数量		600	
	分配金额		2 832.48	2 832.48
修理车间	耗用数量	3 000		
	分配金额	1 715.69		1 715.69
A产品	耗用数量	20 000		
	分配金额	11 437.96		11 437.96
B产品	耗用数量	25 000		
	分配金额	14 297.45		14 297.45
基本生产车间	耗用数量	4 000	3 400	
	分配金额	2 287.59	16 050.73	18 338.32
行政管理部门	耗用数量	2 000	600	
	分配金额	1 143.79	2 832.48	3 976.27
合计		30 882.48	21 715.69	52 598.17

根据表 2-1-27，编制会计分录如下：

借：辅助生产成本——供电车间　　2 832.48
　　　　　　　　——修理车间　　1 715.69
　　基本生产成本——A产品　　11 437.96
　　　　　　　　——B产品　　14 297.45
　　制造费用　　18 338.32
　　管理费用　　3 976.27
　贷：辅助生产成本——供电车间　　30 882.48
　　　　　　　　　——修理车间　　21 715.69

代数分配法运用数学方法同时计算各辅助生产产品或提供劳务的单位成本，因此计算的结果最为精确，但若辅助生产车间较多，未知数就多，势必增加计算的工作量，因此，这一方法适用于辅助生产车间不多的企业。随着会计电算化的推行，代数分配法的适用面将越来越广。

情境二　制造费用的归集与分配

一、制造费用的归集

（一）制造费用的概念

制造费用是企业为生产产品或提供劳务而发生的、应计入产品成本但没有专设成本项目的各项生产费用。制造费用中的大部分是间接用于产品生产的费用，如机物料消耗，车间辅助人员的工资及福利费，车间厂房的折旧费、修理费、租赁费和保险费，车间生产用的照明费、取暖费、运输费、劳动保护费，以及季节性停产和生产设备修理期间的停工损失等。也有一部分是直接用于产品生产，但管理上不要求或不便于单独核算，因而未专设成本项目的费用，如机器设备的折旧费、修理费、租赁费和保险费，生产工具摊销，设计制图费，试验检验费等。生产工艺用动力费，如果不专设成本项目，也不单独核算，应包括在制造费用中。制造费用还包括车间用于组织和管理生产的费用，如车间管理人员工资及福利费，车间管理用房和设备的折旧费、修理费、租赁费和保险费，车间管理用具摊销，车间管理用的照明费、水费、取暖费、差旅费和办公费等，这些费用虽然具有管理费用的性质，但由于车间是企业从事生产活动的单位，其管理费用和制造费用很难严格划分，为了简化核算工作，将这些费用也作为制造费用核算。因此，制造费用是由多种成分组合而成的综合费用。

（二）制造费用的内容

由于制造费用的内容比较复杂，故应按照管理要求设置若干费用项目，归类反映费用计划的执行情况。制造费用的项目可以按照费用的经济用途或者费用的经济内容设立，如将用于车间办公方面的各项支出合并设立“办公费”项目核算；将车间各方面固定资产的折旧费合并设立“折旧费”项目核算。制造费用的内容一般有：

（1）职工薪酬。是指企业为获得生产单位管理人员提供的服务而给予或付出的各种形式的报酬及相关支出。

（2）折旧费。是指生产单位的房屋、建筑物、机器设备等固定资产按规定的折旧方法计算的折旧费用。

（3）租赁费。是指生产单位经营租用固定资产和专用工具而发生的租金，但不包括融资租赁费。

（4）机物料消耗。是指生产单位为维护机器设备的正常运转而消耗的各种材料，不包括专门进行修理和劳动保护用的材料。

（5）低值易耗品摊销。是指生产单位使用的各种低值易耗品的摊销费。

（6）取暖费。是指生产单位用于职工工作环境防寒取暖而发生的费用，不包括支付给职工的取暖津贴。

（7）水电费。是指生产单位管理上耗用水、电所发生的费用，不包括生产工艺耗用的水电费。

（8）办公费。是指生产单位为办理公务而耗用的文具、印刷、邮电、办公用品等费用，不包括图纸和制图用品费。

（9）差旅费。是指生产单位职工因公出差而发生的交通、住宿、出差补助等费用。

（10）运输费。是指生产单位耗用运输劳务而发生的厂内和厂外的运输费用。

（11）保险费。是指生产单位应负担的财产保险费。从保险公司取得的赔偿金应从本项目中扣除。

（12）劳动保护费。是指生产单位为保护职工劳动安全而发生的劳动用品费，如购买工作服、工作鞋、工作帽、劳保眼镜、手套等的费用。

（13）设计制图费。是指生产单位应负担的图纸费、制图用品费和委托设计部门设计图纸而发生的费用，不包括企业设计部门发生的费用。

（14）试验检验费。是指生产单位应负担的对材料、半成品、产品进行试验或进行检查、化验、分析所发生的费用。

（15）停工损失。是指不单独核算停工损失的生产单位在季节性停工、修理期间所发生的损失，不包括单独组织生产损失核算的停工损失。

（16）其他。是指上述各项之外的应计入产品制造成本的其他制造费用。

费用项目的设置应根据具体情况而定，包括哪些费用，就相应地设置什么项目。制造费用明细账的格式如表 2-1-28 所示。

表 2-1-28　　制造费用明细账

车间名称：第一车间　　　　单位：元

20××年		凭证号数（略）	摘要	职工薪酬	折旧费用	水电费用	物料消耗	低值易耗品摊销	办公费	其他	合计
月	日										
			支付办公费						800		800
			分配材料费				2 080				2 080
			分配工资	15 960							15 960
			分配折旧费		14 621						14 621
			分配修理费			1 100					1 100
			低值易耗品摊销					1 200			1 200
			合计	15 960	14 621	1 100	2 080	1 200	800		35 761
			月末转出	−15 960	−14 621	−1 100	−2 080	−1 200	−800		−35 761

（三）制造费用归集的核算

制造费用的核算，通过“制造费用”科目进行。该科目分别不同的车间、部门设置明细账，账内按费用项目设立专栏进行明细核算。

制造费用的归集应按照各种费用分配表以及相关的记账凭证来进行。

（1）工资与职工福利费等职工薪酬的归集一般根据工资分配汇总表等进行。编制的会计分录如下：

借：制造费用

　贷：应付职工薪酬——工资

　　　　　　　　——职工福利费

（2）折旧费用的归集根据折旧费用汇总分配表进行。编制的会计分录如下：

借：制造费用

　　管理费用

　贷：累计折旧

（3）水电费的归集应根据动力费用汇总分配表进行。

对于外购的动力，编制会计分录如下：

借：基本生产成本——A 产品

　　　　　　　——B 产品

　　辅助生产成本——供电车间

——修理车间

制造费用

管理费用

贷：应付账款（或银行存款）

对于公司自己供应的动力，编制会计分录如下：

借：基本生产成本——A产品

——B产品

制造费用

管理费用

贷：辅助生产成本——动力车间

（4）机物料消耗的归集根据材料费用汇总分配表和待摊费用分配表进行。根据原材料费用分配表，编制的会计分录如下：

借：基本生产成本——A产品

——B产品

辅助生产成本——修理车间

制造费用

销售费用

管理费用

贷：原材料

（5）其他制造费用的归集。其他制造费用是指除上述各项以外的费用，如差旅费、办公费、运输费、租赁费等。这些费用的归集一般根据有关原始凭证（或原始凭证汇总表）和付款凭证进行。

假设本月一车间报销差旅费580元、办公费120.78元，二车间报销外部运输费300.32元，以库存现金支付。根据该经济业务应编制如下会计分录：

借：制造费用——一车间　　700.78

——二车间　　300.32

贷：库存现金　　1 001.10

二、制造费用的分配

（一）制造费用分配的程序

月份终了，企业应将归集的制造费用分配转入有关产品成本或劳务成本。在只生产一种产品的车间，制造费用可以直接计入该种产品的成本；在生产多种产品的车间，制造费用应采用既合理又简便的分配方法，分配计入各种产品的成本。制造费用的分配方法一般有生产工时比例分配法、生产工人工资比例分配法、机器工时比例分配法、按年度计划分配率分配法等。企业应根据自身的实际情况选择合理的分配方法。分配方法一经确定不能随意变动，以保证产品成本的客观性和可比性。

在企业的组织结构分为车间、分厂和总厂这些层次的情况下，分厂发生的制造费用，也应比照车间发生制造费用的处理在分厂各种产品之间进行分配，总厂发生的制造费用在全厂各种产品之间进行分配。

（二）制造费用分配的方法

1. 生产工时比例分配法

生产工时比例分配法是按照各种产品所用生产工人实际工时的比例分配制造费用的一种方法。计算公式如下：

制造费用分配率＝制造费用总额÷各产品生产工时总数

某种产品应分配的制造费用＝该产品生产工时×制造费用分配率

如果产品的工时定额比较准确，制造费用也可以按定额工时的比例分配。

【例 2-1-30】 某公司基本生产车间12月制造费用总额为23 600元，A产品实际生产工时为12 040小时，B产品实际生产工时为6 500小时，分配制造费用的有关计算如下：

制造费用分配率＝23 600÷（12 040＋6 500）≈1.273

A产品制造费用＝12 040×1.273≈15 326（元）

B产品制造费用＝6 500×1.273≈8 274（元）（或：23 600－15 326）

按生产工时比例分配法编制制造费用分配表，如表2-1-29所示。

表 2-1-29 **制造费用分配表**

（生产工时比例分配法）

车间名称：基本生产车间　　　　单位：元

应借科目	生产工时	分配金额（分配率1.273）
基本生产成本——A产品	12 040	15 326
——B产品	6 500	8 274
合计	18 540	23 600

根据制造费用分配表，编制会计分录如下：

借：基本生产成本——A产品（制造费用）　15 326

　　　　　　　　——B产品（制造费用）　8 274

　贷：制造费用　23 600

采用生产工时比例分配法，可以使产品负担的制造费用与劳动生产率联系起来，该方法是较为常见的一种分配方法。生产工时是分配费用的标准，因此必须做好生产工时的记录和核算工作。这种分配方法适用于机械化程度低或各种产品工艺过程机械化程度大致相同的企业。

2. 生产工人工资比例分配法

生产工人工资比例分配法，是按照各种产品生产工人实际工资的比例分配制造费用的一种方法。计算公式如下：

制造费用分配率＝制造费用总额÷各产品生产工人工资总额

某种产品应分配的制造费用＝该产品生产工人工资×制造费用分配率

【例 2-1-31】 某基本生产车间同时生产A、B两种产品，本期发生的制造费用总额为561 600元，本期甲产品生产工人工资为456 000元，乙产品生产工人工资为324 000元，分配制造费用的有关计算如下：

制造费用分配率＝561 600÷（456 000＋324 000）＝0.72

A 产品制造费用＝456 000×0.72＝328 320（元）

B 产品制造费用＝324 000×0.72＝233 280（元）

根据分配制造费用计算结果，编制会计分录如下：

借：基本生产成本——A 产品（制造费用）　　328 320

　　　　　　　　——B 产品（制造费用）　　233 280

　贷：制造费用　　561 600

由于生产工人的工资比较容易取得，因此该方法的核算工作比较简便。但是这种方法的使用前提是各种产品生产的机械化程度或需要生产工人的操作技能大致相同。否则，机械化程度低（用工多，生产工人工资费用高）的产品，需要生产工人操作技能高的产品负担较多的制造费用，不尽合理。

如果生产工人工资是按生产工时比例分配计入各种产品成本的，那么，按照生产工人工资比例分配制造费用，实际上也就是按照生产工时比例分配制造费用。

3. 机器工时比例分配法

机器工时比例分配法是按照各种产品生产所用机器设备的运转时间的比例分配制造费用的一种方法。计算公式如下：

制造费用分配率＝制造费用总额÷各产品耗用机器工时之和

某种产品应分配的制造费用＝该产品生产耗用机器工时数×制造费用分配率

【例 2-1-32】　某企业本月基本生产车间生产 A、B 两种产品，制造费用总额为 26 000元，A 产品耗用机器工时为 3 240 小时，B 产品耗用机器工时为 2 500 小时，分配制造费用的有关计算如下：

制造费用分配率＝26 000÷（3 240＋2 500）≈4.529 6

A 产品制造费用＝3 240×4.529 6≈14 676（元）

B 产品制造费用＝2 500×4.529 6＝11 324（元）

根据分配制造费用计算结果，编制会计分录如下：

借：基本生产成本——A 产品（制造费用）　　14 676

　　　　　　　　——B 产品（制造费用）　　11 324

　贷：制造费用　　26 000

当机器设备是主要的生产因素，而且制造费用与机器工时依存关系明显时，机器工时比例分配法较为适用，特别是在自动化程度较高的车间，分配更为精确。采用这种方法，必须做好各种产品耗用机器工时的记录工作，以保证工时的准确性。

4. 按年度计划分配率分配法

按年度计划分配率分配法是按照确定的制造费用年度计划分配率分配制造费用的一种方法。在这种方法下，一般先根据正常生产能力预计全年的制造费用发生额和全年的计划产量，以定额工时作为分配标准计算制造费用的年度计划分配率。计算公式如下：

年度计划分配率＝年度制造费用计划总额÷年度各产品计划产量的定额工时总数

$$\text{某月某种产品应分配的制造费用}=\text{该月该产品实际产量的定额工时数}\times\text{年度计划分配率}$$

采用这种方法，不管每个月发生的制造费用是多少，都按年度计划分配率分配。如果年度内发现全年的制造费用实际数与计划数有较大差异，要及时调整计划分配率。由此，“制造费用”科目及其所属明细科目可能会出现月末余额，借方余额表示实际制造费用超过计划的预付费用，属于“其他流动资产”；贷方余额表示按照计划应付而未付的费用，属于“其他流动负债”。各月的余额不必处理，可在年末调整计入12月的产品成本，借记“基本生产成本”科目，贷记“制造费用”科目。如实际发生额大于计划分配额，用蓝字补记；如实际发生额小于计划分配额，用红字冲减。

【例2-1-33】 某公司基本生产车间生产A、B两种产品，全年制造费用计划总额为35 000元，A产品计划年产量2 500件，B产品计划年产量2 200件，A产品每件工时定额4小时，B产品每件工时定额3小时。本月A产品实际产量为240件，B产品实际产量为200件，本月实际发生制造费用2 900元，分配制造费用的有关计算如下：

A产品年度计划产量的定额工时＝2 500×4＝10 000（小时）

B产品年度计划产量的定额工时＝2 200×3＝6 600（小时）

制造费用年度计划分配率＝35 000÷（10 000＋6 600）≈2.108

本月A产品实际产量的定额工时＝240×4＝960（小时）

本月B产品实际产量的定额工时＝200×3＝600（小时）

本月A产品应分配的制造费用＝960×2.108≈2 024（元）

本月B产品应分配的制造费用＝600×2.108≈1 265（元）

根据分配制造费用计算结果，编制会计分录如下：

借：基本生产成本——A产品（制造费用）　　2 024

　　　　　　　　——B产品（制造费用）　　1 265

　贷：制造费用　　3 289

该车间本月按计划分配率分配转出的制造费用为3 289元，实际制造费用为2 900元，若本月初该车间“制造费用”科目借方余额为100元，则本月末该车间“制造费用”科目贷方余额为289元。年末，将“制造费用”科目余额调整计入12月的产品成本。

采用按年度计划分配率分配法，核算简便，适用于季节性生产企业，但必须有较高的计划工作水平。制造费用的归集和分配，除采用按年度计划分配率分配法外，年末“制造费用”科目及其所属明细科目一般都应无余额。

情境三　损失性费用的归集与分配

生产损失是指企业在产品生产过程中由于生产原因而发生的不能形成正常转出的损失。一般包括：因制造了不合格产品而造成的报废损失和修复费用；因管理不善而造成的在产品盘亏和毁损损失；因生产设备发生故障被迫停工而造成的停工损失；因原材料损耗或工艺原因使生产过程中的材料、人工超常消耗而造成的损失等。在此主要介绍废品损失和停工损失。

一、废品损失的核算

（一）废品损失的概念和内容

生产过程中的废品是指不符合规定的技术标准，不能按原规定用途使用或需要加工修理后才能使用的在产品、半成品或产成品，包括生产过程中发现和入库后发现的废品。

废品分为可修复废品和不可修复废品。可修复废品，是指经过修理可以使用，而且所花费的修复费用在经济上合算的废品；不可修复废品，是指在技术上不能修复，或者可以修复但修复费用在经济上不合算的废品。

废品损失是指生产过程中发生的各种废品所形成的报废损失和修复费用。废品的报废损失是指不可修复废品的生产成本扣除残料价值和应收赔偿款以后的损失；废品的修复费用是指可修复废品在返修过程中所发生的修理费用。

应当注意的是，不需要返修而降价出售的不合格品，其降价损失反映为销售收入的减少，不作为废品损失处理；产成品入库后，由于保管不善等原因而损坏变质的损失，属于管理问题，应作为管理费用，不作为废品损失处理；产品出售后发现的废品所发生的一切损失，应作为管理费用处理，不包括在废品损失内。废品损失核算的依据是经过质量检验部门填制并审核的废品通知单。

（二）废品损失核算的意义

产生废品，不仅会减少产量，影响生产计划的完成，而且会降低产品质量，提高产品成本。如果废品出了工厂，更会影响企业的信誉和人民的生活，甚至会影响其他企业的生产。因此，必须在提高职工认识的基础上，建立和健全生产责任制度，严格执行技术操作规程，把好产品质量检验关，并且做好废品损失的核算工作，正确反映和监督废品损失的发生情况，以便分析原因，采取措施，努力减少和消灭废品。

正确组织废品损失的核算，对于改进生产技术，提高产品质量，降低产品成本，都有着重要的意义。

（三）废品损失归集的核算

单独核算废品损失的企业，在“生产成本”科目下应设置“废品损失”明细科目（也可将“废品损失”作为一级科目），在产品成本明细账中设立“废品损失”成本项目。“废品损失”明细科目应按车间、产品品种分设专户并按成本项目设立专栏登记废品损失。该科目的借方归集不可修复废品的生产成本和可修复废品的修复费用；贷方登记废品残料回收价值和应收的赔款。不可修复废品生产成本和可修复废品的修复费用减去残料回收价值和应收的赔款后的差额，即应由本月生产的同种产品成本负担的废品净损失，应从“生产成本——废品损失”科目的贷方转入“基本生产成本”科目同种产品成本明细账中的“废品损失”成本项目。“生产成本——废品损失”科目月末应无余额。

如果企业不单独核算废品损失，则不设置“废品损失”科目，产品生产成本明细账中也不设立“废品损失”成本项目。发生不可修复废品，可从全部产量中扣除废品产品数量，而不单独归集废品生产成本；将废品的残料价值直接冲减“基本生产成本”科目及其明细账的“直接材料”成本项目；发生可修复废品，将其修理费用直接记入“基本生产成本”科目及其明细账的有关成本项目。辅助生产一般不单独核算废品损失。

1. 不可修复废品生产成本的计算

不可修复废品的生产成本可按废品的实际成本计算，也可以按其定额成本计算。

（1）按实际成本计算。按不可修复废品的实际成本计算，就是在废品报废时，根据废品和合格品实际发生的全部费用，按成本项目分别采用一定的分配方法，在合格品与废品之间进行分配，计算出废品的实际成本，从“基本生产成本”科目的产品明细科目转入“废品损失”明细科目。

【例 2-1-34】 某公司基本生产车间本月生产 A 产品 1 500 件，其中 30 件是不可修复废品，合格品的生产工时为 15 400 小时，废品的生产工时为 600 小时。A 产品的成本明细账所列合格品和废品的全部生产成本为：材料费用 45 000 元，燃料及动力 12 000 元，职工薪酬 15 000 元，制造费用 8 000 元，共计 80 000 元。废品残料回收价值 500 元，原材料在生产开始时一次投入。根据上述资料编制废品损失计算表，如表 2-1-30 所示。

表 2-1-30 废品损失计算表

（按实际成本计算）

车间名称：基本生产车间　产品名称：A 产品　单位：元

项目	数量（件）	直接材料	生产工时（小时）	燃料及动力	直接人工	制造费用	合计
费用总额	1 500	45 000	16 000	12 000	15 000	8 000	80 000
费用分配率		30		0.75	0.937 5	0.5	
废品成本	30	900	600	450	562.5	300	2 212.5
减：残料价值		500					500
废品损失		400		450	562.5	300	1 712.5

根据废品损失计算表，编制会计分录如下：

结转废品生产成本（实际成本）：

借：废品损失——A 产品　　2 212.5

　贷：基本生产成本——A 产品　　2 212.5

回收残料价值：

借：原材料　　500

　贷：废品损失——A 产品　　500

在完工以后发现的废品，因其单位废品负担的各项生产费用与单位合格产品完全相同，故可以按合格品和废品的数量比例分配各项生产费用，计算废品的实际生产成本。按废品的实际生产成本计算废品损失符合实际情况，但核算工作量较大。

（2）按定额成本计算。按废品的定额成本计算，就是按废品数量和工时定额及废品的各项费用定额计算废品的定额成本，不考虑废品实际发生的费用。

【例 2-1-35】 某公司基本生产车间产品完工验收入库时发现 B 产品有 25 件为不可修复废品，残料回收价值 400 元。按定额成本计算废品成本和废品损失，编制废品损失计算表，如表 2-1-31 所示。

表 2-1-31 废品损失计算表

（按定额成本计算）

车间名称：基本生产车间　产品名称：B产品　废品数量：25 件　单位：元

项目	材料费	燃料及动力	职工薪酬	制造费用	合计
费用定额	60	30	25	20	135
废品定额成本	1 500	750	625	500	3 375
减：回收残料价值	400				400
废品损失	1 100	750	625	500	2 975

2. 可修复废品损失归集的核算

可修复废品损失是指废品在修复过程中所发生的各项修复费用。可修复废品返修以前发生的生产费用已归集在“基本生产成本”科目，因为它不是废品损失，故不必转出。返修时发生的修复费用为废品损失，应根据各种费用分配表记入“废品损失”明细科目，如有残值和应收赔款，应冲减废品损失。

【例 2-1-36】 某基本生产车间生产甲产品 2 000 件，生产过程中发现 10 件可修复废品，在修复过程中，发生材料费用 400 元，直接人工 500 元，制造费用 750 元，应由责任人赔偿 100 元。编制会计分录如下：

(1) 发生修复费用时：

借：废品损失——甲产品	1 650	
贷：原材料		400
应付职工薪酬		500
制造费用		750

(2) 确定应收赔款时：

借：其他应收款——××责任人	100	
贷：废品损失——甲产品		100

(3) 结转废品净损失时：

借：基本生产成本——甲产品	1 550	
贷：废品损失——甲产品		1 550

(四) 废品损失分配的核算

废品损失的分配，就是将“废品损失”明细科目中归集的各车间各种产品的废品净损失再分配给同车间同种产品负担。

不可修复废品的净损失和可修复废品的净损失，应从“废品损失”明细科目的贷方转入“基本生产成本”科目同种产品成本明细账的“废品损失”成本项目。

【例 2-1-37】 承例 2-1-34，将废品净损失转入合格产品成本，编制会计分录如下：

借：基本生产成本——A 产品（废品损失）	1 712.5	
贷：废品损失——A 产品		1 712.5

二、停工损失的核算

停工损失是指基本生产车间或车间内某个班组在停工期间发生的各项费用，包括停工期间支付的生产工人工资和分配的福利费、所耗用的燃料和动力费，以及应负担的制造费用等。

计算停工损失的时间起点，由企业或主管企业的上级机构规定。停工时，车间应填写停工报告单，并在考勤记录中登记。成本会计人员应对停工报告单所列停工范围、时间、原因及过失单位等事项进行审核。只有经过审核的停工报告单，才能作为停工损失核算的依据。

单独核算停工损失的企业，可以在“生产成本”科目下设置“停工损失”明细科目

（也可将“停工损失”作为一级科目），用于归集和分配停工损失。应由过失人和其他责任单位负担的赔款以及保险赔款，应从停工损失中扣除；因自然灾害引起的停工损失，应作为营业外支出处理，不由产品成本负担；其他停工损失，如由于计划减产或原材料供应不足、设备故障等原因造成的停工损失，应计入产品成本。

为了简化核算，停工不满一个工作日的，一般不计算停工损失。季节性生产企业停工期间的费用，应采用待摊、预提的方法，由开工期内的生产成本负担，不作为停工损失。

在停工期间发生的应计入停工损失的各项费用，根据各种费用分配表及其他相关凭证，借记“停工损失”科目，贷记“原材料”“应付职工薪酬”“制造费用”等科目。应获得赔偿的损失和应计入营业外支出的损失，均从该科目贷方转出，分别转入“其他应收款”和“营业外支出”科目。

应计入产品成本的停工损失，从“停工损失”科目转入“基本生产成本”的各产品成本明细账内。如果停工车间只生产一种产品，可直接计入该种产品明细账的“停工损失”成本项目；如果停工车间生产多种产品，则采用分配制造费用的方法，分配计入该车间各种产品成本明细账的“停工损失”成本项目。通过上述归集与分配，“停工损失”科目月末应无余额。

【例 2-1-38】 某基本生产车间由于设备大修理，停工 10 天，停工期间支付工人工资 5 000 元，分摊制造费用 2 200 元，损失全部计入 A 产品成本。根据资料编制会计分录如下：

（1）停工期间发生的费用计入停工损失：

借：停工损失——A 产品　　7 200
　贷：应付职工薪酬　　5 000
　　　制造费用　　2 200

（2）将停工损失计入产品成本：

借：基本生产成本——A 产品　　7 200
　贷：停工损失——A 产品　　7 200

不单独核算停工损失的企业，不在“生产成本”科目下设置“停工损失”明细科目，停工期间发生的属于停工损失的各种费用，直接记入“制造费用”和“营业外支出”等科目。

任务四　完工产品成本的计算与结转

情境一　在产品和产成品的核算

一、在产品和产成品成本核算的意义

（一）在产品和产成品的概念、范围

在产品是指没有完成全部生产过程，还不能作为商品销售的产品。包括正在车间加

工中的产品、已经完成一个或几个生产步骤但还需要继续加工的半成品、已完工但尚未验收入库的产成品、正在返修和等待返修的废品等。企业对外销售的自制半成品属于商品产品，一经验收入库，就不再列入在产品之内。

产成品是指已经完成全部生产过程、符合质量要求并已验收入库，可以作为商品对外销售的完工产品。企业在生产过程中产生的不可修复废品，既不属于在产品也不包括在完工产品之内。

（二）在产品与产成品成本核算的作用

企业在生产经营过程中发生的生产费用，经过在各种产品之间的分配和归集之后，应计入本月各种产品成本的生产费用都已反映在“基本生产成本”科目及其所属明细科目中。为了计算产品成本，还需要加上期初在产品成本，然后将其在本期完工产品和期末在产品之间进行分配，计算本月完工产品（产成品）成本。而合理地计算在产品与产成品成本是正确计算产品成本的关键步骤之一，同时，对于企业进行成本计划、控制、监督和分析，加强内部成本管理等都有重大意义。主要表现在以下几个方面：

（1）产品成本计算的准确性。成本是确定企业盈亏的尺度，成本这个尺度的准确与否，对企业盈亏的衡量至关重要。计算在产品和产成品成本的根本目的在于计算产品成本，它能使产品成本计算更为准确可靠，从而合理地反映企业当期经营成果。

（2）存货计价的合理性。期末在产品与产成品之间的成本分摊，直接影响着期末在产品成本和期末存货的计价，而存货成本计算得正确与否，又影响着销售成本计算的准确性。如果在产品和产成品应承担的生产费用分配不准确，就会使产成品成本数字不实，进而造成企业本期损益计算失真，同时会使在产品存货及产成品存货数字不实，从而影响企业以后各期盈亏计算的准确性。

（3）成本实现的补偿性。成本是制定产品价格的依据，价格是价值的货币表现，价格的制定应建立在价值的基础上。由于成本是产品部分价值（c＋v部分）的货币表现，因而是产品价格的重要组成部分，它为企业定价提供了基础。计算在产品与产成品成本，正确分配其各自应该承担的生产费用，能使企业合理制定产品价格，在产品售出后及时获得成本补偿。

（4）企业考核评价的需要。随着成本会计管理作用的加强，准确计算各种产品的成本显得尤为重要，特别是在业绩考核与成本控制相联系的企业，正确计算在产品和产成品成本，能使考核标准更为合理，从而正确评价管理者的工作。

（5）企业管理决策的需要。企业的各种成本数据是企业管理决策所需要的，无论是企业的短期决策还是长期决策，都要在研究比较不同方案的基础上进行。而各种成本、利润方案若要做到准确可靠，就离不开在产品与产成品成本的计算，即产品成本在二者之间的恰当分摊。

二、在产品数量的核算

核算在产品数量，应具备账面核算资料和实际盘点资料，即一方面要做好在产品收发结存的日常核算工作，另一方面要做好在产品的清查工作。

为了进行在产品收发结存的日常核算，应在生产车间内按产品的品种和在产品的品名（如零部件的品名）设置在产品收发结存账（实际工作中也称在产品台账，如表2－1－32所示）。根据生产工艺特点和管理的需要，有的也可按加工工序反映。对在产品在各车间或车间内部的转移，应认真做好计量验收工作。在此基础上，根据领料凭证、在产品内部转移凭证以及产品交库凭证，随时登记在产品收发数量。在产品收发结存账可由车间核算人员登记，也可由企业生产调度部门专人登记。

表 2-1-32 在产品收发结存账

生产单位：第二车间　　　　　　　　　　　　　　　　　　　　产品名称：甲产品
生产工序：第一工序　　　　　　　　　　　　　　　　　　　　零件名称编号：116

20××年		摘要	收入		转出			结存	
月	日		凭证号	数量	凭证号	合格品	废品	完工	未完工
12	1	上月结存							5
	7	本月投产		40					45
	12	完工交出				30			15
	…	……							
	31	本月合计		90		75			20

为了核实在产品的数量，必须做好在产品的清查工作。根据清查的结果编制在产品盘点表，并以实存数与在产品收发结存账相核对，如果账实不符，应查明盈亏原因并及时处理。

在产品盘盈时，按定额成本或计划成本借记“基本生产成本”科目，贷记“待处理财产损溢”科目；按照规定核销时，则借记“待处理财产损溢”科目，贷记“制造费用”科目，冲减制造费用。

发生盘亏和毁损时，应借记“待处理财产损溢”科目，贷记“基本生产成本”科目。按规定核销时，应根据不同情况分别将损失从“待处理财产损溢”科目转出，记入有关科目。其中：准予核销计入产品成本的损失应转入“制造费用”科目的借方；由于自然灾害造成的非常损失，以及应收保险公司的赔款部分应转入“其他应收款”科目，其余转入“营业外支出”科目；应由过失人赔偿的部分应转入“其他应收款”科目。如果在产品的盘亏是由于没有及时办理领用手续，或某种产品的零部件被另一种产品挪用，则应补办手续，及时转账更正。为了正确归集和分配制造费用，在产品盘盈、盘亏的账务处理应在制造费用分配前进行。

【例 2-1-39】 某公司基本生产车间月末在产品清查结果为：A 产品的在产品盘盈 6 件，单位定额成本为 10 元；B 产品的在产品盘亏 25 件，单位定额成本为 12 元，应由过失人赔偿 100 元；C 产品的在产品由于火灾毁损 210 件，单位定额成本为 15 元，残料验收入库价值 100 元，应由保险公司赔款 2 500 元，其余损失计入产品成本。据此进行如下会计处理：

(1) 在产品盘盈的核算。

盘盈时：

借：基本生产成本——A 产品　　　　　　　　60

　贷：待处理财产损溢　　　　　　　　　　　　60

批准核销时：

借：待处理财产损溢　　　　　　　　　　　　60

　　贷：制造费用　60

(2) 在产品盘亏的核算。

盘亏时：

借：待处理财产损溢　300

　　贷：基本生产成本——B产品　300

批准核销时：

借：制造费用　200

　　其他应收款——××责任人　100

　　贷：待处理财产损溢　300

(3) 在产品毁损的核算。

毁损转账：

借：待处理财产损溢　3 150

　　贷：基本生产成本——C产品　3 150

残料入库：

借：原材料　100

　　贷：待处理财产损溢　100

批准处理时：

借：营业外支出——非常损失　550

　　其他应收款——保险公司　2 500

　　贷：待处理财产损溢　3 050

情境二　生产费用在完工产品和在产品之间的分配

生产费用在完工产品与在产品之间的分配，是成本计算中的一个重要而又复杂的问题。企业应当根据产品的生产特点，如在产品数量的多少、各月末在产品数量变化的大小、各项费用在成本中所占的比重以及定额管理基础的好坏等具体条件，选择既合理又简便的分配方法。常用的方法有以下几种。

一、不计算在产品成本

不计算在产品成本，是将某种产品本月归集的生产费用全部计入该种完工产品成本，而期末在产品成本则是零。这种方法适用于各月末在产品数量很少，不计算在产品的成本对完工产品成本影响很小，管理上不要求计算在产品成本，因此，为了简化核算工作，可以不计算在产品成本。

二、按年初数固定计算在产品成本

某些产品的各月末在产品数量相差不多，为了简化核算工作，各月末可不必具体计算当月在产品成本的实际数额，而是固定地以年初数来反映。例如，炼铁厂或其他有固定容器装置的在产品，数量都较稳定，可以按年初数固定计算在产品成本。这样做，各月的月初、月末在产品费用都等于年初数，各月发生的生产费用全部分配给完工产品。年终时，根据实际盘点的在产品数量，重新调整计算确定在产品成本。

【例 2-1-40】 某公司乙产品的在产品采用按年初数固定计算的方法。上年末在产品成本为：直接材料费 350 元，燃料及动力 230 元，直接人工费 500 元，制造费用 160 元，合计 1 240 元。本月发生的生产费用及本月完工产品成本见表 2-1-33。

表 2-1-33 产品成本明细账

产品名称：乙产品 20××年 6 月 单位：元

摘要	直接材料	燃料及动力	直接人工	制造费用	合计
月初在产品成本	350	230	500	160	1 240
本月生产费用	2 600	3 500	6 000	2 000	14 100
生产费用合计	2 950	3 730	6 500	2 160	15 340
本月完工产品成本	2 600	3 500	6 000	2 000	14 100
月末在产品成本	350	230	500	160	1 240

三、按所耗原材料费用计算在产品成本

如果在产品耗用的原材料费用在全部成本中占有较大的比重，为了简化核算工作，在产品成本可以只计算原材料费用，其他费用均由完工产品负担。这样，全部生产费用减去只按原材料费用计算的在产品成本后，余额即完工产品成本。

将原材料费用在完工产品和月末在产品之间分配时，如果是一次投料，原材料费用就可以按完工产品和月末在产品实物数量的比例分配。否则，还需要采用约当产量法进行分配。

【例 2-1-41】 某公司生产丙产品，该产品耗用原材料费用在产品成本中所占比重较大，在产品只计算原材料费用。丙产品月初在产品原材料费用（即月初在产品费用）为1 800元；本月发生费用为：直接材料费 8 100 元，燃料及动力 240 元，直接人工费 900 元，制造费用 160 元；完工产品 740 件，月末在产品 250 件。该产品的原材料是在生产开始时一次投入的，直接材料费用按完工产品和在产品数量的比例分配。分配计算如下：

$$直接材料费用分配率=\frac{1\ 800+8\ 100}{740+250}=10$$

$$完工产品的原材料费用=740\times10=7\ 400\ (元)$$

$$月末在产品的原材料费用=250\times10=2\ 500\ (元)$$

产品成本明细账见表 2-1-34。

表 2-1-34 产品成本明细账

产品名称：丙产品 20××年 6 月 单位：元

摘要	直接材料	燃料及动力	直接人工	制造费用	合计
月初在产品成本	1 800				1 800
本月生产费用	8 100	240	900	160	9 400
生产费用合计	9 900	240	900	160	11 200
本月完工产品成本	7 400	240	900	160	8 700
月末在产品成本	2 500				2 500

四、按约当产量法计算在产品成本

将在产品数量按照完工程度折算为相当于完工产品的数量，即为约当产量。约当产量法就是按照完工产品数量与在产品的约当产量的比例，计算分配完工产品成本和月末在产品成本的方法。这种方法适用于月末在产品数量较大，各月末在产品数量变化也较大，各项费用比例相差不多的产品。

采用约当产量法，如果是在生产开始时一次投料，完工产品与月末在产品的原材料费用就按其实物数量的比例分配。由于单位完工产品与不同完工程度的在产品所发生的加工费用不相等，因而完工产品与月末在产品的各项加工费用应按完工产品数量与月末在产品约当产量的比例分配，而不能按它们的实物数量比例分配。有关计算公式如下：

$$在产品约当产量=在产品数量\times完工程度（完工率）$$

$$某项费用分配率=\frac{该项费用总额}{完工产品产量+在产品约当产量}$$

$$完工产品应分配的该项费用=完工产品产量\times该项费用分配率$$

$$在产品应分配的该项费用=在产品约当产量\times该项费用分配率$$

采用约当产量法的关键问题是怎样确定月末在产品的完工程度，进而计算其约当产量，而在产品完工程度的确定，取决于在产品工时完工程度和投料完工程度两个方面的测定。

（一）工时完工程度的测定

不同工时完工程度的在产品所应承担的加工费用（直接人工及制造费用等）是不同的，因此，完工产品与月末在产品的各项加工费用一般不能按照它们的数量比例直接分配，而是要按其完工工时所折合的约当产量比例计算分配。

在产品的工时完工程度，应根据不同行业、不同产品的工艺过程和生产组织的特点采用相应的方法测定。以机械制造业为例，在产品工时完工程度是按产品分工序的定额工时，根据在产品在各车间各道工序的分布状况及数量计算的。常用的在产品工时完工程度的测定方法有两种：一种方法是平均测算，即当企业生产进度比较均衡，各道工序在产品加工数量相差不大时，对在产品的工时完工程度一律按50%计算。另一种方法是对各道工序分别测定其在产品工时完工率，即根据该道工序的累计工时定额占完工产品工时定额的比率进行测算。由于在产品是在上一道工序已经完工后才转入下一道工序的，所以本道工序前面各道工序的工时定额按100%计算，而对于本道工序内在产品的工时完工程度一般不再逐一测定，而是平均按完工的50%计算。其计算公式如下：

$$\begin{array}{c}某道工序上在产品的\\二时完工程度\end{array}=\frac{\begin{array}{c}前面各道工序\\累计工时定额\end{array}+本道工序工时定额\times50\%}{\begin{array}{c}单位产品\\工时定额\end{array}}\times100\%$$

各道工序上的月末在产品工时完工程度确定后，根据各道工序上的月末在产品数量，可以计算出在产品的约当产量，以此作为分配各项加工费用的基础。即

$$在产品约当产量=\sum某道工序上在产品数量\times本道工序工时完工程度$$

【例 2-1-42】 某公司生产甲产品，其单件定额工时为 60 小时，经三道工序制成。其中，第一道工序的定额工时为 18 小时，第二道工序的定额工时为 30 小时，第三道工序的定额工时为 12 小时。各道工序的在产品数量分别为：第一道工序 20 件，第二道工序 40 件，第三道工序 10 件。

甲产品本月完工 200 件，月初在产品和本月发生的工资等加工费用共计 23 400 元。甲产品加工费用在完工产品和在产品之间的分配程序为：

（1）求月末各道工序上的在产品工时完工程度。

$$第一道工序上在产品的工时完工程度=\frac{18\times50\%}{60}\times100\%=15\%$$

$$第二道工序上在产品的工时完工程度=\frac{18+30\times50\%}{60}\times100\%=55\%$$

$$第三道工序上在产品的工时完工程度=\frac{18+30+12\times50\%}{60}\times100\%=90\%$$

（2）求月末在产品的约当产量。

第一道工序上在产品的约当产量$=20\times15\%=3$（件）

第二道工序上在产品的约当产量$=40\times55\%=22$（件）

第三道工序上在产品的约当产量$=10\times90\%=9$（件）

在产品约当产量合计$=3+22+9=34$（件）

（3）求完工产品和在产品各自应承担的加工费用。

$$加工费分配率=\frac{23\ 400}{200+34}=100$$

完工产品应负担的加工费用$=200\times100=20\ 000$（元）

月末在产品应负担的加工费用$=34\times100=3\ 400$（元）

（二）投料完工程度的测定

投料完工程度不同的在产品所应承担的直接材料费用是不同的，因此，完工产品与月末在产品的直接材料费用一般不能按照它们的数量比例直接分配，而是要按其投料程度所折合的约当产量比例计算分配。

关于在产品中直接材料投料完工程度的测定方法，应根据各种产品投料的方式特点而定。但可以将投料方式归纳为三种方式，每种方式下的投料完工程度测定方法分别如下。

1. 一次投料

一次投料，即在第一道工序开始就将生产该产品所需的耗用材料全部投入。在这种情况下，不论在产品完工程度如何，每件完工产品与每件月末在产品所耗用的直接材料费用是相同的，因此，所发生的直接材料费用可以按完工产品和在产品的数量平均分配。此时，月末在产品的投料完工程度为 100%。

2. 分工序一次投料

分工序一次投料，即在每道工序都要投入材料，而且是在各道工序开始时全部投入，然后经连续加工后成为产成品。这时，在产品投料完工程度应按各道工序累计投入材料的定额成本同单位产成品材料定额成本的比例测算。其计算公式为：

$$\text{某道工序上的在产品投料完工程度}=\frac{\text{到本道工序为止的累计投入材料定额成本}}{\text{单位产品材料定额成本}}\times100\%$$

各道工序上的月末在产品投料完工程度确定后，根据各道工序上的月末在产品数量，可以计算出在产品的约当产量，以此作为分配直接材料费用的基础。按约当产量比例分配完工产品和在产品直接材料成本的计算公式是：

$$\text{在产品约当产量}=\sum\text{某道工序在产品数量}\times\text{本道工序投料完工程度}$$

某项直接材料费用总额＝期初在产品中的该项费用＋本期发生的该项费用

$$\text{某项直接材料费用分配率}=\frac{\text{该项直接材料费用总额}}{\text{完工产品产量}+\text{在产品约当产量}}$$

完工产品直接材料成本 ＝ 完工产品产量×费用分配率

月末在产品直接材料成本 ＝ 在产品约当产量×费用分配率

【例 2-1-43】　某公司生产乙产品，其直接材料 A 为分工序一次投入，直接材料 A 的投入定额为 200 千克，分三道工序投入。其中：第一道工序的投入定额为 80 千克，第二道工序的投入定额为 70 千克，第三道工序的投入定额为 50 千克。各道工序的在产品数量分别为：第一道工序 130 件，第二道工序 100 件，第三道工序 140 件。乙产品本月完工 740 件，月初在产品和本月发生的直接材料费用共计 110 770 元（假设乙产品只使用 A 一种原材料）。月末乙产品直接材料费用在完工产品和在产品之间的分配程序为：

（1）求月末各道工序上的在产品的投料完工程度。

第一道工序上在产品的投料完工程度＝80÷200×100％＝40％

第二道工序上在产品的投料完工程度＝（80＋70）÷200×100％＝75％

第三道工序上在产品的投料完工程度＝（80＋70＋50）÷200×100％＝100％

（2）求月末在产品的约当产量。

第一道工序上在产品的约当产量＝130×40％＝52（件）

第二道工序上在产品的约当产量＝100×75％＝75（件）

第三道工序上在产品的约当产量＝140×100％＝140（件）

在产品约当产量合计＝52＋75＋140＝267（件）

（3）求月末在产品和完工产品应负担的直接材料费用。

直接材料费用分配率＝110 770÷（740＋267）＝110

完工产品应负担的直接材料费用＝740×110＝81 400（元）

月末在产品应负担的直接材料费用＝267×110＝29 370（元）

3. 分工序陆续投料

分工序陆续投料，即将直接材料在生产过程中随工艺流程陆续、均衡地投入产品中去。在这种情况下，在产品投料完工程度与工时完工程度同步，即在产品投料完工程度等于在产品工时完工程度。

【例 2-1-44】　承例 2-1-43，若原材料为分工序陆续、均衡地投入，则月末乙产品的直接材料费用在完工产品和在产品之间的分配程序为：

（1）求月末各道工序上的在产品的投料完工程度。

第一道工序上在产品的投料完工程度＝（80×50％）÷200×100％＝20％

第二道工序上在产品的投料完工程度＝（80＋70×50%）÷200×100%
＝57.5%

第三道工序上在产品的投料完工程度＝（80＋70＋50×50%）÷200×100%
＝87.5%

（2）求月末在产品的约当产量。

第一道工序上在产品的约当产量＝130×20%＝26（件）

第二道工序上在产品的约当产量＝100×57.5%＝57.5（件）

第三道工序上在产品的约当产量＝140×87.5%＝122.5（件）

在产品约当产量合计＝26＋57.5＋122.5＝206（件）

（3）求月末在产品和完工产品应负担的直接材料费用。

直接材料费用分配率＝110 770÷（740＋206）＝117.093

完工产品应负担的直接材料费用＝740×117.093＝86 648.82（元）

月末在产品应负担的直接材料费用（倒挤）＝110 770－86 648.82＝24 121.18（元）

从以上结果可以看出，原材料投料方式不同，其分配结果也不相同。在实际工作中，应根据具体情况选用适当的方法进行计算，以保证其准确性。

采用约当产量法在完工产品与月末在产品之间分配费用时，如果在产品工时完工程度和投料完工程度测定比较准确，其分配结果也就比较准确，该方法是一种较为合理的分配方法。

五、按定额比例法计算在产品成本

采用定额比例法，产品的生产费用按照完工产品和月末在产品的定额消耗比例或定额费用比例，分配计算完工产品成本和月末在产品成本。通常，直接材料费用按直接材料的定额消耗量或定额费用的比例分配，其他费用按定额工时比例分配。燃料及动力费也可不按定额工时比例分配，而按其定额消耗量或定额费用比例分配。

定额比例法的计算公式如下：

（1）分配直接材料费用的计算公式：

$$直接材料费用分配率=\frac{月初在产品实际费用+本月材料实际费用}{完工产品定额材料费用+月末在产品定额材料费用}$$

完工产品实际材料费用＝完工产品定额材料费用×直接材料费用分配率

月末在产品实际材料费用＝月末在产品定额材料费用×直接材料费用分配率

（2）分配直接材料费用以外的其他费用（如工资费用）的计算公式：

$$直接人工费用分配率=\frac{月初在产品实际工资费用+本月实际工资费用}{完工产品定额工时+月末在产品定额工时}$$

完工产品实际工资费用＝完工产品定额工时×直接人工费用分配率

月末在产品实际工资费用＝月末在产品定额工时×直接人工费用分配率

【例 2-1-45】 某公司甲产品月初在产品费用为：直接材料 4 000 元，燃料及动力 2 600元，直接人工 2 400 元，制造费用 3 600 元。本月生产费用为：直接材料 22 000 元，燃料及动力 10 360 元，直接人工 15 600 元，制造费用 18 000 元。完工产品直接材料定额费用为 16 000 元、定额工时为 6 400 小时。月末在产品直接材料定额费用为 4 000 元、定额工时为 800 小时。完工产品与月末在产品之间，原材料费用按原材料定额费用比例分配，其他费用按定额工时比例分配。各项费用分配计算结果见表 2－1－35。

表 2－1－35　　完工产品成本和在产品成本计算表

产品名称：甲产品　　20××年 6 月　　单位：元

项目		直接材料	燃料及动力	直接人工	制造费用	合计
月初在产品	①	4 000	2 600	2 400	3 600	12 600
本月生产费用	②	22 000	10 360	15 600	18 000	65 960
生产费用累计	③＝①＋②	26 000	12 960	18 000	21 600	78 560
分配率	④＝③÷(⑤＋⑥)	1.3	1.8	2.5	3	—
完工产品定额	⑤	16 000	6 400	6 400	6 400	—
月末在产品定额	⑥	4 000	800	800	800	—
本月完工产品成本	⑦＝⑤×④	20 800	11 520	16 000	19 200	67 520
月末在产品成本	⑧＝⑥×④	5 200	1 440	2 000	2 400	11 040

从例 2－1－45 可以看出，采用定额比例法，必须取得完工产品和月末在产品的定额消耗量或定额费用资料。完工产品的原材料、工时定额消耗量，可以根据完工产品数量和单位产品材料、工时消耗定额计算求得。在产品的原材料、工时定额消耗量则需根据月末在产品盘存表或账面所列在产品结存数，乘以消耗定额计算求得。如果在产品种类和生产工序多，这项计算工作是相当繁重的。因此，可以采用简化的计算方法（倒挤法），其计算公式如下：

$$\begin{matrix}\text{月初在产品定额}\\\text{消耗量（或定额费用）}\end{matrix}+\begin{matrix}\text{本月投入的定额}\\\text{消耗量（或定额费用）}\end{matrix}-\begin{matrix}\text{本月完工产品的定额}\\\text{消耗量（或定额费用）}\end{matrix}=\begin{matrix}\text{月末在产品定额}\\\text{消耗量（或定额费用）}\end{matrix}$$

采用倒挤法计算月末在产品定额消耗量（或定额费月），必须取得本月投入生产的原材料和工时定额消耗量。该数额可以根据发料凭证所列原材料消耗定额，以及产品凭证所列产品工时定额计算求得。有了月末在产品定额资料，就能依照上述计算方法，按定额消耗量（或定额费用）的比例分配生产费用。

【例 2－1－46】　某公司丁产品月初在产品的定额原材料费用为 150 元、定额工时为 400 小时；本月投入的定额原材料费用为 850 元、定额工时为 1 400 小时。月初在产品实际费用为：直接材料 440 元，直接人工 200 元，制造费月 520 元；本月实际费用为：直接材料 1 560 元，直接人工 700 元，制造费用 2 360 元。本月完工产品的定额原材料费用为 740 元、定额工时为 1 000 小时。各项费用分配计算结果见表 2－1－36。

表 2-1-36　　完工产品成本和在产品成本计算表

产品名称：丁产品　　20××年6月　　单位：元

项目		直接材料	直接人工	制造费用	合计
月初在产品	①	440	200	520	1 160
本月生产费用	②	1 560	700	2 360	4 620
生产费用累计	③=①+②	2 000	900	2 880	5 780
分配率	④=③÷(⑦+⑧)	2	0.5	1.6	—
月初在产品定额	⑤	150	400	400	—
本月投入定额	⑥	850	1 400	1 400	—
完工产品定额	⑦	740	1 000	1 000	—
月末在产品定额	⑧=⑤+⑥-⑦	260	800	800	—
本月完工产品成本	⑨=⑦×④	1 480	500	1 600	3 580
月末在产品成本	⑩=⑧×④	520	400	1 280	2 200

采用定额比例法分配完工产品与月末在产品费用，分配结果比较准确，同时便于将实际费用与定额费用进行比较，考核和分析定额的执行情况。

六、按定额成本计算在产品成本

按定额成本计算在产品成本，是按照预先制定的定额成本计算月末在产品成本，然后从全部生产费用（月初在产品费用加上本月生产费用）中扣除月末在产品的定额成本，其余额作为完工产品成本。月末在产品实际生产费用脱离定额的差异，全部计入当月完工产品成本。这种方法适用于定额管理基础比较好，各项消耗定额或费用定额比较准确，各月在产品数量变动不大的企业。

计算月末在产品定额成本时，直接材料项目可根据在产品数量和单位在产品原材料成本定额计算，其他项目一般可根据全部产品的定额工时和各项费用的计划分配率计算。

【例 2-1-47】 某公司A产品月末在产品为150件，单件在产品定额直接材料成本为40元，全部在产品定额工时为600小时，每小时各项费用的计划分配率为：直接人工费3.2元，制造费用2.6元。假定月初在产品定额成本为3 200元，本月发生的生产费用为27 500元，则该产品的本月完工产品成本计算如下：

在产品直接材料定额成本=150×40=6 000（元）

在产品直接人工费用定额成本=600×3.2=1 920（元）

在产品制造费用定额成本=600×2.6=1 560（元）

月末在产品定额成本=6 000+1 920+1 560=9 480（元）

完工产品成本=3 200+27 500-9 480=21 220（元）

七、按完工产品成本计算在产品成本

按完工产品成本计算在产品成本与约当产量法基本相同，只是在产品的完工程度按

100% 来计算。月终时，如果在产品已经接近完工或者产品已经加工完毕但未包装或验收入库，为了简化核算手续，可以将其视同完工产品，即可以完工产品与月末在产品的实物数量为比例分配费用。

情境三　完工产品成本的结转

通过以上所述，企业生产产品所发生的各项生产费用，在各种产品之间进行了分配，在此基础上又在完工产品和月末在产品之间加以分配，计算出各种完工产品的实际成本。如果企业生产两种以上产品，应将各种产品成本明细账中完工产品成本的数字予以汇总，编制完工产品成本汇总表，据此结转完工产品成本。

【例 2-1-48】　某公司根据甲产品和乙产品成本明细账，汇总编制产成品成本汇总表，见表 2-1-37。

表 2-1-37　　**产成品成本汇总表**

20××年 6 月　　单位：元

产品名称	直接材料	燃料及动力	直接人工	制造费用	合计
甲产品	89 100	21 900	11 300	16 000	138 300
乙产品	33 020	12 124	12 600	80 050	137 794
合计	122 120	34 024	23 900	96 050	276 094

根据表 2-1-37，将完工产品成本从“基本生产成本”科目和各种产品成本明细账的贷方转入“库存商品”科目。“基本生产成本”科目的月末余额就是基本生产在产品的成本，应与所属各产品明细账中月末在产品成本之和核对相符。

根据产成品明细账和产成品成本汇总表，编制结转已完工入库产品成本的会计分录：

借：库存商品　　276 094
　贷：基本生产成本——甲产品　　138 300
　　　　　　　　——乙产品　　137 794

案例分析

某企业为大量大批单步骤生产企业。企业设有一个基本生产车间，生产甲、乙两种产品；还设有两个辅助生产车间：动力车间和机修车间。根据该企业的生产特点和管理要求，采用品种法计算生产成本。该企业 20××年 5 月有关产品成本的核算资料如下。

1. 产量资料（见表2-1-38）

表2-1-38　产量资料　单位：件

产品名称	月初在产品	本月投产	完工产品	月末在产品	完工率
甲	800	7 200	6 500	1 500	60%
乙	320	3 680	3 200	800	40%

2. 月初在产品成本（见表2-1-39）

表2-1-39　月初在产品成本　单位：元

产品名称	直接材料	直接人工	制造费用	合计
甲	8 090	5 860	6 810	20 760
乙	6 176	2 948	2 728	11 852

3. 该月发生的生产费用

(1) 材料费用。生产甲产品耗用材料6 630元，生产乙产品耗用材料5 600元，生产甲、乙产品共同耗用材料12 000元（甲产品材料消耗定额为3千克，乙产品材料消耗定额为1.8千克）。动力车间耗用材料900元，机修车间耗用材料600元，基本生产车间耗用消耗性材料1 938元。

(2) 工资费用。生产工人工资22 800元，基本生产车间管理人员工资1 824元，机修车间人员工资912元，动力车间人员工资1 026元，行政管理人员工资3 990元，职工薪酬的其他项目略。

(3) 固定资产折旧计提情况如表2-1-40所示。

表2-1-40　折旧费用分配表　单位：元

部门	固定资产名称	月折旧额
基本生产车间	设备	5 700
	厂房	4 300
	运输设备	900
小计		10 900
动力车间	设备	890
	房屋建筑物	300
小计		1 190
机修车间	房屋建筑物	780
小计		780
管理部门	运输设备	1 560
	设备	660
小计		2 220
合计		15 090

（4）本月以银行存款支付的费用如表2-1-41所示。

表2-1-41　　银行存款支付的费用

部门	成本或费用项目	金额（元）	备注
基本生产车间	水费	3 400	银付
	办公费	808	银付
	其他	4 018	现付
	小计	8 226	
动力车间	水费	2 469	银付
	电费	1 906	银付
	小计	4 375	
机修车间	水费	1 380	银付
	电费	1 226	银付
	小计	2 606	
行政管理部门	办公费	1 360	现付
	水费	4 500	银付
	其他	5 865	银付
	小计	11 725	
合计		26 932	

4. 工时记录

甲产品耗用实际工时为1 800小时，乙产品耗用实际工时为2 200小时。

5. 辅助生产数量（见表2-1-42）

表2-1-42　　辅助生产数量

受益单位	动力车间（度）	机修车间（小时）
动力车间		2 000
机修车间	600	
基本生产车间	1 000	1 500
行政管理部门	400	500
合计	2 000	4 000

6. 有关费用分配方法

（1）甲、乙产品共同耗用材料按定额耗用量比例分配。

（2）生产工人工资按甲、乙产品工时比例分配。

（3）辅助生产费用采用直接分配法。

（4）制造费用按甲、乙产品工时比例分配。

（5）按约当产量法分配计算甲、乙完工产品和月末在产品成本。甲产品耗用的材料随加工程度陆续投入，乙产品耗用的材料于生产开始时一次投入。

要求：采用品种法计算甲、乙产品成本。

根据以上资料，分析和计算如下。

1. 设置有关成本费用明细账和成本计算单

按品种设置基本生产成本明细账（见表2-1-52、表2-1-53）和成本计算单（见表2-1-50、表2-1-51），按车间设置辅助生产成本明细账（见表2-1-46、表2-1-47）和制造费用明细账（见表2-1-48），其他与成本计算无关的费用明细账，如管理费用明细账等略。

2. 要素费用的分配

根据各项生产费用发生的原始凭证和其他有关资料，编制各项要素费用分配表，分配各项要素费用。分别记入基本生产成本明细账、辅助生产成本明细账、制造费用明细账，并汇总记入有关的总账科目。

（1）根据审核无误的领料凭证，按用途编制材料费用分配表。其中，甲、乙两种产品共同耗用的材料按定额耗用量分配，分配结果见表2-1-43。

表2-1-43　　材料费用分配表

应借科目		成本或费用项目	间接计入			直接计入	合计
			定额耗用量	分配率	分配金额		
基本生产成本	甲	直接材料	21 600		9 183.67	6 630	15 813.67
	乙	直接材料	6 624		2 816.33	5 600	8 416.33
	小计		28 224	0.425 17	12 000	12 230	24 230
辅助生产成本	动力	直接材料				900	900
	机修	直接材料				600	600
	小计					1 500	1 500
制造费用	基本生产车间	直接材料				1 938	1 938
合计			28 224		12 000	15 668	27 668

计算材料费用分配率：

$$材料费用分配率=\frac{12\ 000}{21\ 600+6\ 624}=0.425\ 17$$

编制分配材料费用的会计分录：

借：基本生产成本——甲产品　　15 813.67
　　　　　　　　——乙产品　　8 416.33
　　辅助生产成本——动力车间　　900
　　　　　　　　——机修车间　　600
　　制造费用　　1 938
　贷：原材料　　27 668

（2）根据本月工资结算汇总表与社会保险费用的提取比例，编制职工薪酬分配表，如表2-1-44所示。其中，生产工人工资按甲、乙产品工时比例分配。

表 2-1-44　职工薪酬分配表

应借科目		成本费用项目	直接计入	分配计入			合计
				生产工时	分配率	应分配金额	
基本生产成本	甲产品	直接人工		1 800		10 260	10 260
	乙产品	直接人工		2 200		12 540	12 540
	小计			4 000	5.7	22 800	22 800
辅助生产成本	动力车间	工资				1 026	1 026
	机修车间	工资				912	912
		小计				1 938	1 938
制造费用		工资				1 824	1 824
管理费用		公司经费				3 990	3 990
合计						30 552	30 552

注：工资费用分配率$=\frac{22\ 800}{1\ 800+2\ 200}=5.7$。

根据职工薪酬分配表，编制会计分录如下：

借：基本生产成本——甲产品　　10 260
　　　　　　　　——乙产品　　12 540
　　辅助生产成本——机修车间　　912
　　　　　　　　——动力车间　　1 026
　　制造费用　　1 824
　　管理费用　　3 990
　贷：应付职工薪酬——工资　　30 552

(3) 计提固定资产折旧，根据表 2-1-40 编制会计分录如下：

借：辅助生产成本——机修车间　　780
　　　　　　　　——动力车间　　1 190
　　制造费用　　10 900
　　管理费用　　2 220
　贷：累计折旧　　15 090

(4) 分配本月银行存款支付费用，根据表 2-1-41 编制会计分录如下：

借：辅助生产成本——机修车间　　2 606
　　　　　　　　——动力车间　　4 375
　　制造费用　　8 226
　　管理费用　　11 725
　贷：银行存款　　21 554
　　　库存现金　　5 378

(5) 根据各要素费用分配表及编制的会计分录，登记有关基本生产成本明细账、辅助生产成本明细账和制造费用明细账。

3. 分配辅助生产费用

根据辅助生产成本明细账归集的待分配辅助生产费用和辅助生产车间本月劳务供应量（见表 2-1-42），采用直接分配法分配辅助生产费用，编制辅助生产费用分配表（见表 2-1-45）并据以登记有关生产成本明细账或成本计算单和有关费用明细账。

表 2-1-45　**辅助生产费用分配表（直接分配法）**

项目		动力车间	机修车间	合计
待分配辅助生产费用（元）		7 491	4 898	12 389
供应辅助生产以外的劳务数量		1 400	2 000	3 400
单位成本（分配率）		5.35	2.45	
基本生产车间管理	耗用数量	1 000	1 500	2 500
	分配金额	5 350.71	3 673.50	9 024.21
行政管理部门	耗用数量	400	500	900
	分配金额	2 140.29	1 224.50	3 364.79
合计		7 491	4 898	12 389

根据表 2-1-45，编制会计分录如下：

借：制造费用　　9 024.21

　　管理费用　　3 364.79

　贷：辅助生产成本——机修车间　　4 898

　　　　　　　　——动力车间　　7 491

根据上述有关资料，登记辅助生产成本明细账，如表 2-1-46、表 2-1-47 所示。

表 2-1-46　**辅助生产成本明细账**

动力车间　　单位：元

摘要	物料消耗	工资	折旧费	水电费	办公费	合计
材料费用分配表	900					900
职工薪酬分配表		1 026				1 026
其他费用汇总			1 190	4 375		5 565
合计	900	1 026	1 190	4 375	0	7 491
分配转出	−900	−1 026	−1 190	−4 375	0	−7 491

表 2-1-47　**辅助生产成本明细账**

机修车间　　单位：元

摘要	物料消耗	工资	折旧费	水电费	办公费	合计
材料费用分配表	600					600
职工薪酬分配表		912				912
其他费用汇总			780	2 606		3 386
合计	600	912	780	2 606	0	4 898
分配转出	−600	−912	−780	−2 606	0	−4 898

4. 分配制造费用

（1）根据有关会计分录（记账凭证）登记基本生产车间制造费用明细账，如表 2-1-48 所示。

表 2-1-48 制造费用明细账 单位：元

摘要	物料消耗	工资	折旧费	水电费	办公费	其他	合计
材料费用分配表	1 938						1 938
职工薪酬分配表		1 824					1 824
其他费用汇总			10 900	3 400	808	4 018	19 126
辅助费用分配表				9 024.21			9 024.21
合计	1 938	1 824	10 900	12 424.21	808	4 018	31 912.21
分配转出	−1 938	−1 824	−10 900	−12 424.21	−808	−4 018	−319 12.21

(2) 根据基本生产成本明细账和辅助生产成本明细账归集的制造费用总额，编制制造费用分配表（见表 2-1-49），并登记基本生产成本明细账和有关成本计算单。制造费用按甲、乙产品工时比例分配。

表 2-1-49 制造费用分配表

应借科目	成本项目	生产工时	分配率	分配额
基本生产成本——甲产品	制造费用	1 800		14 360.50*
基本生产成本——乙产品	制造费用	2 200		17 551.71*
合计		4 000	7.978 1*	31 912.21

注：制造费用分配率$=\dfrac{31\,912.21}{1\,800+2\,200}=7.978\,1$。标注“*”的受尾数四舍五入影响。

根据表 2-1-49，编制会计分录如下：

借：基本生产成本——甲产品 14 360.50

——乙产品 17 551.71

贷：制造费用 31 912.21

5. 在完工产品和在产品之间分配生产费用

(1) 根据各产品成本计算单归集的生产费用合计数和有关生产数量记录（见表 2-1-38），在完工产品和月末在产品之间分配生产费用。该企业本月甲产品完工入库 6 500 件，月末在产品 1 500 件；乙产品完工入库 3 200 件，月末在产品 800 件。按约当产量法分别计算甲、乙两种产品的完工产品成本和月末在产品成本。甲产品耗用的材料随加工程度陆续投入，乙产品耗用的材料于生产开始时一次投入。

(2) 根据甲、乙两种产品的月末在产品约当产量，采用约当产量法在甲、乙两种产品的完工产品和月末在产品之间分配生产费用，编制产品成本计算单，如表 2-1-50、表 2-1-51 所示。

表 2-1-50 产品成本计算单

20××年 5 月 31 日

本月完工：6 500 件

产品名称：甲 月末在产品：1 500 件

摘要	直接材料	直接人工	制造费用	合计
月初在产品成本	8 090	5 860	6 810	20 760
本月生产费用	15 813.67	10 260	14 360.50	40 434.17

续前表

摘要	直接材料	直接人工	制造费用	合计
生产费用合计	23 903.67	16 120	21 170.50	61 194.17
月末在产品成本	2 907.20	1 960.54	2 574.79	7 442.53
完工产品总成本	20 996.47	14 159.46	18 595.71	53 751.64
单位成本	3.23	2.18	2.86	8.27

在表 2-1-50 中，月末在产品成本计算过程如下：

$$月末在产品直接材料成本=\frac{23\ 903.67}{6\ 500+1\ 500\times 60\%}\times 900=2\ 907.20（元）$$

$$月末在产品直接人工成本=\frac{16\ 120}{6\ 500+1\ 500\times 60\%}\times 900=1\ 960.54（元）$$

$$月末在产品制造费用=\frac{21\ 170.50}{6\ 500+1\ 500\times 60\%}\times 900=2\ 574.79（元）$$

根据表 2-1-50，结转完工甲产品成本，编制会计分录如下：

借：库存商品——甲产品　　53 751.64

　贷：基本生产成本——甲产品　　53 751.64

表 2-1-51

产品成本计算单

20××年 5 月 31 日

产品名称：乙　　本月完工：3 200 件　月末在产品：800 件

摘要	直接材料	直接人工	制造费用	合计
月初在产品成本	6 176	2 948	2 728	11 852
本月生产费用	8 416.33	12 540	17 551.71	38 508.04
生产费用合计	14 592.33	15 488	20 279.71	50 360.04
月末在产品成本	2 918.47	1 408	1 843.61	6 170.08
完工产品总成本	11 673.86	14 080	18 436.10	44 189.96
单位成本	3.65	4.40	5.76	13.81

在表 2-1-51 中，月末在产品成本计算过程如下：

$$月末在产品直接材料成本=\frac{14\ 592.33}{3\ 200+800}\times 800=2\ 918.47（元）$$

$$月末在产品直接人工成本=\frac{15\ 488}{3\ 200+800\times 40\%}\times 320=1\ 408（元）$$

$$月末在产品制造费用=\frac{20\ 279.71}{3\ 200+800\times 40\%}\times 320=1\ 843.61（元）$$

完工产品的成本可以采用“倒挤”的方法计算：

完工产品直接材料成本＝14 592.33－2 918.47＝11 673.86（元）

完工产品直接人工成本＝15 488－1 408＝14 080（元）

完工产品制造费用＝20 279.71－1 843.61＝18 436.10（元）

根据表 2-1-51，结转完工乙产品成本，编制会计分录如下：

借：库存商品——乙产品　　　　　　　　　　　　　　44 189.96

　贷：基本生产成本——乙产品　　　　　　　　　　　　　44 189.96

（3）根据有关记账凭证登记基本生产成本明细账，如表 2-1-52、表 2-1-53 所示。

表 2-1-52　　　　**基本生产成本明细账**

产品：甲　　　　20××年 5 月　　　　单位：元

月	日	摘要	直接材料	直接人工	制造费用	合计
5	1	月初在产品成本	8 090	5 860	6 810	20 760
5	31	材料费用分配表	15 813.67			15 813.67
5	31	职工薪酬分配表		10 260		10 260
5	31	制造费用分配表			14 360.50	14 360.50
5	31	合计	23 903.67	16 120	21 170.50	61 194.17
5	31	完工产品成本转出	−20 996.47	−14 159.46	−18 595.71	−53 751.64
5	31	月末在产品成本	2 907.20	1 960.54	2 574.79	7 442.53

表 2-1-53　　　　**基本生产成本明细账**

产品：乙　　　　20××年 5 月　　　　单位：元

月	日	摘要	直接材料	直接人工	制造费用	合计
5	1	月初在产品成本	6 176	2 948	2 728	11 852
5	31	材料费用分配表	8 416.33			8 416.33
5	31	职工薪酬分配表		12 540		12 540
5	31	制造费用分配表			17 551.71	17 551.71
5	31	合计	14 592.33	15 488	20 279.71	50 360.04
5	31	完工产品成本转出	−11 673.86	−14 080	−18 436.10	−44 189.96
5	31	月末在产品成本	2 918.47	1 408	1 843.61	6 170.08

任务五　成本报表的编制与分析

情境一　成本报表概述

一、成本报表的概念及作用

（一）成本报表的概念

会计报告体系可以反映企业一定时日的经营成果和财务状况信息，从而满足企业内外各方了解、分析、考核企业经济效益的需要。企业会计报表分为两大类：一类为向外报送的会计报表，如资产负债表、损益表、现金流量表，其具体格式和编制说明由《企业会计准则》做出规定；另一类为企业内部管理需要的报表，如成本报表等，其具体种类、格式由企业自行规定。

成本报表是会计报表体系的重要组成部分，是根据成本管理的需要，依据日常成本核算资料和其他有关资料定期编制，用以反映和监督企业一定时期产品成本水平和构成情况，以及有关各项费用支出情况的一种报告文件，是成本会计的一项重要内容。

（二）成本报表的作用

正确及时地编制成本报表是成本会计的一项重要内容。成本报表对于加强企业内部经营管理，不断提高企业经济效益有着重要的作用。具体体现在以下四个方面：

（1）成本报表反映了报告期内的产品成本水平。产品成本是反映企业生产经营质量的一项重要的综合性指标。在企业的生产经营活动中，材料、燃料和动力消耗的多少，设备利用得好坏，劳动生产率的高低，产品产量的增减和质量的优劣，资金周转的快慢，管理工作效率的高低等，最终都要直接或间接地反映到产品成本上来，通过成本报表资料能及时发现产品成本升降的原因，寻求降低产品成本的途径。

（2）成本报表能综合考核企业成本计划的完成情况。成本计划是企业计划管理的有机组成部分，是企业实现目标成本和目标利润的保证。成本报表提供了有关实际成本水平的资料，通过它与成本计划所确定的成本目标相比较，可以了解成本计划的完成情况，为考核成本计划的完成情况提供可靠依据。利用成本报表信息，还可以明确各有关部门和个人执行成本计划或预算的成绩和责任。

（3）编制成本报表有利于分析企业成本管理中存在的问题。产品成本是一项综合性指标，影响其高低的因素是多方面的，如企业各种材料、燃料和动力消耗的多少，设备利用得好坏等。通过成本报表可以了解影响企业产品成本高低的因素有哪些，在这些因素中哪些是主要的，哪些是次要的；哪些方面取得了成绩，哪些方面还存在着问题等，从而抓住主要矛盾，有针对性地采取措施解决在成本管理中存在的问题，进一步挖掘企业降低成本的潜力，提高企业成本管理水平。

（4）成本报表为企业编制成本计划提供了依据。计划年度的成本计划是在报告年度产品成本实际水平的基础上结合报告年度成本执行情况，考虑计划年度中可能出现的各种情况而制定的，所以本期报表所提供的资料可以作为企业进行成本预测、决策、编制成本计划的重要依据，并能为企业降低成本水平指出方向。企业的各级管理部门可从成本报表中了解成本计划的执行情况，各成本项目的变动趋势和成本降低任务的完成情况，及时指出经营管理中存在的缺陷，以便采取相应的改进措施。

二、成本报表的分类

成本报表作为企业的一种内部管理报表，它的种类、项目、格式和编制方法都是由企业根据自身生产经营的特点和内部管理的要求自行确定的。企业编制的成本报表可随成本策略的调整而随时进行修改和调整，具有较大的灵活性和多样性。因此，不仅各企业的成本报表内容不尽相同，而且同一企业在不同时期也可能会要求编制不同的成本报表。为了充分又正确地认识和理解各有关成本报表，有必要对其进行科学的分类。依据不同的标准，成本报表可分为不同的种类。

（一）按反映的经济内容分类

成本按其反映的经济内容，可以分为反映成本执行情况的报表、反映费用支出情况的报表和反映生产经营情况的报表。

1. 反映成本执行情况的报表

反映成本执行情况的报表主要有产品生产成本表和主要产品单位成本表，主要反映报告期内企业各种产品的实际成本水平。通过本期实际成本与前期平均成本、本期计划成本的比较，可以了解企业成本计划的完成情况。

2. 反映费用支出情况的报表

反映费用支出情况的报表主要有制造费用明细表等，主要反映企业在报告期内某些费用支出的总额及构成情况。通过这类报表，可以分析费用支出的合理程度及变化趋势，有利于企业制定费用预算，考核费用的实际完成情况。

3. 反映生产经营情况的报表

反映生产经营情况的报表属于反映企业某项专项成本、费用情况或成本管理中某些专题情况的报表，通常有生产情况表、材料耗用表、材料价格差异分析表等，主要反映企业在报告期内某些费用、成本具体支出的总额及构成情况。

（二）按编制的时间分类

成本报表在报送内容上不像财务报表那样规范，并且在报送时间上具有很大的灵活性，主要成本报表可按编报时间分为定期成本报表和不定期成本报表。

1. 定期成本报表

定期成本报表是指按规定期限编报的、反映企业有关成本情况的报表。按报送期限长短不同，可分为年报、季报、月报、旬报、周报、日报和班报。定期成本报表一般按月、季、年来编制，为及时反馈某些重要的成本信息，以便管理部门采取相应对策，也可按旬、周、日乃至工作班组编制。产品生产成本表、主要产品单位成本表、制造费用成本明细表等都是定期成本报表。

2. 不定期成本报表

不定期成本报表是针对成本管理中出现的某些问题或急需解决的问题而随时按要求编制的成本报表。如针对发生异常的成本差异，将信息反馈给有关部门而编制的成本费用报表。

（三）按编制的范围分类

成本报表按编制的范围划分，可分为企业成本报表、车间成本报表和班组成本报表等。一般来说，产品生产成本表、主要产品单位成本表等都是企业成本报表，制造费用明细表、生产情况表既可以是企业成本报表，也可以是车间成本报表。

根据上述分类，以工业企业为例，成本报表通常包括产品生产成本表、主要产品单位成本表、制造费用明细表、期间费用明细表，如图 2－1－2 所示。

以下成本报表的编制和分析以工业企业的成本报表为例。

三、成本报表的特点

首先，成本报表是以服务于企业内部经营管理为目的的报表，一般不受外界的影响。报表的种类、格式、编制时间、报送程序、报告范围都由企业自行规定，并且随着生产条件的变化和管理要求的提高，可以随时修改和调整，因而成本报表具有较大的灵活性和多样性。

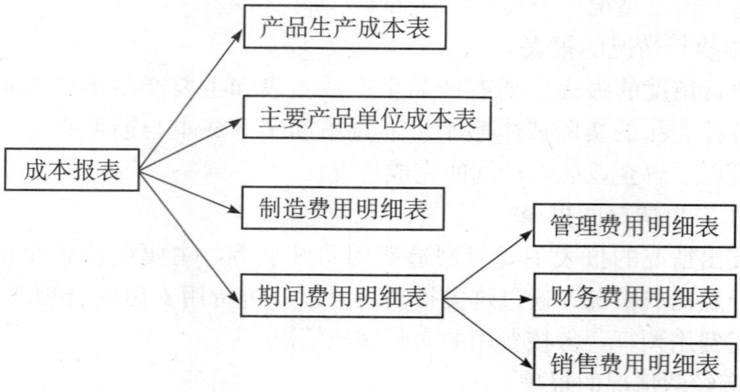

图 2－1－2　工业企业成本报表的主要内容

其次，成本报表与企业特定的生产环境、生产工艺特点、技术构成和生产组织形式有着密切的关系，因此，不同企业的成本报表会存在差异。

再次，成本报表的会计核算资料综合性比较强，具有及时性与灵活性。如对材料成本，既要从价格上反映，又要从消耗量上反映；不仅要设置货币指标，还要反映数量指标。成本报表需要同时满足各级管理部门、生产部门对成本管理的需要，不仅要提供事后分析资料，还要提供事前计划、事中控制所需要的大量信息，企业管理决策的变化必然影响成本和费用，而且是最先通过成本报表反映出来的。

最后，成本报表在企业内部具有自身可比性。企业的对外报表，由于提供的是综合的资产负债情况、损益情况和现金流量变动情况，因而可以在同行业之间进行比较，但成本报表由于其自身的灵活性和不公开性，从形式到内部都受制于企业的生产特点和要求，不同企业之间难以通过成本报表进行相互对比。相反，在企业内部，由于相同成本报表的各项经济含义相同，因此在成本报表中可以反映本期、上期、同期计划等内容，以便进行对比考核，降低成本费用水平，提高企业经济效益。

四、成本报表的编制要求

成本报表除了遵守会计报表的一般要求外，还应结合企业生产经营的特点和成本管理的要求，遵守下述几方面的要求，以使成本报表能够在企业生产经营管理活动中发挥出应有的作用。

（一）考虑报表的专题性

虽然成本报表反映的是企业成本的全貌，但作为企业内部管理的报表，专题性是应主要考虑的内容。专题性是指成本报表的设计必须满足成本管理对某一方面的需要，重点反映成本管理的关键问题。对成本形成有重大影响和费用发生集中的部门，应单独编制有关成本报表，以提供充分的成本信息，使成本报表的编制取得理想效果。比如，产品生产成本表一般按产品品种反映，但也可以根据成本管理的需要，按成本项目反映，而为了突出反映和考核的主要生产部门，也可以设置生产部门的产品生产成本表。

（二）注意报表格式的针对性

成本报表格式的设计，要能针对某一具体业务的特点及存在的问题，突出重点，简明扼要，要避免格式繁杂，计算烦琐。

（三）保证报表指标内容的实用性

成本报表的指标设计应以满足企业内部成本管理的需要为标准，既可用完全成本进行反映，也可按变动成本和固定成本进行反映，还可考虑将成本指标与生产工艺规程及各项定额对照，以便从最原始的资料入手，分析成本升降的原因，挖掘降低产品成本的潜力。比如，产品生产成本表可以根据企业管理的需要和成本核算的特点，按全部成本或固定成本和变动成本反映产品成本情况。

（四）做到编制的及时性

成本报表虽然为企业内部经营管理所用，不受外部报表规定的限制，但为了反映成本计算和预算的执行情况，也要定期按月、季、年编制，以便为企业编制成本计划提供必要的成本信息。在日常核算过程中，为了及时将成本信息反馈给有关部门，以便及时了解生产成本的变化情况和发展趋势，并采取相应的措施，加强控制，降低成本水平，还需要编制以旬报、周报、日报甚至班报为形式的不定期成本报表，以满足企业对生产经营进行全面控制的需要。

情境二　成本报表的编制

一、产品生产成本表的编制

产品生产成本表是反映企业在报告期内生产的全部产品总成本和单位成本及成本计划完成情况的报表。编制产品生产成本表，必须从四个方面获得数据资料：一是成本费用明细账报告期的实际发生额；二是以前时期的会计报表资料；三是报告期成本费用计划；四是企业内部基层报表和统计资料。

产品生产成本表可以从以下两个不同的角度进行编制。

（一）按产品种类反映

1. 产品生产成本表（按产品种类反映）的结构

按产品种类反映的产品生产成本表，是按产品种类汇总反映企业在报告期内生产的全部产品的单位成本和总成本的报表。

编制按产品种类反映的产品生产成本表，旨在分析和考核各种产品和全部产品本月和本年累计的成本计划执行结果，对各种产品成本和全部产品成本的节约或超支情况进行一般的评价；分析和考核各种可比产品和全部可比产品本月和本年累计的成本与上年相比的升降情况；分析和考核可比产品成本降低计划的执行情况，促使企业采取措施，不断降低产品成本。此外，还可以为进一步进行产品单位成本分析指明方向。

产品生产成本表（按产品种类反映）可以分为实际产量、单位成本、本月总成本和本年累计总成本四个部分，表中分可比产品和不可比产品两大类，主要产品还应按产品品种分别反映。所谓可比产品，是指企业过去正式生产过的产品；所谓不可比产品，是指企业本年度初次生产的新产品。

2. 产品生产成本表（按产品种类反映）的编制

【例 2-1-49】　大江公司 20××年 12 月的产品生产成本表（按产品种类反映）如表 2-1-54 所示。

表 2-1-54

产品生产成本表（按产品种类反映）

编制单位：大江公司　　20××年12月　　单位：元

产品名称	实际产量			单位成本				本月总成本			本年累计总成本		
	计量单位	本月	本年累计	上年实际平均	本年计划	本月实际	本年累计实际平均	按上年实际平均单位成本计算	按本年计划单位成本计算	本期实际	按上年实际平均单位成本计算	按本年计划单位成本计算	本年实际
		①	②	③	④	⑤=⑨÷①	⑥=⑫÷②	⑦=①×③	⑧=①×④	⑨	⑩=②×③	⑪=②×④	⑫
可比产品（件）合计		—	—	—	—	—	—	19 400	19 100	18 850	270 000	266 000	267 900
其中：甲		50	500	84	82	83	81	4 200	4 100	4 150	42 000	41 000	40 500
乙		20	300	760	750	735	758	15 200	15 000	14 700	228 000	225 000	227 400
不可比产品(件)合计		—	—	—	—	—	—	—	2 110	2 119	—	23 550	23 820
其中：丙		8	70		125	128	126	—	1 000	1 024	—	8 750	8 820
丁		3	40		370	365	375	—	1 110	1 095	—	14 800	15 000
全部商品产品成本		—	—	—	—	—	—	—	21 210	20 969	—	289 550	291 720

补充资料（本年累计实际数）：

①可比产品成本降低额为2 100元（本年计划降低额为2 800元）。

②可比产品成本降低率为0.777 8%（本年计划降低率为1.508 6%）。

③按现行价格计算的商品产值为921 000元。

④产值成本率为31.67元/百元（本年计划产值成本率为31元/百元）。

该表的填列方法如下：

(1)“实际产量”栏：各种产品的本月实际产量应根据相应的生产成本计算单或产成品明细账记录填列；本年累计实际产量应根据本月实际产量，加上上月本表的本年累计实际产量计算后填列。

(2)“单位成本”栏：上年实际平均单位成本反映可比产品去年平均单位成本，可根据上年 12 月的本表的本年累计实际平均单位成本填列；本年计划单位成本反映各种主要产品的本年计划单位成本，应根据年度成本计划的有关数字填列；本月实际单位成本根据该产品本月总成本和总产量求得。计算公式如下：

$$\text{某产品本月实际单位成本}=\text{某产品本月实际总成本}\div\text{某产品本月实际产量}$$

$$\begin{matrix}\text{某产品本年累计实际}\\\text{平均单位成本}\end{matrix}=\begin{matrix}\text{某产品本年累计}\\\text{实际总成本}\end{matrix}\div\begin{matrix}\text{某产品本年累计}\\\text{实际总产量}\end{matrix}$$

(3)“本月总成本”栏：本月实际总成本可根据各种产品成本汇总表填列；其他两项均根据本表中各种产品本月实际产量分别乘以上年实际平均单位成本和本年计划单位成本计算填列。

(4)“本年累计总成本”栏：本年实际累计总成本应根据上月本表本栏与本月本表实际总成本栏之和填列；其他两项均根据本表中各种产品本年累计产量分别乘以上年实际平均单位成本和本年计划单位成本计算填列。

由于不可比产品过去没有正式生产过，无成本资料可以比较，因而凡有关“上年实际平均单位成本”的栏目，不可比产品均不填列。

(5)补充资料部分：

1) 可比产品成本降低额。该指标是指可比产品累计实际总成本比按上年实际平均单位成本计算的累计总成本降低的数额，超支额用负数表示。计算公式为：

$$\begin{aligned}\begin{matrix}\text{可比产品}\\\text{成本降低额}\end{matrix}&=\begin{matrix}\text{可比产品按上年实际平均}\\\text{单位成本计算的本年累计总成本}\end{matrix}-\begin{matrix}\text{可比产品本年累计}\\\text{实际总成本}\end{matrix}\\&=270\ 000-267\ 900=2\ 100\ (\text{元})\end{aligned}$$

2) 可比产品成本降低率。该指标是指可比产品成本降低额与可比产品按上年实际平均单位成本计算的本年累计总成本的比率，超支率用负数表示。计算公式为：

$$\begin{aligned}\begin{matrix}\text{可比产品}\\\text{成本降低率}\end{matrix}&=\begin{matrix}\text{可比产品}\\\text{成本降低额}\end{matrix}\div\begin{matrix}\text{可比产品按上年实际平均单位成本}\\\text{计算的本年累计总成本}\end{matrix}\times100\%\\&=2\ 100\div270\ 000\times100\%=0.777\ 8\%\end{aligned}$$

本年可比产品成本计划降低率为 1.508 6%、计划降低额为 2 800 元，根据可比产品成本降低计划填列。

3) 按现行价格计算的商品产值。根据有关的统计资料填列。

4) 产值成本率。该指标是指产品总成本与商品产值的比率，通常以每百元商品产值总成本表示。计算公式为：

$$\begin{aligned}\text{产值成本率（元/百元）}&=\text{产品总成本}\div\text{商品产值}\times100\\&=291\ 720\div921\ 000\times100=31.67\ (\text{元/百元})\end{aligned}$$

(二) 按成本项目反映

按成本项目编制的产品生产成本表，汇总反映企业在报告期发生的全部生产费用和全部产品总成本。利用此表可以定期、总括地考核和分析企业全部生产费用和全部产品总成本计划的完成情况，对企业成本工作从整体上进行评价，并为进一步分析指明方向。

【例 2-1-50】 大江公司 20××年 12 月的产品生产成本表（按成本项目反映）如表 2-1-55 所示。

表 2-1-55 **产品生产成本表（按成本项目反映）**

编制单位：大江公司 20××年 12 月 单位：元

项目	本年计划数	本月实际数	本年累计实际数
生产费用			
直接材料	132 061	9 490	136 770
直接人工	63 158	4 036	61 110
制造费用	91 871	6 623	93 120
生产费用合计	287 090	20 149	291 000
加：在产品、自制半成品期初余额	14 610	2 980	17 880
减：在产品、自制半成品期末余额	12 150	2 160	17 160
产品生产成本合计	289 550	20 969	291 720

表 2-1-55 分为生产费用和产品生产成本两部分。生产费用部分按成本项目反映；产品生产成本部分是在生产费用合计的基础上，加减期初、期末在产品和自制半成品余额反映产品生产成本合计数。生产费用和产品生产成本可以按本年计划数、本月实际数和本年累计实际数分栏反映，以便于分析利用。如果可比产品单列，还可以增设“上年实际数”栏。

表内各项目填列方法为：由于产品包括可比产品和不可比产品，所以此表只能设“本年计划数”“本月实际数”“本年累计实际数”三栏，而不设“上年实际数”栏。本年计划数应根据成本计划的有关资料填列；“本月实际数”一栏，按成本项目反映的各种生产费用数，应根据各种产品成本明细账所记本月生产费用合计数，按成本项目分别汇总填列；本年累计实际数应根据本月实际数，加上上月本表的“本年累计实际数”栏计算填列；期初、期末在产品和自制半成品余额，应根据各种产品成本明细账的期初、期末在产品成本和各种自制半成品明细账的期初、期末余额分别汇总填列。以生产费用合计数加（减）在产品、自制半成品期初、期末余额，即可计算出产品生产成本合计数。

二、主要产品单位成本表的结构与编制

（一）主要产品单位成本表的结构

主要产品是指企业经常生产、在企业产品中所占比重较大、能概括反映企业生产经营面貌的那些产品。

主要产品单位成本表是反映企业在报告期内生产的各种主要产品单位成本水平和构成情况的报表。该表应按主要产品分别编制，是对全部产品生产成本表所列各种主要产品成本的补充说明。利用此表，可以按照成本项目分析和考核主要产品单位成本计划的执行情况；可以按照成本项目将本月实际和本年累计实际平均单位成本，与上年实际平

均单位成本和历史先进水平进行对比，了解单位成本的变动情况；可以分析和考核各种主要产品的主要技术经济指标的执行情况，进而查明主要产品单位成本升降的具体原因。

主要产品单位成本表可以分设表首、产品单位成本和主要技术经济指标三部分。表首列示主要产品的名称、规格、计量单位、销售单价、本月实际产量和本年累计实际产量等；产品单位成本按成本项目列示，并分别反映历史先进水平、上年实际平均、本年计划、本年实际和本年累计实际平均的单位成本；主要技术经济指标部分列示原材料、主要材料、燃料、动力和工时的消耗量。

（二）主要产品单位成本表的编制

【例 2-1-51】 大江公司甲产品的单位成本表的格式和内容见表 2-1-56。

表 2-1-56　主要产品单位成本表

大江公司　　20××年 12 月　　本月计划产量：18 件

本月实际产量：20 件

产品名称：甲　　计量单位：件　　本年累计计划产量：200 件

产品规格：××　　销售单价：850 元　　本年累计实际产量：300 件

成本项目		历史先进水平 19××年	上年实际平均	本年计划	本月实际	本年累计实际平均
直接材料		470	480	480	475	482
直接人工		81	86	82	75	76
制造费用		177	194	188	185	200
产品单位成本		728	760	750	735	758
主要技术经济指标	计量单位	耗用量	耗用量	耗用量	耗用量	耗用量
A 材料	千克	19	21	20	18	18
B 材料	千克	32	33	32	30	34

表中各项数字填列方法如下：

（1）产量和销售单价。本月计划产量及本年累计计划产量应根据生产计划填列；本月实际产量及本年累计实际产量应根据产品成本明细账或产成品成本汇总表填列；销售单价应根据产品定价表填列。

（2）产品单位成本。历史先进水平应根据历史上该种产品成本最低年度本表的实际平均单位成本填列；上年实际平均成本应根据上年度主要产品单位成本表累计实际平均单位成本填列；本年计划单位成本应根据本年度成本计划填列；本月实际单位成本应根据产品成本明细账或产品成本汇总表填列；本年累计实际平均单位成本应根据该种产品成本明细账所记自年初起至报告期末止完工入库产品实际总成本除以累计实际产量计算填列。

表 2-1-56 中，上年实际平均、本年计划、本月实际和本年累计实际平均的单位成本，应与全部产品生产成本表（按产品种类反映）该种产品相应的单位成本核对相符。

（3）主要技术经济指标。反映主要产品每单位产量所消耗的主要原材料、燃料、动力、工时等的数量，根据有关业务技术核算资料填列。

三、制造费用明细表的结构与编制

（一）制造费用明细表的结构

制造费用明细表是反映企业在一定时期内为组织和管理生产所发生的各项制造费用总额及其构成情况的成本报表。利用该报表，可以按费用项目分析制造费用计划的执行情况，分析制造费用超支或节约的原因，从而寻求降低产品成本的方法；还可以分析制造费用的构成及增减变动的情况，为编制制造费用计划和预测未来的费用水平提供依据。制造费用明细表的结构包括每个费用项目的本年计划数、上年实际数、本月实际数和本年累计实际数。

（二）制造费用明细表的编制

【例 2-1-52】 大江公司的制造费用明细表如表 2-1-57 所示。

表 2-1-57 **制造费用明细表**

编制单位：大江公司 20××年 12 月 单位：元

费用项目	行次	本年计划数	上年实际数	本月实际数	本年累计实际数
工资	1	8 000	7 900	500	8 100
职工福利费	2	1 120	1 260	90	1 030
折旧费	3	10 000	9 600	500	8 250
租赁费	4	800	1 000	500	8 100
修理费	5	8 000	7 500	400	7 500
机物料消耗	6	1 500	1 550	80	1 490
低值易耗品摊销	7	1 100	1 140	100	1 050
取暖费	8	3 100	3 000	250	3 000
水电费	9	5 200	5 600	250	4 500
办工费	10	7 000	7 080	500	5 600
差旅费	11	4 000	5 000	340	3 600
运输费	12	6 000	6 100	300	5 100
保险费	13	2 100	1 950	110	1 800
设计制图费	14	1 500	1 400	100	1 200
试验检验费	15	9 000	8 500	600	8 500
劳动保护费	16	3 000	2 900	203	2 800
季节性、修理期间的停工损失	17	—	—	—	—
其他	18	20 451	21 000	180	21 500
合计	19	91 871	92 480	5 003	93 120

制造费用明细表应根据制造费用明细账、本年计划以及上年同期该表等资料编制。制造费用明细表中各项目的填列方法如下：

（1）“费用项目”栏：根据规定项目列出。

（2）“本年计划数”栏各项数字：根据制造费用年度计划每个费用项目计划数填列。

(3)“上年实际数”栏各项数字：根据上年本表的“本年累计实际数”栏填列。如果表内所列费用项目与上年度的费用项目在名称或内容上不相一致，应对上年度的各项数字按照本年度表内项目及包括的内容进行调整。

(4)“本月实际数”栏各项数字：根据制造费用明细账的本月合计数填列。

(5)“本年累计实际数”栏各项数字：反映企业自年初起至编报月末止的累计实际数，根据制造费用明细账的有关记录填列。

四、期间费用明细表的编制

(一) 管理费用明细表的编制

管理费用明细表一般在纵栏列示费用项目，横栏反映各项费用的本年计划数、本月实际数、上年实际数和本年累计实际数等指标，如表 2-1-58 所示。

表 2-1-58　管理费用明细表

编制单位：某公司　　20××年 12 月　　单位：元

费用项目	本年计划数	本月实际数	上年实际数	本年累计实际数
工资及福利费	219 450	17 670	213 750	237 120
折旧费	18 700	1 350	16 200	14 350
保险费	3 250	220	2 620	3 170
税金	23 900	2 430	29 250	24 895
差旅费	56 800	6 100	82 965	41 260
办公费	27 650	2 540	35 300	22 345
水电费	12 750	1 200	15 600	10 560
修理费	38 800	3 630	47 800	21 480
物料消耗	26 000	2 380	32 400	14 300
运输费	61 750	4 740	68 950	53 498
业务招待费	45 000	3 650	67 870	32 045
坏账损失	1 450	—	2 350	950
其他管理费用	26 800	4 170	42 670	17 804
合计	562 300	50 080	657 725	493 777

管理费用明细表中各项目的填列方法如下：

(1)“费用项目”栏：根据规定项目列出。

(2)“本年计划数”栏各项数字：根据企业的年度管理费用计划填列。

(3)“本月实际数”栏各项数字：根据管理费用明细账本月发生额填列。

(4)“上年实际数”栏各项数字：根据上年本表的“本年累计实际数”栏填列。

(5)“本年累计实际数”栏各项数字：根据管理费用明细账自年初起至本月末止的累计发生额填列。

(二) 财务费用明细表的编制

财务费用明细表一般在纵栏列示费用项目，横栏反映各项费用的本年计划数、上年实际数、本月实际数和本年累计实际数等指标，如表 2-1-59 所示。

表 2-1-59 财务费用明细表

编制单位：某公司 20××年 12 月 单位：元

费用项目	本年计划数	上年实际数	本月实际数	本年累计实际数
利息净支出	14 840	15 280	1 248	14 480
汇兑净损失	3 920	4 896	408	3 860
金融机构手续费	4 560	5 744	276	4 292
其他财务费用	2 360	2 900	240	2 240
合计	25 680	28 820	2 172	24 872

财务费用明细表中各项目的填列方法如下：

(1)“费用项目”栏：根据规定项目列出。

(2)“本年计划数”栏各项数字：根据企业的年度财务费用计划填列。

(3)“上年实际数”栏各项数字：根据上年本表的“本年累计实际数”栏填列。

(4)“本月实际数”栏各项数字：根据财务费用明细账本月发生额填列。

(5)“本年累计实际数”栏各项数字：根据财务费用明细账自年初起至本月末止的累计发生额填列。

(三) 销售费用明细表的编制

销售费用明细表一般在纵栏列示费用项目，横栏反映各项费用的本年计划数、上年实际数、本月实际数和本年累计实际数等指标，如表 2-1-60 所示。

表 2-1-60 销售费用明细表

编制单位：某公司 20××年 12 月 单位：元

费用项目	本年计划数	上年实际数	本月实际数	本年累计实际数
装卸费	8 550	9 650	690	6 450
包装费	5 300	5 876	456	4 200
保险费	6 400	4 680	420	7 250
广告费	17 650	15 760	1 360	19 600
展览费	46 800	55 600	4 010	34 640
其他	23 200	26 780	1 960	32 560
合计	107 900	118 346	8 896	104 700

销售费用明细表中各项目的填列方法如下：

(1)“费用项目”栏：根据规定项目列出。

(2)“本年计划数”栏各项数字：根据企业的年度销售费用计划填列。

(3)“上年实际数”栏各项数字：根据上年本表的“本年累计实际数”栏填列。

(4)“本月实际数”栏各项数字：根据销售费用明细账本月发生额填列。

(5)“本年累计实际数”栏各项数字：根据销售费用明细账自年初起至本月末止的累计发生额填列。

情境三 成本报表的分析

一、成本报表分析概述

(一) 成本报表分析的意义

成本分析是成本管理的重要组成部分。成本分析贯穿于成本管理的全过程，包括事前成本预测分析、事中成本控制分析及事后分析。成本报表分析属于事后分析。由于成本报表是成本信息的主要载体，因此成本分析主要是对成本报表中提供的成本信息做进一步分析。

成本报表分析就是运用一定方法对成本报表的数据及有关资料进行加工处理，查明成本升降的各因素及其相互作用，确定各因素对成本的影响程度，挖掘降低成本的潜力。

通过成本报表分析，可以对企业成本计划的执行情况进行有效的控制，并对成本计划的执行结果进行评价；可以提示存在的问题和差距，促使企业寻求降低成本的途径和方法；可以认识和掌握成本变动的规律性，总结成本管理的经验和教训，提高企业成本管理水平，从而提高企业的经济效益；可以为编制下期成本计划提供依据。

（二）成本报表分析的一般程序

1. 正确地收集、整理成本分析资料

进行成本报表分析，首先必须占有资料，掌握情况，这是正确进行分析的基础。为了全面、系统地分析成本报表，必须占有详细的资料，包括成本报表资料和其他有关计划、统计、业务技术资料等。收集资料要实事求是，并进行必要的审核和整理，去伪存真。只有根据客观、相关的资料和情况进行分析，才能得出正确的、有指导意义的结论。

2. 报表整体分析

分析成本报表，应从全部产品生产成本计划和各项费用计划完成情况的总评价开始，然后对影响成本计划完成情况的因素逐步进行深入、具体地分析。从总评价开始，可以防止片面性，并从复杂的影响因素中找出需要进一步分析的问题。但是，分析不能停留在对成本总体指标计划完成情况的总评价上。为了弄清成本升降的具体原因，具体评价企业成本工作，还必须在总评价的基础上，根据总括分析中发现的问题，对重点产品的单位成本及其成本项目或重点费用项目进行深入具体的分析，这样做也是为了防止分析片面化、一般化。

3. 成本指标分析

在分析成本指标实际脱离计划差异的过程中，要研究确定影响指标变动的各种因素。为了不使分析结果成为大量现象的罗列，必须将这些因素进行归类，并采用数量分析方法，从量上确定各类因素的影响程度，然后通过比较从中确定起决定作用的主要因素。

4. 基本因素分析

相互联系地研究生产技术、生产组织和经营管理等方面的情况，查明各种因素变动的原因，以便采取措施降低产品成本和节约费用开支。

5. 以全面、发展的观点对企业成本工作进行评价

在市场经济条件下，评价企业成本工作的优劣不能只看是否完成计划、是否达到企业的目标，还要联系竞争对手，分析企业在市场竞争中是否具有优势。另外，社会经济和企业经济的运行过程都在不断发展变化，因此不能用静止的观点进行分析，要用战略、发展的眼光把企业的工作与社会发展的要求联系起来考虑。也就是说，既要立足现在，又要放眼未来，要注意企业内部条件和外部环境的变化对企业成本工作的影响，正确处理短期经济效益和长期经济效益的关系。

二、成本报表分析的基本方法

成本报表分析的方法有很多，有一般分析法和具体分析法、定性分析和定量分析、单项分析与综合分析。这里我们主要采用会计、统计和数学的知识，进行数量分析。

（一）比较分析法

比较分析法是指通过指标对比，从数量上确定差异的一种分析方法。其主要作用在于揭示客观上存在的差距，并为进一步分析指明方向。对比分析的基数由于分析的目的不同而有所不同，实际工作中，通常有以下几种形式：

（1）以成本的实际指标与成本的计划或定额指标对比，分析成本计划或定额的完成情况。

（2）以本期实际成本指标与前期（上期、上年同期或历史最高水平）的实际成本指标对比，观察企业成本指标的变动情况和变动趋势，了解企业生产经营工作的改进情况。

（3）以企业实际成本指标（或某项技术经济指标）与国内外同行业先进指标对比，可以在更大的范围内找出差距，推动企业改进经营管理。

比较分析法只适用于同质指标的数量对比。因此，应用此法时要注意对比指标的可比性。为了使对比的指标具有可比性，可以将对比的指标作必要的调整换算。如对比费用指标，可以先将随产量变动而变化的费用计划指标按产量增减幅度进行调整，然后再同实际进行对比。与以前各期资料对比，可以按不变价格（即按规定的某年价格）换算，或按物价、收费率等变动情况调整某些指标。但应注意，要防止将指标的可比性绝对化。

比较分析法是经济分析中被广泛应用的一种分析方法。对比的范围越广泛，就越能发现差距，越有利于企业挖掘潜力，学习和推广先进经验。

【例 2-1-53】 某公司 20××年年末进行成本分析时，编制的成本对比分析表如表 2-1-61 所示。

表 2-1-61 成本对比分析表

编制单位：某公司　　20××年 12 月　　单位：元

项目	计划成本	本年实际成本	差异额	差异率
甲	350 000	360 000	+10 000	2.86%
乙	750 000	730 000	−20 000	−2.67%
丙	430 000	410 000	−20 000	−4.65%
合计	1 530 000	1 500 000	−30 000	−1.96%

（二）比率分析法

比率分析法是指通过计算和对比经济指标的比率进行数量分析的一种方法。采用这种方法，先要把对比的数值变成相对数，求出比率，然后再进行对比。具体形式有以下几种。

1. 相关指标比率分析

将两个性质不同但又相关的指标对比求出比率，然后再以实际数与计划（或前期实际）数进行对比分析，以便从经济活动的客观联系中更深入地认识企业的生产经营状况。

例如，将成本指标与反映生产、销售等生产经营成果的产值、销售收入、利润指标对比，求出产值成本率、销售成本率和成本利润率指标，可据以分析和比较生产耗费的经济效益。

这些指标的计算方法如下：

产值成本率＝产品成本÷商品产值×100％

销售成本率＝产品成本÷产品销售收入×100％

成本利润率＝利润总额÷产品成本×100％

不同企业或同一企业的不同时期，由于生产规模不同，有些指标不具有可比性，如利润指标。采用相关指标比率分析法，如将利润指标与同期企业的产品销售收入或产品成本指标对比，就可以把企业规模不同的影响剔除，把在某些不同条件下的不可比指标变为可比指标。

2. 构成比率分析

所谓构成比率，是指某项经济指标的各个组成部分占总体的比重。例如，将构成产品成本的各个成本项目同产品成本总额相比，计算其占成本的比重，确定成本的构成比率；然后将不同时期的成本构成比率相比较，通过观察产品成本构成的变动，掌握经济活动情况，了解企业改进生产技术和经营管理对产品成本的影响。例如：

直接材料费用比率＝直接材料费用÷产品成本×100％

直接人工费用比率＝直接人工费用÷产品成本×100％

制造费用比率＝制造费用÷产品成本×100％

3. 动态比率分析

动态比率分析或称趋势分析，是将不同时期同类指标的数值对比求出比率，进行动态比较，据以分析该项指标的增减速度和变动趋势，从中发现企业在生产经营方面的成绩或不足。

【例 2-1-54】　某公司甲产品某年四个季度的实际单位成本分别为 85 元、92 元、95 元、94 元。如果以第一季度为基期，以该季度的单位成本 85 元为基数，规定为 100％，可以计算其他各季度产品单位成本与之相比的定基比率如下：

第二季度：92÷85×100％＝108％

第三季度：95÷85×100％＝112％

第四季度：94÷85×100％＝111％

通过以上计算可以看出，甲产品单位成本第二季度、第三季度与第一季度相比有上升的趋势，但第四季度较第三季度有所下降。

如果分别以上季度为基期，可以计算各季度的环比比率如下：

第二季度比第一季度：92÷85×100％＝108％

第三季度比第二季度：95÷92×100％＝103％

第四季度比第三季度：94÷95×100％＝99％

通过以上计算可以看出，甲产品单位成本变动在第二、三、四季度呈下降趋势。

动态比率分析法是经济分析中被广泛应用的一种分析方法。

4. 连环替代法

连环替代法是用来计算几个相互联系的因素对综合经济指标变动影响程度的一种分

析方法。下面以材料费用总额变动分析为例，说明这种分析方法的特点。

影响材料费用总额的因素有很多，按其相互关系可归纳为三个：产品产量、单位产品材料消耗量和材料单价。按照各因素的相互依存关系，列成计算公式如下：

材料费用总额＝产品产量×单位产品材料消耗量×材料单价

【例 2-1-55】 某公司上述指标的计划和实际资料如表 2-1-62 所示。

表 2-1-62 材料费用总额变动表

编制单位：某公司 20××年 12 月

指标	单位	计划数	实际数	差异
产品产量	件	18	20	+2
单位产品材料消耗量	千克	20	17	−3
材料单价	元	10	12	+2
材料费用总额	元	3 600	4 080	480

第一，利用比较分析法将材料费用总额的实际数与计划数对比，确定实际脱离计划差异，并将此作为分析对象。差异是产量增加、单位产品材料消耗量降低和材料单价升高三个因素综合影响的结果。

第二，按照上述计算公式中各因素的排列顺序，用连环替代法测定各因素变动对材料费用总额变动的影响程度。计算程序如下：

（1）以基数（本例为计划数）为计算基础。

（2）按照公式中所列因素的同一顺序，逐次以各因素的实际数替换其基数，每次替换后实际数就被保留下来。有几个因素就替换几次，直到所有因素都变成实际数为止，每次替换后都要求计算出新的结果。

（3）将每次替换后的所有结果与其邻近的前一次计算结果相比较，两者的差额就是某一因素变动对综合经济指标变动的影响程度。

（4）计算各因素变动影响的代数和。这个代数和应等于被分析指标实际数与基数的总差异数。

以上述材料费用总额为例，计算如下：

①以计划数为基数	18×20×10＝3 600（元）
②第一次替换	20×20×10＝4 000（元）
②－①产量变动影响	＋400（元）
③第二次替换	20×17×10＝3 400（元）
③－②单位产品材料消耗量变动影响	－600（元）
④第三次替换	20×17×12＝4 080（元）
④－③材料单价变动影响	＋680（元）
合计	＋480（元）

通过计算可以看出，虽然单位产品材料消耗量降低使材料费用节约 600 元，但由于产量增加，特别是材料单价的升高，使材料费用总额增加 480 元。进一步分析，应查明材料消耗节约和材料价格升高的原因，然后才能对企业材料费用总额变动情况做出评价。

从上述计算过程中，可以看出连环替代法有以下特点：

第一，计算程序的连环性。上述计算是严格按照各因素的排列顺序，逐次以一个因素的实际数替换其基数。除第一次替换外，每个因素的替换都是在前一个因素替换的基础上进行的。

第二，因素替换的顺序性。运用连环替代法的一个重要问题就是要正确确定各因素的替换顺序（即排列顺序）。另外，在分析相同问题时一定要按照同一替换顺序进行，这样的计算结果才具有可比性。如果改变各因素的排列顺序，计算同一因素变动影响时，所依据的其他因素的条件发生了变化，就会得出不同的计算结果。通常确定各因素的替换顺序的做法是：在分析的因素中，如果既有数量指标又有质量指标，应先查明数量指标的变动影响，再查明质量指标的变动影响；如果既有实物量指标又有价值量指标，一般先替换实物量指标，再替换价值量指标；如果有几个数量指标和质量指标，要分清哪个是基本因素，哪个是次要因素，然后根据它们的相互依存关系确定替换顺序。

第三，计算条件的假设性。运用连环替代法测定某一因素的变动影响时，是以假定其他因素不变为条件的。因此，计算结果只能说明是在某种假定条件下计算的结果。这种科学的抽象分析方法是在确定事物内部各种因素影响程度时必不可少的。

5. 差额计算法

差额计算法是连环替代法的一种简化形式。运用这种方法时，先要确定各因素实际数与计划数之间的差异，然后按照各因素的排列顺序，依次求出各因素变动的影响程度。可见，这种方法的应用原理与连环替代法一样，只是计算程序不同。仍用表 2－1－62 中的数字资料，以差额计算法测定各因素影响程度如下：

（1）分析对象：

4 080－3 600＝＋480（元）

（2）各因素影响程度：

产量变动影响＝（＋2）×20×10＝＋400（元）

单位产品材料消耗量变动影响＝20×（－3）×10＝－600（元）

材料单价变动影响＝20×17×（＋2）＝＋680（元）

合计　　　　　　　　＋480（元）

差额计算法由于计算简便，所以应用范围比较广泛，特别是在影响因素只有两个时更为适用。

以上所述只是常用的几种数量分析方法，此外，还可以根据分析的目的和要求，采用分组法、指数法、图表法等其他数量分析方法。

需要指出的是，不论采用何种分析方法，都只能为进一步调查研究指明方向，而不能代替调查研究。要确定成本工作好坏的具体原因，并据以提出切实有效的建议和措施来改进工作，都必须在采用上述分析方法进行分析的基础上，深入实际调查研究。

三、产品生产成本表（按产品种类反映）的分析

按产品种类反映的产品生产成本表的分析，一般可以从两个方面进行：第一，对全部产品成本计划的完成情况进行总括评价；第二，分析可比产品成本降低计划的完成

情况。

（一）对全部产品成本计划的完成情况进行总括评价

根据表 2－1－54 中的资料编制分析表，如表 2－1－63 所示。

表 2－1－63　全部产品成本计划完成情况分析表　单位：元

产品名称	计划总成本	实际总成本	实际比计划升降额	实际比计划升降率（%）
1. 可比产品	266 000	267 900	＋1 900	＋0.71
其中：甲	41 000	40 500	－500	－1.22
乙	225 000	227 400	＋2 400	＋1.07
2. 不可比产品	23 550	23 820	＋270	＋1.15
其中：丙	8 750	8 820	＋70	＋0.80
丁	14 800	15 000	＋200	＋1.35
合计	289 550	291 720	＋2 170	＋0.75

计算表明，本年全部产品累计实际总成本超过计划 2 170 元，升高 0.75%。其中，可比产品成本实际比计划超支 1 900 元，主要是乙产品成本超支了 2 400 元，而甲产品成本降低了 500 元；不可比产品成本实际比计划超支 270 元，丙、丁产品成本都超支了。显然，进一步分析的重点是乙产品成本超支的原因。值得注意的是，从表 2－1－54 中可知，本月（12 月）全部产品总成本实际比计划降低了 241（20 969－21 210）元，降低了 1.14%，特别是甲产品成本超支的幅度有所下降，而乙产品成本降低的幅度更大，说明年末工作有所好转。

（二）分析可比产品成本降低计划的完成情况

对于可比产品，可以分析可比产品成本本期与上年相比的升降情况。进行该分析时，应注意可比产品与不可比产品的划分是否正确，检查有无将成本超支的可比产品列为不可比产品，或将成本降低较多的不可比产品列为可比产品，以掩盖可比产品成本超支的情况。

可比产品成本升降情况的分析，可以按产品品种进行，也可以按全部可比产品进行。可比产品成本的降低计划一般按全部可比产品综合编制，因而可比产品成本降低计划执行结果的分析一般按全部可比产品综合进行。

可比产品成本降低计划指标和计划完成情况的资料，分别反映在企业的成本计划和成本报表中。相关计算公式如下：

$$\begin{array}{c}\text{可比产品成本}\\\text{实际降低额}\end{array}=\sum[\text{实际产量}\times(\text{上年实际单位成本}-\text{本年实际单位成本})]$$

$$=\begin{array}{c}\text{实际产量按上年实际单位}\\\text{成本计算的总成本}\end{array}-\begin{array}{c}\text{实际产量按本年实际}\\\text{单位成本计算的总成本}\end{array}$$

$$\begin{array}{c}\text{可比产品成本}\\\text{计划降低额}\end{array}=\sum[\text{计划产量}\times(\text{上年实际单位成本}-\text{本年计划单位成本})]$$

$$=\begin{array}{c}\text{计划产量按上年实际单位}\\\text{成本计算的总成本}\end{array}-\begin{array}{c}\text{计划产量按本年计划}\\\text{单位成本计算的总成本}\end{array}$$

$$\text{可比产品成本实际降低率}=\text{可比产品成本实际降低额}\div\text{实际产量按上年实际单位成本计算的总成本}\times 100\%$$

$$\text{可比产品成本计划降低率}=\text{可比产品成本计划降低额}\div\text{计划产量按上年实际单位成本计算的总成本}\times 100\%$$

【例 2-1-56】　假定例 2-1-49 中大江公司本年可比产品成本降低计划如表 2-1-64 所示，则可比产品成本计划降低额及降低率为：

可比产品成本计划降低额＝185 600－182 800＝2 800（元）

可比产品成本计划降低率＝2 800÷185 600×100%＝1.508 6%

表 2-1-64　　**可比产品成本降低计划表**　　单位：元

可比产品	全年计划产量（件）	单位成本		总成本		计划降低指标	
		上年实际平均	本年计划	按上年实际平均单位成本计算	按本年计划单位成本计算	降低额	降低率（%）
甲	400	84	82	33 600	32 800	800	2.381 0
乙	200	760	750	152 000	150 000	2 000	1.315 8
合计				185 600	182 800	2 800	1.508 6

分析可比产品成本降低计划的完成情况，根据表 2-1-54 编制表 2-1-65。

表 2-1-65　　**可比产品成本降低计划完成情况分析表**　　单位：元

可比产品	总成本		计划完成情况	
	按上年实际单位成本计算	本期实际	降低额	降低率（%）
甲	42 000	40 500	1 500	3.571 4
乙	228 000	227 400	600	0.263 2
合计	270 000	267 900	2 100	0.777 8

（1）分析可比产品成本降低计划的完成情况，首先应确定分析的对象，即以可比产品成本实际降低额、降低率指标与计划降低额、降低率指标进行对比，确定实际脱离计划的差异：

计划降低额 2 800 元　　　计划降低率 1.508 6%

实际降低额 2 100 元　　　实际降低率 0.777 8%

实际脱离计划差异：

降低额＝2 100－2 800＝－700（元）

降低率＝0.777 8%－1.508 6%＝－0.730 8%

从以上计算中可以看出，可比产品成本降低计划没有完成，实际比计划少降低 700 元或 0.730 8%。

（2）确定影响可比产品成本降低计划完成情况的因素和各因素的影响程度。

对可比产品成本降低任务完成情况产生影响的因素主要有产品产量、产品品种构成、产品单位成本等。

第一，产品产量变动的影响。在分析可比产品成本降低情况时，是用可比产品的计划产量分别乘以该产品上年实际单位成本和计划单位成本的差额计算的；实际完成情况则是根据可比产品实际产量分别乘以该产品上年实际单位成本与本年实际单位成本的差额计算的。从这一计算过程中可以看出，当产品的品种构成和单位成本不变时，产品产量的变动会引起成本降低额发生同比例的变动，但不影响成本降低率的变动。所以，单纯产量的变动会影响成本降低额，不会影响成本降低率。

【例 2-1-57】 假定例 2-1-56 中本期产品实际产量比计划提高 20%，而产品品种构成和单位成本不变，即假定甲、乙产品的实际产量比计划提高 20%，其成本降低额和降低率详见表 2-1-66。

表 2-1-66　　单纯产量变动影响计算表　　单位：元

可比产品	总成本		产量变动影响	
	按上年实际平均单位成本计算	本期实际	降低额	降低率（%）
甲	33 600×120%=40 320	32 800×120%=39 360	960	2.381 0
乙	152 000×120%=182 400	150 000×120%=180 000	2 400	1.315 8
合计	222 720	219 360	3 360	1.508 6

表 2-1-66 中的计算结果表明，单纯产量变动使成本降低额由计划的 2 800 元增加到 3 360 元，而降低率不变，仍是 1.508 6%，与计划相同。反过来可以据此推算出单纯产量变动对成本降低额的影响，即

按上年实现平均单位成本计算的总成本×计划降低率=单纯产量变动下的成本降低额

222 720×1.508 6%=3 360（元）

第二，产品品种构成变动的影响。品种构成是指各种产品数量在全部产品数量总和中所占的比重，由于各种产品的实物数量不能简单相加，所以，在进行可比产品成本分析时，一般是用某一产品的成本占全部产品成本的比重作为产品品种构成进行分析，其计算公式如下：

$$\text{产品的品种构成}=\text{产品的计划或实际产量}\times\text{该产品上年单位成本}\div\sum\left(\text{每种产品计划或实际产量}\times\text{该产品上年单位成本}\right)$$

当企业生产两种以上产品时，若各种产品的实际产量与计划产量不是同比例的增减，则会引起品种构成的变动。在企业生产的多种产品中，每种产品成本降低幅度是不一样的，有的还可能超支。若企业增加成本降低幅度大的产品的生产比重，或降低成本降低幅度小的产品的生产比重，则可比产品平均降低率和降低额与原来相比就会升高；反之，成本降低率和降低额就会下降。所以产品品种构成的变动，同时影响成本降低额和成本降低率。

第三，产品单位成本变动的影响。在计算可比产品成本计划降低额时，是根据本年度计划单位成本和上年实际单位成本进行比较计算的；可比产品成本实际降低额，则是根据本年实际单位成本和上年实际单位成本进行计算的。这样，当本年实际单位成本发生变动时，必然会引起可比产品成本降低额和降低率的变动。

【例 2-1-58】 承例 2-1-56，分析可比产品成本降低任务完成情况时，采用因素分析法的计算过程如表 2-1-67 所示。

表 2-1-67　　因素分析法的计算　　单位：元

影响因素				计算方法	
顺序	产量	品种构成	单位成本	降低额	降低率
①	计划	计划	计划	计划降低额 2 800	计划降低率 1.508 6%
②	实际	计划	计划	实际产量的上年总成本×计划降低率=270 000×1.508 6%=4 073.22	计划降低率 1.508 6%
③	实际	实际	计划	实际产量的上年总成本－实际产量的计划总成本=270 000－266 000=4 000	（本步骤的降低额÷实际产量的上年总成本）×100%=（4 000÷270 000）×100%=1.481 5%
④	实际	实际	实际	实际降低额 2 100	实际降低率 0.777 8%
各因素的影响： ②－①：产量因素的影响 ③－②：品种构成因素的影响 ④－③：单位成本因素的影响				4 073.22－2 800=1 273.22 4 000－4 073.22=－73.22 2 100－4 000=－1 900	— 1.481 5%－1.508 6%=－0.027 1% 0.777 8%－1.481 5%=－0.703 7%
合计				－700	－0.730 8%

根据以上分析结果，可以对可比产品成本降低计划完成情况做出总括评价。总的来看，企业未完成可比产品成本降低计划，实际比计划少 700 元或 0.730 8%。原因主要是由于产品单位成本升高，使成本少降低 1 900 元，约合降低率为－0.703 7%。值得注意的是，本月（12 月）甲产品单位成本虽然低于上年全年实际平均成本，却高于本年计划和本年累计实际平均成本；而乙产品则相反，本月实际单位成本比上年实际平均、本年计划和本年累计实际平均成本都低，应结合单位成本分析进一步查明原因。此外，产量增加使成本实际比计划多降低 1 273.22 元，而品种构成变动使成本实际比计划少降低 73.22 元。对于这一变动，需结合生产分析和销售分析查明原因。根据总括评价提出的问题，在深入实际查明原因后，才能明确企业成本工作绩效，从而对上述可比产品成本降低计划的完成情况做出确切的评价和提出合理化的建议。

四、产品生产成本表（按成本项目反映）的分析

分析产品生产成本表（按成本项目反映）一般可采用比较分析法、构成比率分析法和相关指标比率分析法。

（一）采用比较分析法进行分析

【例 2-1-59】　以表 2-1-55 中资料为例分析产品成本表。

产品生产成本表（按成本项目反映）是 12 月编制的，因而期末本年累计实际数和本年计划数都是整个年度的生产费用和产品成本。分析时可采用比较分析法，将产品成本合计数、生产费用合计数及各个成本项目费用的本年累计实际数进行对比分析，揭示差异，以便为进一步分析指明方向。

产品生产成本合计数，本年累计实际数高于本年计划数，实际超出计划 1 770

（291 720－289 950）元。成本超支的原因是多方面的：可能是由于产品单位成本的升高；也可能是由于产品产量和产品品种构成的变动，因为各种产品单位成本降低、升高的幅度不同。进一步分析应结合有关的明细资料查明影响产品总成本变动的主要因素变动的主要原因，对产品总成本的升高是否合理做出评价。

就生产费用合计数来看，本年累计实际数高于本年计划数 3 910（291 000－287 090）元，与上述产品总成本情况基本相同。当然也可能不一致，因为这其中尚有期初、期末在产品和自制半成品余额的变动影响。

就各个成本项目来看，直接材料、直接人工和制造费用的本年累计实际数与本年计划数相比，升降的情况和升降的幅度各不相同。分析时也不能停留在指标对比上，还要进一步查明影响指标变动的因素和原因。但由于影响各成本项目变动的因素和原因有很多，因而分析的难度大，工作量也大。如果表 2－1－55 中列有本月计划数字，还可以进行本月实际数与计划数的对比分析。

（二）采用构成比率分析法进行分析

对于各成本项目的费用，可计算构成比率，并在本年累计实际数、本月实际数和本年计划数之间进行对比分析。各项指标计算如下：

（1）本年计划数构成比率：

直接材料费用比率＝132 061÷287 090×100％＝46％

直接人工费用比率＝63 158÷287 090×100％＝22％

制造费用比率＝91 871÷287 090×100％＝32％

（2）本月实际数构成比率：

直接材料费用比率＝9 490÷20 149×100％＝47％

直接人工费用比率＝4 036÷20 149×100％＝20％

制造费用比率＝6 623÷20 149×100％＝33％

（3）本年累计实际数构成比率：

直接材料费用比率＝136 770÷291 000×100％＝47％

直接人工费用比率＝61 110÷291 000×100％＝21％

制造费用比率＝93 120÷291 000×100％＝32％

以本年计划数与本年累计实际数相比，生产费用中直接材料费用比重有所升高，直接人工费用的比重有所降低，而制造费用持平；以本年累计实际数与本月实际数相比，直接材料费用比重持平，直接人工费用比重有所下降，而制造费用比重有所升高。通过指标对比，只能了解指标变动的一般情况，由于各项指标变动受多种因素的影响，因此分析时，还应结合调查了解的情况和明细核算资料进一步查明原因，以便对各项指标变动的合理性做出判断。

（三）采用相关指标比率分析法进行分析

分析产品生产成本表（按成本项目反映）时，可以将表中所列的产品成本合计数与其相关的商品产值、产品销售收入和利润总额指标相比，计算各种相关指标比率，即产值成本比率、销售收入成本率和成本利润率；然后进行比较，以计算和了解企业本年和 12 月生产耗费的经济效益情况及变动趋势。

【例 2-1-60】　假定表 2-1-55 中的公司本年计划利润总额为 57 910 元，本月实际利润总额为 5 033 元，本年累计实际利润总额为 64 499 元，则该公司的成本利润率为：

本年计划成本利润率＝57 910÷289 550×100％＝20％

本月实际成本利润率＝5 033÷20 969×100％＝24％

本年累计实际成本利润率＝64 499÷291 720×100％＝22％

从上述计算可以看出，该公司不仅本年累计实际成本利润率高于本年计划成本利润率，而且本年 12 月实际成本利润率高于本年累计实际成本利润率，说明公司生产耗费的经济效益是好的，而且是不断提高的。进一步分析应查明原因、总结经验，不断提高公司生产耗费的经济效益。

五、主要产品单位成本表的分析

分析主要产品单位成本的意义，在于揭示各种产品单位成本及各个产品成本项目的变动情况，尤其是各项消耗定额的执行情况；确定产品结构、工艺和操作方法的改变，以及有关技术经济指标变动对产品单位成本的影响，查明产品单位成本升降的具体原因。

主要产品单位成本表的分析依据是主要产品单位成本表、成本计划和各项消耗定额资料，以及反映各项技术经济指标的业务技术资料等。分析的程序一般是先检查各种产品单位成本实际比计划、比上年实际、比历史最高水平的升降情况；然后按成本项目分析其增减变动，查明造成单位成本升降的具体原因。为了在更大的范围内找差距、挖潜力，在可能的条件下，还可以组织厂际间同种类产品单位成本的对比分析。

（一）主要产品单位成本变动情况分析

从表 2-1-56 可知，甲产品本月实际单位成本比本年计划、上年实际平均、全年累计实际平均都降低了；虽然本年实际平均单位成本高于本年计划单位成本，且与历史最高水平也有一定的差距，但总的趋势是好的。从成本项目对比中可以看出，产品单位成本的降低主要是由于原材料、工人工资和制造费用的节约，说明公司在降低甲产品原材料、改进甲产品的生产组织和劳动组织、提高劳动生产率方面采取了措施，取得了成绩。为了查明产品单位成本及其成本项目变动的原因，还须进一步对各个成本项目特别是重点项目，即变动影响大的项目作具体分析。

（二）主要成本项目分析

一定时期产品单位成本的高低是与企业该时期的技术、生产组织的状况和经营管理水平，以及采取的技术组织措施效果相联系的。因此，紧密结合企业技术经济方面的资料，查明成本升降的具体原因，是进行产品单位成本各个成本项目分析的特点。

1. 直接材料费用的分析

原材料费用的变动主要受单位产品原材料消耗数量和原材料价格两个因素的变动影响。其变动影响可用差额计算法计算如下：

原材料费用差异＝单位产品直接材料实际费用－单位产品直接材料计划费用

或：

原材料费用差异＝原材料的消耗数量变动的差异＋原材料价格变动的差异

$$\begin{matrix}\text{原材料的消耗}\\\text{数量变动的差异}\end{matrix}=\left(\begin{matrix}\text{单位产品}\\\text{实际消耗量}\end{matrix}-\begin{matrix}\text{单位产品}\\\text{计划消耗量}\end{matrix}\right)\times\begin{matrix}\text{原材料}\\\text{计划单价}\end{matrix}$$

$$\text{原材料价格变动的差异}=\left(\text{原材料实际单价}-\text{原材料计划单价}\right)\times\text{单位产品实际耗用量}$$

在上述两个因素中，原材料价格变动多属于外界因素，需结合市场供求和材料价格变动情况具体分析。这里重点分析原材料消耗数量的变动情况和变动原因。影响单位产品原材料消耗数量变动的原因有很多，归纳起来主要有以下几点：

（1）产品或产品零部件结构的变化。在保证产品质量的前提下，改进产品设计，使产品结构合理、体积缩小、重量减轻，就能减少原材料消耗，降低原材料费用。

（2）原材料加工方法的改变。改进工艺和加工方法或采取合理的套裁下料措施，减少毛坯的切削余量和工艺损耗，就能提高原材料利用率，节约原材料消耗，降低产品成本。

（3）材料质量的变化。实际耗用的原材料质量如高于计划要求，可能会提高产品质量，或者节约材料消耗，但材料费用会升高；反之，如果原材料质量低于计划要求，价格虽低，但会增大材料消耗量，增加生产操作时间，或者降低产品质量。

（4）原材料代用料比例的变化。在保证产品质量的前提下，采用廉价的代用材料，选用经济合理的技术配方，就会节约原材料消耗或降低原材料费用。

（5）原材料综合利用。有些工业企业在利用原材料生产主要产品的同时，还生产副产品，开展原材料的综合利用。这样就可以将同样多的原材料费用分配到更多品种和数量的产品中，从而降低主产品的原材料费用。

（6）生产中产生废料数量和废料回收利用情况的变化。

此外，生产工人的劳动态度、技术操作水平、机械设备性能以及材料节约奖励制度的实施等，都会影响原材料消耗量的增减。

2. 直接人工费用的分析

分析产品单位成本中的工资费用，必须按照不同的工资制度和工资费用计入成本的方法来进行。在计件工资制度下，计件单价不变，单位成本中的工资费用一般也不变，除非生产工艺和劳动组织方面有所改变，或者出现了问题。在计时工资制度下，如果企业生产多种产品，产品成本中的工资费用一般是按生产工时比例分配计入的。这时产品单位成本中工资费用的多少，取决于生产单位产品的工时消耗和每小时工资两个因素。生产单位产品消耗的工时越少，成本中分摊的工资费用也越少，而每小时工资的变动则受计时工资总额和生产工时总数的影响，其变动原因需从这两个因素的总体去查明。基于这种原因，分析单位成本中的工资费用，应结合生产技术、工艺和劳动组织等方面的情况，重点查明单位产品生产工时和每小时工资变动的原因。相关计算公式如下：

单位产品直接人工差异＝单位产品直接人工实际费用－单位产品直接人工计划费用

或：

单位产品直接人工差异＝单位产品人工效率差异＋小时工资率差异

单位产品人工效率差异＝（单位产品实际工时－单位产品计划工时）×计划小时工资率

小时工资率差异＝（实际小时工资率－计划小时工资率）×单位产品实际工时

3. 制造费用项目分析

单位产品制造费用的变动主要受单位产品工时消耗量和每小时制造费用分配率的影响。其计算公式为：

单位产品制造费用差异＝单位产品实际制造费用－单位产品计划制造费用

或：

单位产品制造费用差异＝工时消耗量变动差异＋小时制造费用分配率变动差异

$$\text{工时消耗量变动差异}=\left(\text{实际单位工时消耗量}-\text{计划单位工时消耗量}\right)\times\text{计划小时制造费用分配率}$$

$$\text{小时制造费用分配率变动差异}=\left(\text{实际小时制造费用分配率}-\text{计划小时制造费用分配率}\right)\times\text{实际单位工时消耗量}$$

【例 2-1-61】 华润公司乙产品的单位成本有关资料如表 2-1-68 所示。

表 2-1-68 乙产品单位成本的资料

编制单位：华润公司 20××年 12 月 单位：元

成本项目	计划单位成本			实际单位成本		
直接材料	22			21		
直接人工	16			20		
制造费用	10			10.5		
合计	48			51.5		
主要技术经济指标	计划指标			实际指标		
	数量	单价	金额	数量	单价	金额
A 材料	1 千克	8	8	1 千克	9	9
B 材料	5 千克	2.8	14	4 千克	3	12
人工费用	4 工时	4	16	4.2 工时	4.761 9	20
制造费用	4 工时	2.5	10	4.2 工时	2.5	10.5

根据上述资料可知，与计划相比，乙产品单位成本超支额为 3.5（51.5－48）元，超支率为 7.29%（3.5÷48×100%），具体分析如下：

（1）直接材料项目分析。

直接材料差异额＝21－22＝－1（元）

直接材料消耗量变动影响额＝（1－1）×8＋（4－5）×2.8＝－2.8（元）

直接材料单价变动影响额＝（9－8）×1＋（3－2.8）×4＝1.8（元）

乙产品单位产品成本中直接材料节约了 1 元，其构成因素为：材料价格提高，超支 1.8 元；材料耗用量减少，节约了 2.8 元。

（2）直接人工项目分析。

直接人工差异额＝20－16＝4（元）

人工效率差异＝（4.2－4）×4＝0.8（元）

小时工资率差异＝（4.761 9－4）×4.2＝3.20（元）

乙产品单位产品成本直接人工超支了 4 元，其构成因素为：人工效率降低，超支了 0.8 元；小时工资率升高，超支了 3.20 元。

（3）制造费用项目分析。

制造费用差异额＝10.5－10＝0.5（元）

工时消耗量变动影响额＝（4.2－4）×2.5＝0.5（元）

小时制造费用分配率变动影响额＝（2.5－2.5）×4.2＝0（元）

乙产品单位产品成本制造费用超支了0.5元，是因为工时消耗增加超支了0.5元。

六、制造费用的分析

分析制造费用明细表所采用的方法主要是对比分析法和构成比率分析法。在采用对比分析法时，可将本期实际数与上年同期实际数相比，揭示本期与上年同期实际之间的增减变化；也可将本期实际数与本期计划数相比，考核费用计划的执行情况。在采用构成比率分析法进行分析时，可以计算某项费用占全部费用的构成比率，并可与本期实际、本年累计实际、本年计划、上年同期实际构成比率进行比较，揭示差异，分析差异是否合理及其原因。

在进行制造费用分析时，应注意以下几点：

第一，各项制造费用的性质和用途不同，评价各项目费用超支或节约时应该联系费用的性质和用途进行具体分析，不能简单片面地加以评价。在表2-1-57制造费用明细表中，劳动保护费本年累计实际数与本年计划数的差异额为－200元，这并不一定意味着节约是合理的、有利的。如劳动保护费和修理费节约，可能会因为缺少必要的劳动保护措施而影响安全生产，或可能使机器设备带“病”运转而影响机器设备的寿命。所以，只有在保证安全生产、机器设备维修质量和正常运转的条件下，节约劳动保护费和修理费才是合理的、有利的。

第二，在分项目进行制造费用分析时，还应特别注意“在产品盘亏和毁损”以及“停工损失”等非生产性的损失项目的分析。这些项目的发生都是生产管理不良的结果。在分析“在产品盘亏和毁损”项目时，还应注意其中有无盘盈的抵消数。因为在产品盘盈的价值会冲减、掩盖一部分盘亏和毁损的损失。在产品盘盈也是由于生产管理不良或者是核算差错造成的，不是生产车间工作的成绩。

第三，在采用构成比率分析法进行制造费用分析时，可以计算某项费用占制造费用合计数的构成比率，如与机器设备使用有关的费用（如机器设备的折旧费、修理费、机物料消耗等，如果不专设动力成本项目，还应包括动力费）、与机器设备使用无关的费用（如车间管理人员工资及福利费、办公费等）以及非生产性损失等几类，分别计算其占制造费用合计数的构成比率。可以将这些构成比率与企业或车间的生产、技术的特点联系起来，分析其构成是否合理；也可以将本月实际和本年累计实际的构成比率与本年计划的构成比率和上年同期实际的构成比率进行对比，揭示其差异和与上年同期相比的增减变化，分析其差异和增减变化是否合理。

七、成本分析报告

成本分析报告是依据成本报表分析的结果，是对成本管理的实际情况以及对改进工作提出的建议措施，以书面形式表示的一种汇报材料。其行文要尽可能流畅、通顺、精练，避免口语化。

成本分析报告没有固定的格式和体裁，但要求能够反映要点，分析透彻，有实有据，观点鲜明，符合报送对象的要求。一般包括以下内容：

（1）提要。即概括企业当期成本核算的情况，让报告使用者对成本分析说明有一个总括的认识。

（2）说明。说明是对企业当期成本现状的介绍，该部分要求文字表述恰当，数据引用准确，对经济指标进行说明能够恰当运用绝对数、比较数，不能使用“大概”“约等于”等词汇。

（3）分析。分析是报告书写者对当期成本进行的分析研究。在说明问题的同时，还要分析问题，寻找问题的原因和症结，以达到解决问题的目的。进行成本分析一定要掌握实际情况，相互联系地看问题，必须坚持辩证的方法，抓重点、找关键。结合宏观经济因素、企业经营管理因素、企业生产技术条件，有理有据地分析，必要时运用表格、图示突出表现分析的内容。

（4）评价。通过对企业的成本分析，对企业的经营情况、财务状况、经营业绩，应该给予客观公正的评价。评价要一分为二，正面和负面、成绩和缺点都要阐述。

（5）建议。针对分析存在的问题，结合企业的实际情况提出改进的建议。建议不能抽象，要具体，有可操作性。

总之，成本报表的设计、编制和分析利用是成本会计实务的重要内容，是实现成本会计任务、发挥成本会计作用的重要手段。设计和编制哪些成本报表，一定要从企业实际出发，按照会计原则，及时、准确地为各级管理部门提供相关的成本会计信息，充分发挥成本会计“算为管用”的职能作用。

同时，对成本报表必须通过分析加以利用。分析成本报表，要对成本报表的真实性、正确性进行核查。分析过程从对成本计划完成情况的总评开始，然后根据总评中发现的问题，逐步深入、具体地进行分析。分析成本报表要充分利用报表提供的各种数据，相互联系地看问题，将定性分析与定量分析相结合，成本指标的分解与综合相结合；透过现象看本质，目的就是正确评价企业成本工作，挖掘和动员一切节约开支、降低成本的潜力。

项目测试题

一、思考题

1. 企业的生产类型和特点有哪些？
2. 生产特点和管理要求对成本计算的影响主要表现在哪些方面？
3. 材料费用的分配方法有哪些？
4. 职工薪酬包括哪些内容？如何进行核算？
5. 辅助生产费用的分配方法有哪些？各有什么特点？
6. 制造费用一般包括哪些费用项目？怎样核算制造费用？
7. 什么是损失性费用？损失性费用包括哪些内容？
8. 什么是废品损失？废品损失包括哪些内容？
9. 怎样进行不可修复废品损失的归集和分配？
10. 生产费用在完工产品和月末在产品之间分配的方法有哪些？其特点和适用范围

如何？

11. 完工产品成本的结转是如何进行的？

12. 什么是品种法？其特点和适用范围是什么？

13. 简述品种法的成本计算程序。

14. 成本报表编制和分析的意义是什么？

15. 成本报表作为对内报表具有哪些特点？

16. 连环替代法在成本报表分析中的作用是什么？

17. 成本报表分析的一般程序是什么？

18. 进行成本报表分析的重点内容是什么？

19. 分析成本报表时应注意什么问题？

二、技能训练题

1. 某企业本月生产甲产品 700 件，乙产品 300 件，共同耗用某材料 6 000 千克，每千克价格为 10 元。单件产品原材料消耗定额为：甲产品为 16 千克，乙产品为 28 千克。

要求：(1) 列式计算上述两种产品各自的定额耗用量。

(2) 计算材料费用分配率。

(3) 计算各种产品应分配的材料费用。

2. 某机械厂第一基本生产车间生产 A、B 两种产品，其计件工资为 50 000 元，其中，用于 A 产品 35 000 元，用于 B 产品 15 000 元；第二基本生产车间生产 C、D 两种产品，其计件工资为 36 000 元，其中，用于 C 产品 24 000 元，用于 D 产品 12 000 元。这两个基本生产车间其余部分的生产工人工资属于间接计入工资费用，分别按第一、第二基本生产车间生产各自产品的实际工时分配。据统计，A 产品耗用 7 000 工时，B 产品耗用 8 000 工时，C 产品耗用 3 800 工时，D 产品耗用 6 200 工时，本月工资结算汇总资料如表 2-1-69所示。

表 2-1-69　　工资结算汇总表

20××年 12 月 31 日　　单位：元

部门	人员	计时工资	计件工资	夜班津贴	食品补贴	绩效工资	奖金	应付工资	代扣款项	实发工资
第一基本生产车间	生产工人	22 000	50 000	2 500	5 000	3 740	4 200	87 440	2 000	85 440
	管理人员	4 000			300	180	300	4 780	500	4 280
第二基本生产车间	生产工人	24 600	36 000	1 800	4 000	2 867	2 700	71 967	1 200	70 767
	管理人员	6 800			250	300	40	7 390	600	6 790
供电车间	全部人员	4 500			450	360	340	5 650	300	5 350
机修车间	全部人员	3 600			400	290	260	4 550	200	4 350
行政管理部门	管理人员	8 200			500	360	330	9 390	700	8 690
合计		73 700	86 000	4 300	10 900	8 097	8 170	191 167	5 500	185 667

要求：(1) 编制工资费用分配表。

(2) 根据工资总额，按照当地政府的规定和企业的需要，各部门按工资总额的 10% 分配福利费，按工资总额的 1.5% 提取职工教育经费，按工资总额的 2% 提取工会经费，提取各类社会保险、住房公积金等的比例均为 10%，编制职工薪酬费用分配表，根据计算结果做出相应的会计处理。

3. 某企业有动力和供水两个辅助生产车间，本月两个辅助生产车间发生的直接费用为：动力车间 2 400 元，供水车间 1 500 元。有关资料如表 2－1－70 所示。

表 2－1－70　　**辅助生产车间提供产品数量**

受益单位	用电度数	用水度数
动力车间		50
供水车间	1 000	
基本生产车间		
产品耗用——甲产品	7 000	200
一般耗用	1 400	60
行政管理部门	1 600	40
合计	11 000	350

要求：（1）分别采用直接分配法、交互分配法、顺序分配法、计划成本分配法、代数分配法分配辅助生产费用。在计划成本分配法下，已知动力车间、供水车间的计划单位成本分别为 0.2 元、4.3 元。

（2）编制相应的会计分录。

4. 某企业的基本生产车间全年制造费用计划为 97 600 元；全年各种产品的计划产量为：甲产品 1 500 件，乙产品 1 200 件；单件产品的工时定额为：甲产品 7 小时，乙产品 8 小时。8 月实际产量为：甲产品 150 件，乙产品 100 件；该月实际制造费用为10 900元；“制造费用”科目月初余额为 200 元。

要求：（1）计算制造费用年度计划分配率。

（2）计算该月应分配转出的制造费用。

（3）编制分配制造费用的会计分录。

5. 某企业在生产甲产品的过程中，发现不可修复废品 200 件，按所耗定额费用计算废品的生产成本，单件原材料费用定额为 500 元，已完工定额工时共计 700 小时，每小时的费用定额为：工资及福利费 5 元，制造费用 10 元。不可修复废品的残料作价 600 元作为原材料入库。

要求：（1）按废品所耗定额费用计算不可修复废品生产成本及净损失。

（2）编制结转废品生产成本、收回残料及结转废品净损失的会计分录。

6. 某公司生产甲产品，其单件定额工时为 80 小时，经三道工序制成。其中，第一道工序的定额工时为 20 小时，第二道工序的定额工时为 40 小时，第三道工序的定额工时为 20 小时。各道工序的在产品数量分别为：第一道工序 15 件，第二道工序 30 件，第三道工序 10 件。

要求：（1）求月末各道工序上的在产品工时完工程度。

（2）求月末在产品的约当产量。

7. 假定某产品经两道工序制成，各道工序原材料消耗定额为：第一道工序 260 千克，第二道工序 140 千克。

要求：（1）假设原材料分工序一次投料，计算各道工序的投料率。

（2）假设原材料分工序陆续投料，计算各道工序的投料率。

8. 某公司生产的甲产品月末在产品成本只计算原材料费用，原材料在生产开始时一次投入。该公司20××年12月有关产量及费用资料如表2-1-71所示。

表2-1-71　产品产量及费用表

成本项目	月初在产品		本月发生		月末产品数量	
	数量（件）	成本（元）	数量（件）	成本（元）	完工（件）	在产品（件）
直接材料		15 000		168 000		
直接人工				12 000		
制造费用				5 000		
合计	200	15 000	2 300	185 000	2 200	300

要求：根据上述资料，计算完工产品和在产品的成本。

9. 某企业生产甲产品，原材料在生产开始时一次投入，月末在产品完工程度为60%，假设完工产品700件，月末在产品300件。其他有关资料如表2-1-72所示。

表2-1-72　产品成本计算单　单位：元

摘要	直接材料	直接人工	制造费用	合计
月初在产品成本	32 320	13 230	10 530	56 080
本月生产费用	56 000	34 000	45 600	135 600
生产费用合计				
月末在产品成本				
完工产品总成本				
单位成本				

要求：(1) 列式计算月末在产品约当产量。

(2) 用约当产量法将费用在完工产品与月末在产品之间分配。列式计算单位成本，并将各项计算结果填入表2-1-72中。

10. 某公司生产甲产品，月末在产品按定额成本计算法分配费用。20××年12月月末在产品数量为100件，完工产品为200件，原材料系生产开始时一次投入。单件产品的原材料消耗定额为10千克，材料的计划单位为60元/千克；单位在产品的工时定额为4小时，人工费用定额为10元/小时，制造费用定额为2元/小时。月初在产品和本月发生的生产费用如下：原材料180 000元，直接人工25 000元，制造费用8 000元。

要求：计算并编制产品成本计算单，填入表2-1-73中。

表2-1-73　产品成本计算单　单位：元

成本项目	直接材料	直接人工	制造费用	合计
累计生产费用				
月末在产品成本				
完工产品成本				
产成品单位成本				

11. 某企业生产甲产品采用定额比例法分配费用，原材料费用按定额费用比例分配，其他费用按定额工时比例分配。月初在产品费用为：原材料 1 120 元，工资及福利费 950 元，制造费用 830 元；本月生产费用为：原材料 8 890 元，工资及福利费 7 660 元，制造费用 6 632 元；月末完工产品的原材料定额费用为 5 600 元，定额工时为 3 860 小时；月末在产品的定额原材料费用为 3 500 元，定额工时为 1 880 小时。

要求：计算并编制完工产品和在产品成本计算表，填入表 2－1－74 中。

表 2－1－74 **完工产品和在产品成本计算表** 单位：元

摘要		原材料	工资及福利费	制造费用	合计
月初在产品费用		1 120	950	830	2 900
本月生产费用		8 890	7 660	6 632	23 182
生产费用累计					
分配率					
完工产品	定额	5 600	3 860		
	实际				
月末在产品	定额	3 500	1 880		
	实际				

12. 某产品由甲、乙两个零件组成，原材料在零件投产时一次投入，甲、乙两个零件所耗原材料定额分别为 5 元和 6 元。该产品各道工序累计工时定额、在产品数量和每小时耗用燃料与动力、直接人工、制造费用如表 2－1－75 所示，产成品成本明细账如表 2－1－76 所示。

表 2－1－75 **月末在产品定额成本计算表**

金额单位：元

零件	所在工序	在产品数量	原材料费用		工时		燃料与动力（0.5 元）	直接人工（0.6 元）	制造费用（0.8 元）	合计
			单件定额	定额费用	单件累计定额	定额工时				
甲	1	100	5		1.5					
	2	80	5		4					
乙	1	200	6		3					
	2	100	6		8					
合计										

表 2－1－76 **产成品成本明细账** 单位：元

项目	直接材料	燃料与动力	直接人工	制造费用	合计
月初在产品（定额成本）	4 500	1 630	1 728	2 400	10 258
本月生产费用	13 200	3 835	4 950	8 356	30 341
合计					
完工产品成本					
月末在产品（定额成本）					

要求：月末在产品按定额成本计价，计算月末在产品定额成本并填入表 2-1-75 中；计算完工产品成本，并登记产成品成本明细账。

13. 某企业设一个基本生产车间和一个辅助生产车间（机修车间）。基本生产车间生产甲、乙两种产品，采用品种法计算产品成本。辅助生产车间的制造费用不通过“制造费用”科目核算。

12 月生产车间发生的经济业务如下：

（1）基本生产车间领用材料 80 000 元，其中，直接用于甲产品生产的 A 材料为 48 000 元，直接用于乙产品生产的 B 材料为 12 000 元，甲、乙共同耗用的 C 材料为 10 000 元（按甲、乙产品的定额消耗量比例进行分配，甲产品的定额消耗量为 880 千克，乙产品的定额消耗量为 660 千克），车间一般消耗 10 000 元；辅助生产车间领用材料 2 300 元。

（2）结算本月应付职工工资，其中，基本生产车间的工人工资为 32 000 元（按甲、乙产品耗用的生产工时比例分配，甲产品生产工时为 300 小时，乙产品生产工时为 500 小时），车间管理人员工资为 5 000 元，辅助生产车间职工工资为 1 500 元。

（3）分配职工福利费。其中：产品生产人员福利费为 3 000 元；车间管理人员福利费为 1 000 元；辅助生产车间人员福利费为 480 元。

（4）计提固定资产折旧费。基本生产车间月初在用固定资产原值为 120 000 元，辅助生产车间月初在用固定资产原值为 80 000 元；月折旧率为 1%。

（5）基本生产车间和辅助生产车间发生的其他支出分别为 1 200 元和 600 元，均通过银行办理转账结算。

（6）辅助生产车间（机修车间）提供劳务 2 515 小时，其中，为基本生产车间提供劳务 2 000 小时，为管理部门提供劳务 515 小时。

（7）基本生产车间的制造费用按生产工时比例在甲、乙产品之间进行分配。

（8）该企业本月甲产品月初为 200 件，本月投产 700 件，完工入库 600 件，月末在产品 300 件；乙产品月初为 150 件，本月投产 1 000 件，完工入库 800 件，月末在产品 350 件。按约当产量法分别计算甲、乙两种产品的完工产品成本和月末在产品成本。甲产品耗用的材料随加工程度陆续投入，乙产品耗用的材料于生产开始时一次投入，甲产品的完工比率为 30%，乙产品的完工比率为 60%。

甲产品的月初在产品成本为 9 500 元，其中，原材料费用 4 000 元，直接人工费用 1 200元，制造费用 4 300 元；乙产品月初在产品成本为 14 500 元，其中，原材料费用 6 000元，直接人工费用 3 500 元，制造费用 5 000 元。

要求：（1）编制各项费用要素分配表。

（2）编制辅助费用分配表，分配辅助生产费用。

（3）编制基本生产车间制造费用分配表，分配制造费用。

（4）设置甲、乙产品成本明细账，计算甲、乙产品成本。

（5）结转完工产品成本。

（6）编制相应的会计分录。

14. 某公司 20××年 12 月生产甲、乙、丙三种产品，有关资料如下：

（1）月度产品计划产量：甲 10 件、乙 10 件、丙 4 件。实际产量：甲 8 件、乙 15 件、丙 4 件。经查明，产量变动是因为生产部门根据市场需求变化进行了调整。

（2）本月甲、乙产品所耗用原材料因价格上涨，新的产品单位成本升高 1 200 元。针对这一情况，车间会同技术部门研究并采取了节约措施，收到了显著效果。

（3）12 月全部产品生产成本表（按产品种类反映）如表 2-1-77 所示。

表 2-1-77　全部产品生产成本表（按产品种类反映）

单位：某公司　　　　20××年 12 月　　　　单位：元

产品名称	计量单位	实际产量	单位成本			总成本		
			上年实际平均	本年计划	本期实际	按上年实际平均单位成本计算	按本年计划单位成本计算	本期实际成本
可比产品								
甲	件	8	2 050	2 000	2 030	16 400	16 000	16 240
乙	件	15	4 000	3 900	3 800	60 000	58 500	57 000
小计		—	—	—	—	76 400	74 500	73 240
不可比产品：丙	件	4	—	5 700	5 300	—	22 800	21 200
全部产品合计	—	—	—	—	—	—	97 300	94 440

补充资料：

①可比产品成本实际降低额为 3 160 元（计划降低额为 1 500 元）。

②可比产品成本降低率为 4.136 1%（计划降低率为 2.479%）。

③产值成本率为 79 元/百元（计划数为 80 元/百元），本月商品产值实际数为 119 540 元。

要求：（1）如何分析全部产品生产成本表（按产品种类反映）？分析什么？怎样分析？

（2）根据分析结果，结合题中所给资料，对该公司成本工作进行总括评价。

项目二 分批法

项目综述

分批法是成本核算的主要方法之一。本项目主要介绍分批法的特点、适用范围、成本计算程序及应用。通过该项目的实施，学生应认识并掌握成本计算的分批法，并能运用分批法进行相关的实际操作。

任务一 熟悉生产过程

产品成本计算的分批法，是指以产品的批号或订单作为成本计算对象，归集生产费用，计算产品成本的方法。在小批、单件生产的情况下，企业通常是按照订货单位的订单签发生产通知单组织生产的。按照产品批别计算产品成本，往往也就是按照订单计算产品成本，因此，分批法也叫订单法。

情境一 生产类型特点

制造企业产品成本计算的过程，就是对生产经营过程中所发生的费用，按照一定的对象进行归集和分配，计算出产品的总成本和单位成本的过程。不同的生产特点，成本核算的组织方式和成本计算的方法也不相同。

从生产工艺过程特点看，一般而言，单步骤生产企业，由于生产工艺不可间断，应按产品品种设置产品成本明细账，计算产品成本；多步骤连续加工式生产的企业，应按生产步骤设置产品成本明细账，计算产品成本，既按步骤又按品种计算各步骤半成品和产成品成本；多步骤装配式生产的企业，若零部件无独立核算的意义，则不需要按步骤计算半成品成本，应按产品品种计算产品成本。

另外，从产品生产组织特点看，大量生产的企业，连续不断地生产相同产品，只能以产品品种作为成本计算对象。大批生产的企业，可视具体情况，按产品品种或产品批别计算产品成本。单件、小批生产的企业，一批产品一般可同时完工，可按产品批别计算产品成本。

可见，生产的特点在很大程度上影响着成本计算方法的选定。同时，成本计算是为成本管理提供资料的，因此采用什么方法，提供哪些资料，还要考虑成本管理的要求。

情境二　按批别确定成本计算对象

成本计算对象即成本会计核算和监督的内容，也就是为计算产品成本而确定的归集和分配生产费用的各个对象，是成本的承担者。成本计算对象的确定，是设置产品成本明细账（产品成本计算单）、归集生产费用、计算产品成本的前提，也是区别各种成本计算基本方法的主要标志。

采用分批法计算成本的企业，生产活动基本上是根据购货者订单、生产计划部门所下达的生产通知单组织的。企业各生产车间、财会部门、仓库等应以生产通知单为准，协调一致组织安排生产经营。生产通知单也称内部订单、工作命令单或开工通知单。单中应详细注明产品的名称、规格、数量、生产时间等。生产计划部门应周密研究原材料采购、生产效率、生产工艺路线、零部件的投产、生产能力等各方面因素，确定各批产品生产的先后顺序、数量和开始制造日期等，开设生产通知单。生产通知单是企业仓库发料、车间生产、财会部门支付费用的重要依据。

采用分批法核算成本，一般是以订单划分批别的，主要有：

（1）一张订单为一种产品，批量适中，可以将该订单作为一批产品。

（2）一张订单为一种产品，但批量很大，或一张订单中的产品不同，可将订单分为几批组织生产。

（3）几张订单为相同的产品，可合并为一批组织生产。

生产计划部门以上述所划分的批别下达生产通知单，据此分批进行生产。具体计算成本时，一般以订单或产品批别作为成本计算对象。成本计算单也是按批别设置的。

采用分批法计算成本的企业，成本计算期与生产周期应保持一致，是不定期的。一般在各批别产品完工时计算成本。

情境三　分批法的适用范围

分批法主要适用于根据客户订单生产的企业，通常适用于下列从事小批、单件的产品生产企业。

一、根据客户的要求生产特殊规格、规定数量产品的企业

根据客户的要求生产特殊规格、规定数量产品的企业，可以承接客户委托加工的单件大型产品，如船舶、重型机器，也可以受托生产多件同样规格的产品，如特种仪器或专用设备。

二、产品种类经常变动的小规模企业

产品种类经常变动的小规模企业往往需要根据市场变化不断调整生产品种和数量，不可能大批量生产，只能按产品的批别计算成本，如小五金商品和服装的生产等。

三、专门承揽修理业务的企业

由于修理业务各种各样，各种不同的修理业务的成本不尽相同，因此，专门承揽修理业务的企业需要按单项修理业务归集费用，计算修理业务成本。

四、承担新产品开发试制部门

承担新产品开发试制部门在产品开发期间不可能大批生产试制的产品，因而属于小批量生产，宜采用分批法计算试制产品的成本。

情境四　分批法的特点

分批法的特点主要表现在成本计算对象、成本计算期和生产费用的分配三个方面。

一、以产品批号或订单作为成本计算对象

当一张订单中规定有几种产品，或者虽然只有一种产品但数量较大而又要求分批交货时，如果按订货单位的订单组织生产，就不利于按产品品种考核、分析成本计划的完成情况，从而生产管理上也就不便于集中一次投料，或满足不了分批交货的要求。针对这一情况，企业生产计划部门可以将上述订单按照产品品种划分批别组织生产，或将同类产品划分数批组织生产、计算成本。

如果在一张订单中只规定一件产品，但其属于大型复杂的产品，且价值较大，生产周期长，如大型船舶制造，也可以按照产品的组成部分分批组织生产、计算成本。

如果在同一时期内，企业接到不同购货单位要求生产同种产品的几张订单，为了经济合理地组织生产，企业生产计划部门可以将几张订单合并为一批组织生产、计算成本。此时，分批法的成本计算对象不是购货单位的订单，而是企业生产部门按照购货单位的订单，结合企业的实际情况签发下达的生产通知单，单内对该批生产任务进行编号，这种编号称为产品批号或生产令，成本会计部门应当根据产品批号设置基本生产成本明细账。

二、以各批产品的生产周期为成本计算期

分批法以产品的批别为对象计算产品成本，每批产品的成本只有在该批产品完工时才能计算出来，因此成本计算期就是每批产品的生产周期，它与会计报告期通常不一致。每一批次产品的生产周期依据合同要求而定，因此，分批法的成本计算期是不确定的。

三、期末分配和计算完工产品与月末在产品成本的方法较为简单

在分批法下，由于成本计算期与产品的生产周期一致，因而在月末计算产品成本时，一般不存在在完工产品与在产品之间进行费用分配的问题。

在单件生产的情况下，产品完工前，所归集的生产费用就是在产品成本，产品完工后，所归集的生产费用就是完工产品成本。因而，在月末计算成本时，不存在在完工产品与在产品之间分配费用的问题。

在小批生产的情况下，月末计算产品成本时，往往已经全部完工形成完工产品成本，

或者全部没有完工形成期末在产品成本。因此，一般也不存在在完工产品和在产品成本之间分配费用的问题。

但在批量较大的情况下，往往批内产品会跨月陆续完工交货，为了使收入与费用相配比，需要将所归集的生产费用在完工产品与在产品之间进行分配，以便计算完工产品成本和月末在产品成本。

为了简化核算手续，对于同一批次内先完工的产品，可以按计划单位成本、定额单位成本或最近一期相同产品的实际单位成本计价，从该批产品的成本计算单中转出，剩下的即该批产品的在产品成本。当该批产品全部完工时，另行计算该批产品实际总成本和单位成本。此外，还应计算该批产品的实际总成本，对原来计算并转出的前期完工产品成本不作账面调整。这种分配方法的核算工作虽简单，但分配结果不是很准确，因而当批内产品跨月陆续完工的情况较多、月末完工产品数量占批量比重较大时，为了提高成本计算的正确性，则应采用适当的方法，在完工产品和在产品之间进行费用分配，计算完工产品和月末在产品成本。为了使同一批次产品尽量同时完工，避免跨月陆续完工的情况，减少在完工产品和在产品之间费用分配的工作，在合理组织生产的前提下，可以适当缩小产品的批量。

任务二 生产费用的归集与分配

情境一 分批法的成本计算程序

一、按批别或订单开设产品成本明细账

根据生产部门签发的生产通知单中所规定的产品批号，为每批产品开设基本生产成本明细账，在明细账账页上既要注明批号，也要列明产品名称。按成本项目归集生产费用，计算本批产品的成本。

二、归集与分配生产费用

在月份内须将各批次产品的直接费用，如直接材料、直接人工等，在原始凭证上填明生产批号和订单号，以便将各项生产费用归集、分配后，直接记入相应的产品成本明细账中的“直接材料”“直接人工”等成本项目。对辅助生产发生的各项生产费用，以及为组织和管理生产所发生的制造费用，则需要按照发生的地点和用途先进行归集，然后按照受益原则并采用适当的方法分配记入相应的各产品成本明细账中相应的成本项目。

三、计算完工产品成本

月末加计完工批别成本明细账中所归集的费用，计算完工产品的实际总成本和单位成本；月末各批未完工产品成本明细账中归集的生产费用即月末在产品成本；若月末有部分完工、部分未完工的产品，则要采用适当的方法在完工产品和月末在产品之间分配

费用。

由于在分批法下，批内产品跨月陆续完工的情况不多，因而，在跨月陆续完工的情况下，月末计算完工产品成本时，可采用计划成本、定额成本或最近时期相同产品的实际成本对完工产品进行计价的简易方法计算，等到全部产品完工时，再计算该批产品实际的总成本和单位成本，并进行结转。分批法成本计算的一般程序如图 2－2－1 所示。

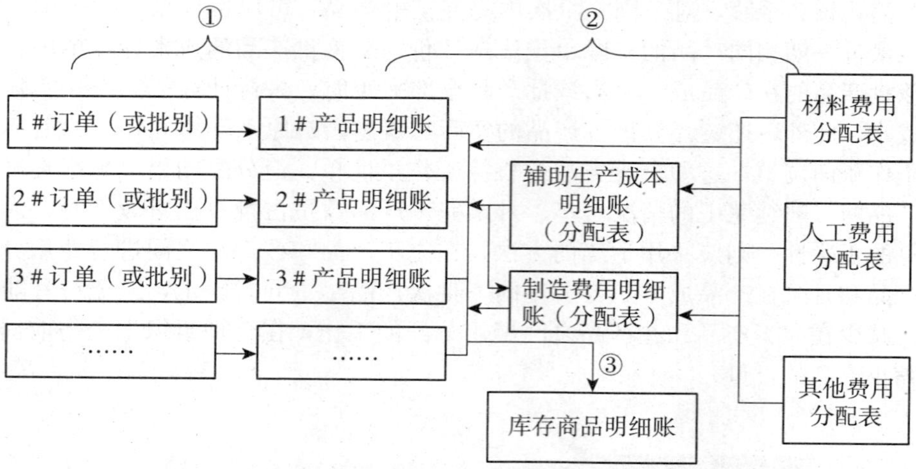

图 2－2－1 分批法成本计算程序

注：①按批别或订单开设明细账。

②归集与分配生产费用。

③计算并结转完工产品成本。

情境二 一般分批法的应用

【例 2－2－1】 某公司属于小批生产企业，生产甲、乙、丙三种产品，采用分批法计算成本。该公司 20××年 8 月投产批次及生产情况如下：

（1）产品生产批次及完工情况如表 2－2－1 所示。

表 2－2－1 **产品生产情况**

产品批号	产品名称	投产情况	本月完工数量	月末在产品
0831	丙产品	7 月 25 日投产 40 件	10 件	30 件
0832	甲产品	8 月 5 日投产 20 件	15 件	5 件
0833	乙产品	8 月 20 日投产 20 件	0 件	20 件

（2）月初在产品资料如表 2－2－2 所示。

表 2－2－2 **在产品资料** 单位：元

产品批号	产品名称	成本项目			合计
		直接材料	直接人工	制造费用	
0831	丙产品	24 000	3 200	4 660	31 860

（3）本月各批产品发生的生产费用资料如表 2－2－3 所示。

表 2-2-3　　产品生产费用资料　　单位：元

批号	产品名称	直接材料	直接人工	制造费用	合计
0831	丙产品	—	8 800	122 000	130 800
0832	甲产品	47 600	12 000	15 000	74 600
0833	乙产品	49 200	4 688	6 240	60 128

（4）各批号产品生产费用在完工产品与在产品之间的分配方法如下：

0831 批号丙产品：完工数量少，完工产品按计划成本结转。每件产品的计划单位成本为：直接材料 600 元，直接人工 360 元，制造费用 500 元。

0832 批号甲产品：完工数量较大，原材料在生产开始时一次投入。完工产品与在产品之间的生产费用分配采用约当产量法，在产品完工程度为 50%。

0833 批号乙产品：由于全部未完工，本月生产费用全部是在产品成本。

采用分批法计算成本如下：

根据上述资料，采用分批法设置产品成本计算单，计算各批产品的完工产品成本和月末在产品成本，见表 2-2-4～表 2-2-6。

表 2-2-4　　产品成本计算单

批号 0831　　投产日期：7 月　　批量：40 件

产品名称：丙产品　　完工日期：　　本月完工：10 件

摘要	直接材料	直接人工	制造费用	成本合计
月初在产品费用	24 000	3 200	4 660	31 860
本月发生费用	0	8 800	122 000	130 800
费用累计	24 000	12 000	126 660	162 660
完工产品成本	6 000	3 600	5 000	14 600
月末在产品成本	18 000	8 400	121 660	148 060

在表 2-2-4 中，计算 0831 批号丙产品完工产品与在产品成本，并登记 0831 批号丙产品的基本生产成本明细账。

丙产品本月完工 10 件，按计划单位成本计算完工产品成本如下：

完工产品直接材料费用＝600×10＝6 000（元）

完工产品直接人工费用＝360×10＝3 600（元）

完工产品制造费用＝500×10＝5 000（元）

完工丙产品总成本＝6 000＋3 600＋5 000＝14 600（元）

月末在产品成本＝全部生产费用合计－完工产品成本

＝162 660－14 600＝148 060（元）

表 2-2-5　　产品成本计算单

批号 0832　　投产日期：8 月　　批量：20 件

产品名称：甲产品　　完工日期：　　本月完工：15 件

摘要	直接材料	直接人工	制造费用	成本合计
月初在产品费用	0	0	0	0
本月发生费用	47 600	12 000	15 000	74 600

续前表

摘要	直接材料	直接人工	制造费用	成本合计
费用累计	47 600	12 000	15 000	74 600
完工产品成本	35 700	10 285.71	12 857.14	58 842.85
月末在产品成本	11 900	1 714.29	2 142.86	15 757.15

在表 2-2-5 中，计算 0832 批号甲产品完工产品与在产品成本，并登记 0832 批号甲产品的基本生产成本明细账。

甲产品本月完工 15 件，分配生产费用如下：

$$完工产品直接材料费用=\frac{47\ 600}{20}\times15=35\ 700（元）$$

$$月末在产品直接材料费用=47\ 600-35\ 700=11\ 900（元）$$

$$完工产品直接人工费用=\frac{12\ 000}{15+5\times50\%}\times15=10\ 285.71（元）$$

$$月末在产品直接人工费用=12\ 000-10\ 285.71=1\ 714.29（元）$$

$$完工产品制造费用=\frac{15\ 000}{15+5\times50\%}\times15=12\ 857.14（元）$$

$$月末在产品制造费用=15\ 000-12\ 857.14=2\ 142.86（元）$$

表 2-2-6　　　　产品成本计算单

批号 0833　　　　投产日期：8 月　　　　批量：20 件

产品名称：乙产品　　　　完工日期：　　　　本月完工：0 件

摘要	直接材料	直接人工	制造费用	成本合计
月初在产品费用	0	0	0	0
本月发生费用	49 200	4 688	6 240	60 128
费用累计	49 200	4 688	6 240	60 128
月末在产品成本	49 200	4 688	6 240	60 128

在表 2-2-6 中，因本期没有完工产品，所以，本期费用累计全部为月末在产品成本。

情境三　简化分批法

在小批、单件生产的企业或车间中，当同一月份投产的产品批数很多，如几十批甚至上百批，且月末完工的批数也较多时，如果将当月发生的间接计入费用全部分配给各批产品，而不管各批产品是否已经完工，费用分配的核算工作将非常繁重。因此，在这类企业或车间中，还可以采用一种简化的分批法。

简化分批法，是指通过对间接费用采用累计分配率进行分配，减少成本计算工作量的分批法。即将每月发生的人工费用和制造费用等间接费用，不再按月在各批产品之间进行分配，而是将这些间接费用累计起来，待某批产品完工时，根据完工产品工时占累计总工时的比例，确认完工产品应负担的间接费用，据以计算完工批次产品成本。因此，这种方法又被称为累计间接费用分配法。由于简化分批法在月末未完工产品的批别之间不再分配间接费用，因此，也被称为不分批计算在产品成本的分批法。简化分批法适用于投产批次较多，而每月完工批次较少的企业。

一、简化分批法的特点

第一，要增设基本生产成本二级账。采用简化分批法时，企业在按批次设置基本生产成本明细账的同时，还要设置基本生产成本二级账。前者在平时只登记直接计入的原材料费用和生产工时，后者则归集企业投产的所有批次产品的各项费用和累计的全部生产工时。

第二，在有完工产品的月份，要计算累计间接费用分配率，在没有完工产品的月份，不再分配发生的间接费用。累计间接费用分配率，既是在各批完工产品之间分配各项间接费用的依据，也是在完工产品与月末在产品之间分配各项间接费用的依据。其计算公式为：

$$某项累计间接费用分配率=\frac{全部产品累计该项间接费用}{全部产品累计工时}$$

完工产品批别应负担的间接费用＝该批别产品的累计工时数×累计间接费用分配率

在实际工作中，间接费用包括人工费用与制造费用，因此通常要分别计算累计人工费用分配率和累计制造费用分配率，分别计算完工批次产品应负担的人工费用与制造费用。

第三，对当月完工的不同批次的产品均按同一个累计间接费用分配率进行分配。在有完工产品批次的月份，不论完工批次的多少，都只计算统一的累计分配率进行间接费用的分配。这样不仅简化了间接费用的分配工作，还简化了对未完工批别产品成本明细账的登记工作，因此，企业未完工的批数越多，核算就越简化。

二、简化分批法的成本计算程序

简化分批法的成本计算程序为：

首先，根据生产通知单设立多张基本生产成本明细账，并设置基本生产成本二级账。根据材料费用分配表和生产工时记录等将各批别耗用的材料费和耗用的工时记入各成本明细账和二级账。

其次，根据其他要素费用分配表，将人工费用和制造费用记入基本生产成本二级账。

再次，月终，将基本生产成本二级账中的直接材料费用和生产工时与成本明细账中的直接材料费用和生产工时相核对。

最后，月终，如有完工产品，计算累计间接费用分配率，并据此分配间接费用，登记基本生产成本明细账。

三、简化分批法的运用

【例 2-2-2】　某公司分批生产多种产品，产品批次和月末未完工产品批次都较多，为了简化成本核算工作，采用简化分批法计算产品成本。20××年 6 月的生产情况如下：

（1）月初基本资料如表 2-2-7 所示。

表 2-2-7　　月初基本资料　　金额单位：元

产品名称	批号	月初在产品累计工时	月初直接材料	月初直接人工	月初制造费用
甲	101	3 600	5 750		
乙	102	1 200	4 300		
丙	103	1 900	3 200		
合计		6 700	13 250	3 450	4 700

（2）本月的生产情况、耗用的工时和直接材料如表 2-2-8 所示。

表 2-2-8　　本月发生费用　　金额单位：元

产品名称	批号	批量（件）	投产日期	完工日期	本月耗用工时	本月发生直接材料
甲	101	20	5 月	6 月	900	500
乙	102	10	5 月	6 月（完工 5 件）	1 700	600
丙	103	8	5 月	8 月	3 280	600

（3）本月发生的各项间接费用为：直接人工 2 800 元，制造费用 4 500 元。

以上各批产品的材料费用为一次投入，加工费用陆续发生，102 批号产品中完工的 5 件产品所耗工时占累计总工时的 80%。

根据上述资料，登记基本生产成本二级账和产品成本明细账，并计算完工产品成本。该公司基本生产成本二级账累计资料如表 2-2-9 所示。

表 2-2-9　　基本生产成本二级账（全部各批次产品总成本）　　金额单位：元

20××年		摘要	生产工时	直接材料	直接人工	制造费用	合计
月	日						
5	31	累计发生	6 700	13 250	3 450	4 700	21 400
6	30	本月发生	5 880	1 700	2 800	4 500	9 000
6	30	累计发生数	12 580	14 950	6 250	9 200	30 400
		累计间接费用分配率			0.50	0.73	
		本月完工成本转出	6 820	8 700	3 410	4 978.60	17 088.60
		月末在产品	5 760	6 250	2 840	4 221.40	13 311.40

表 2-2-9 中数据说明如下：

（1）5 月末在产品的生产工时和各项费用是截至 5 月末各批产品的累计生产工时和发生的累计生产费用。

（2）6 月发生的直接材料费用和生产工时，根据 6 月各批次产品的直接材料费用分配表、生产工时记录登记（与各该批次产品的基本生产成本明细账平行登记），6 月发生的直接人工和制造费用等间接费用，根据各该费用分配表登记。

（3）完工产品的直接材料费用和生产工时，根据各批次产品基本生产成本明细账中完工产品的直接材料费用和生产工时汇总登记，即

完工产品直接材料费用＝6 250＋2 450＝8 700（元）

完工产品工时＝4 500＋2 320＝6 820（工时）

（4）全部产品累计间接费用分配率：

$$全部产品累计直接人工分配率=\frac{6\ 250}{12\ 580}=0.50$$

$$全部产品累计制造费用分配率=\frac{9\ 200}{12\ 580}=0.73$$

完工产品应负担的各项间接费用，可以根据完工批次产品的基本生产成本明细账中所列生产工时分别乘以各该累计间接费用分配率计算，即

完工产品直接人工=6 820×0.50=3 410（元）

完工产品制造费用=6 820×0.73=4 978.60（元）

（5）月末在产品的直接材料费用和生产工时，可以根据基本生产成本二级账中累计的直接材料费用和生产工时分别减去本月完工产品的直接材料费用和生产工时计算登记；也可以根据各批次产品的基本生产成本明细账中的月末在产品的直接材料费用和生产工时汇总后登记。

（6）月末在产品的各项间接费用，可以根据基本生产成本二级账中在产品生产工时分别乘以各该费用累计分配率计算登记；也可以根据基本生产成本二级账中各该成本项目的累计数分别减去完工产品负担的相应费用后计算登记。

各批次产品成本明细账如表 2-2-10～表 2-2-12 所示。

表 2-2-10　　基本生产成本明细账

批号 101　　投产日期：5 月

产品名称：甲　　完工日期：6 月

产量：20 件　　完　　工：20 件

20××年		摘要	生产工时	直接材料	直接人工	制造费用	合计
月	日						
5	31	累计发生	3 600	5 750	0	0	5 750
6	30	本月发生	900	500	0	0	500
6	30	累计发生数	4 500	6 250	0	0	6 250
		累计间接费用分配率			0.50	0.73	
		完工产品应负担间接费用			2 250	3 285	5 535
		本月完工成本转出	4 500	6 250	2 250	3 285	11 785
		单位成本		312.50	112.50	164.25	589.25

表 2-2-10 中数据说明如下：

在各批次产品的基本生产成本明细账中，平时只登记直接材料费用和发生的工时，因此，在没有完工产品的月份，各账户的直接材料累计数即各该批次月末在产品的全部直接材料成本，工时累计数即各该批次产品所消耗的全部生产工时。各批次产品的基本生产成本明细账的累计直接材料成本与累计生产工时相加之和，应该等于基本生产成本二级账中所反映的全部批次的在产品直接材料费用累计数与生产工时累计数。

当月有完工产品（包括全批完工和批内部分完工）批次的基本生产成本明细账，除了要登记当月发生的直接材料费用和生产工时外，还要加计材料费用累计数，并根据基本生产成本二级账相关数据计算的累计间接费用分配率确认完工产品应负担的直接人工费用和制造费用，计算完工产品的总成本与单位成本。

批号为 101 的甲产品，本月全部完工，因而其产品成本明细账中累计的原材料费用和

生产工时就是完工产品的原材料费用和生产工时，以其生产工时分别乘以各项累计间接费用分配率，即完工产品应分配的各项间接计入费用。根据累计间接费用分配率，计算甲产品应负担的直接人工费用和制造费用如下：

101 批次甲产品应负担的直接人工费用＝4 500×0.50＝2 250（元）

101 批次甲产品应负担的制造费用＝4 500×0.73＝3 285（元）

表 2－2－11　　基本生产成本明细账

批号：102　　投产日期：5 月

产品名称：乙　　完工日期：6 月

产量：10 件　　完　工：5 件

20××年		摘要	生产工时	直接材料	直接人工	制造费用	合计
月	日						
5	31	累计发生	1 200	4 300			4 300
6	30	本月发生	1 700	600			600
6	30	累计发生数	2 900	4 900			4 900
		累计间接费用分配率			0.50	0.73	
		完工产品应负担间接费用	2 320		1 160	1 693.60	2 853.60
		本月完工成本转出	2 320	2 450	1 160	1 693.60	5 303.60
		月末在产品	580	2 450	0	0	0

批号为 102 的乙产品，本月没有全部完工并且其原材料是一次投入，所以需要将直接材料在完工产品和在产品之间进行分配，可以采用数量比例分配法，计算如下：

$$102\text{ 批次乙产品直接材料分配率}=\frac{4\ 900}{10}=490$$

102 批次已完工的乙产品应负担的直接材料费用＝5×490＝2 450（元）

由于乙产品的加工费用陆续发生，且其完工的 5 件产品所耗工时占累计总工时的 80%（题目条件给出），所以：

102 批次已完工的乙产品应结转的工时＝80%×2 900＝2 320（工时）

根据累计间接费用分配率，计算已完工的乙产品应负担的直接人工费用和制造费用：

102 批次已完工的乙产品应负担的直接人工费用＝2 320×0.50＝1 160（元）

102 批次已完工的乙产品应负担的制造费用＝2 320×0.73＝1 693.60（元）

表 2－2－12　　基本生产成本明细账

批号：103　　投产日期：5 月

产品名称：丙　　完工日期：

产量：8 件　　完　工：0 件

20××年		摘要	生产工时	直接材料	直接人工	制造费用	合计
月	日						
5	31	累计发生	1 900	3 200			3 200
6	30	本月发生	3 280	600			600

批号为 103 的丙产品本月均未完工，因此，各该批次产品的基本生产成本明细账中只登记本月发生的直接材料费用和生产工时，各该批次产品基本生产成本明细账中直接材料费用和生产工时的累计数，即月末在产品的直接材料费用和累计消耗工时。

四、简化分批法的优缺点

采用简化分批法，可以简化费用的分配和登记工作，月末未完工产品的批数越多，核算工作就越简单。但是采用简化分批法也有不足之处：一是未完工批别的基本生产成本明细账不能完整地反映在产品的成本。二是如果各月发生的间接费用相差悬殊，会影响各月产品成本计算的正确性。例如，前几个月的间接费用较多，本月的间接费用较少，而某批产品本月投产本月完工，这样，按累计间接费用分配率计算的该批完工产品成本就会发生不应有的偏高；反之，会造成不应有的偏低。此外，如果月末未完工产品的批数不多，也不宜采用这种方法。因为，一方面仍要对完工产品分配登记各项间接费用，不能简化核算工作；另一方面在一定程度上会影响产品成本计算的正确性。

因此，应用简化分批法必须具备两个条件：一是各个月份的间接费用水平比较均衡；二是月末未完工产品的批数较多。这样才能保证既简化产品成本的核算工作，又确保产品成本计算的正确。

项目测试题

一、思考题

1. 分批法的主要特点是什么？
2. 简述分批法的一般核算程序。
3. 简化分批法的特点是什么？适用于什么企业？

二、技能训练题

1. 某制造企业属于小批生产企业，生产甲、乙、丙三种产品，采用分批法计算成本。该企业20××年3月投产批次及生产情况如下：

（1）生产批次及完工情况如表2-2-13所示。

表2-2-13 产品生产情况

产品批号	产品名称	投产情况	本月完工数量	月末在产品
205	丙产品	2月25日投产20件	5件	15件
301	甲产品	3月5日投产10件	6件	4件
302	乙产品	3月20日投产10件		10件

（2）月初在产品资料如表2-2-14所示。

表2-2-14 在产品资料 单位：元

产品批号	产品名称	成本项目			合计
		直接材料	直接人工	制造费用	
205	丙产品	12 000	1 600	2 880	16 480

（3）本月各批产品发生的生产费用资料如表2-2-15所示。

表 2-2-15 产品生产费用资料 单位：元

批号	产品名称	直接材料	直接人工	制造费用	合计
301	甲产品	33 600	5 500	8 200	47 300
302	乙产品	24 600	2 280	3 120	30 000
205	丙产品	—	4 400	6 120	10 520

（4）各批产品生产费用在完工产品与在产品之间的分配方法如下：

205 批号丙产品：完工数量少，完工产品按计划成本结转。每件产品的计划单位成本为：直接材料 600 元，直接人工 360 元，制造费用 500 元。

301 批号甲产品：完工数量较大，原材料在生产开始时一次投入。完工产品与在产品之间的生产费用分配采用约当产量法，在产品完工程度为 50%。

302 批号乙产品：由于全部未完工，本月生产费用全部是在产品成本。

要求：根据上述资料，采用分批法设置与登记基本生产成本明细账，计算各批产品的完工产品成本和月末在产品成本。

2. 某公司属于小批生产的企业，产品批数多，每月末又有很多批号产品没有完工，因而采用简化分批法计算产品成本。该公司 20××年 4 月的有关生产情况如下：

（1）4 月投产的产品批号及产品完工情况如表 2-2-16 所示。

表 2-2-16 投产和完工情况

产品批号	订货单位	产品名称	投产情况	本月完工情况		月末在产品
				完工时间	完工数量	
401	三江公司	甲产品	4 月 1 日投产 10 件	4 月 25 日	10 件	
402	宏大公司	乙产品	4 月 5 日投产 10 件	4 月 30 日	5 件	5 件
403	近江公司	丙产品	4 月 15 日投产 10 件			10 件
404	黄山公司	丁产品	4 月 20 日投产 5 件			5 件
405	三江公司	甲产品	4 月 22 日投产 15 件			15 件

（2）各批号产品的原材料在生产开始时一次投入。各批号产品本月发生的原材料费用及生产工时如表 2-2-17 所示。

表 2-2-17 产品生产费用资料 金额单位：元

编号	产品名称	原材料	本月生产工时	本月完工产品所耗工时	月末在产品所耗工时
401	甲产品	16 120	3 250	3 250	—
402	乙产品	3 680	750	480	270
403	丙产品	5 360	2 840		2 840
404	丁产品	3 290	2 120		2 120
405	甲产品	24 180	1 680		1 680
合计		52 630	10 640	3 730	6 910

注：生产工时根据考勤记录于月终入账。

（3）4 月 30 日分配的生产工人薪酬为 55 328 元，4 月共发生制造费用 23 408 元。

要求：（1）开设并登记基本生产成本二级账和各批产品基本生产成本明细账。

（2）计算并登记累计间接费用分配率。

（3）计算完工产品成本。

3. 某厂根据客户的订单分批组织生产，采用分批法计算产品成本，甲产品的原材料在加工时一次投入。20××年7月，甲、乙两批产品的生产费用为：

甲产品：直接材料10 500元，直接人工1 890元，制造费用4 000元；

乙产品：直接材料30 000元，直接人工900元，制造费用1 500元。

各费用在其成本计算单中列支，8月有关资料如下：

（1）各批产品的生产情况如表2-2-18所示。

表2-2-18　各批产品的产量和工时

产品批号	产品名称	开工日期	批量（台）	完工产量（台）		月耗用工时（小时）
				7月	8月	
011	甲	7月	20	10	10	2 500
012	乙	7月	15		15	1 500
013	丙	8月	10			1 000

（2）8月各批产品耗用材料情况：

1）012批号乙产品耗用原材料40 500元，013批号丙产品耗用原材料9 500元。

2）8月归集的生产工人的人工费用为4 000元，人二费用按生产工时在各批产品之间分配。

3）8月制造费用明细账归集的制造费用为6 000元，制造费用按生产工时比例在各批产品之间分配。

（3）该厂对先完工的产品按计划成本结算，待订单产品全部完工后重新计算完工产品的总成本和单位成本。甲产品完工产品成本定额为950元/件，其中材料定额为500元/件，直接人工定额为150元/件，制造费用定额为300元/件。

要求：（1）编制工资费用分配表。

（2）归集并分配制造费用。

（3）计算各批完工产品成本。

项目三 分步法

项目综述

分步法是成本核算的主要方法之一。本项目主要介绍分步法的一般特点；逐步结转分步法的特点及成本计算程序；逐步结转分步法下的综合结转分步法、分项结转分步法；综合结转分步法下的成本还原；平行结转分步法的特点及成本计算程序。通过该项目的学习，学生应认识并掌握成本计算的分步法，并能进行实际操作。

任务一 熟悉生产过程

计算产品成本的分步法，是指以产品的生产步骤作为成本计算对象，归集生产费用，计算产品成本的一种方法。在大批量多步骤生产的企业，其产品生产是分步骤进行的，各个生产步骤所生产完成的各种不同的半成品（最后一个步骤生产出完工产品）大多需要进一步加工，企业通常是按照各个生产步骤组织生产，按照产品生产的步骤计算出各个步骤半成品的成本。

情境一 生产类型特点

工业企业产品成本计算的过程，就是对生产经营过程中所发生的费用，按照一定的对象进行归集和分配，计算出产品的总成本和单位成本的过程。其中，生产类型的特点在很大程度上影响着成本计算方法的特点；同时，成本计算是为成本管理提供资料的，因此采用什么方法、提供哪些资料，要考虑成本管理的要求。企业在确定成本计算方法时，必须从实际情况出发，同时考虑生产类型特点和管理的需要。

从产品生产工艺过程的特点看，单步骤生产企业，其生产工艺过程不能间断，不可能也不需要划分为几个生产步骤，只能由一个企业独立完成，而不能由几个企业协作进行生产。多步骤生产企业，其生产工艺过程是由可以间断的若干生产步骤所组成，可以由几个企业或车间协作进行生产来完成；多步骤连续加工式生产，需要经过许多相互联系的加工步骤才能最后生产出产成品，前一个步骤生产出来的半成品是后一个加工步骤的加工对象，直到最后加工步骤才能生产出产成品；多步骤装配式生产，在各个步骤进行平行加工，制造出产成品所需的各种零件和部件，最后将各生产步骤的零部件组装成产成品。

从产品生产组织方式的特点看，大量生产的企业，不断地重复生产相同的产品，其主要特点是企业生产的产品品种较少，而且比较稳定，各种产品的产量较大。成批生产的企业，按照预先确定的产品批别和数量进行生产，其主要特点是企业生产的产品品种较多，各种产品数量多少不等，而且具有一定的重复性。单件生产的企业，根据订货单位的要求，进行个别的、特殊的产品的生产，其主要特点是企业生产的产品品种多，每一订单产品数量少，一般不重复生产，或进行不定期重复生产。

单步骤生产和多步骤连续加工式生产的生产组织多为大量生产。多步骤装配式生产的生产组织，则有大量生产、成批生产和单件生产的区别。

情境二 按步骤确定成本计算对象

成本计算对象是指企业为了计算产品成本而确定的归集和分配生产费用的各个对象，即成本会计核算和监督的内容，是成本的承担者。企业在进行成本计算时，首先应确定成本计算对象，按照确定的成本计算对象设置基本生产成本明细账（或产品成本计算单），据此归集和分配每个成本计算对象所发生的费用，这也是区别各种成本计算基本方法的主要标志。

成本计算对象主要应根据企业生产类型的特点和成本管理的要求来确定。企业生产类型不同，成本管理要求就不同，成本计算对象也就不一样。采用分步法计算成本的企业，一般是大批量多步骤重复生产的企业，由于其生产过程是可以间断的，故这种生产可以由几个车间或企业在不同的时间和地点协作进行。多步骤连续加工式生产的企业，为了加强各个生产步骤的成本管理，往往不仅要求按照产品的品种或批别计算成本，而且要求按照产品生产的步骤计算出各个步骤半成品的成本，所以，它的成本计算对象就是每种产品及其所经过的生产步骤。多步骤装配式生产的企业，若零部件无独立核算意义，则不需要按步骤计算半成品成本，而以产品品种作为成本计算对象。

在实际工作中，产品成本计算的分步与产品生产步骤的划分不一定完全一致，一般而言，在按生产步骤设立的车间企业中，分步计算成本就是分车间计算成本。但是，如果企业生产规模很大，车间内又分成几个生产步骤，而管理上又要求分步计算成本，则可以在车间内再分步计算成本；相反，如果企业规模很小，管理上也不要求分车间计算成本，则可以把几个车间合并为一个步骤计算成本。因此，企业既应根据管理的要求，又应本着简化计算工作的原则确定成本计算对象。

情境三 分步法的适用范围

分步法主要适用于大量、大批的多步骤生产企业的产品成本计算，例如，冶金、纺织、造纸以及大量、大批生产的机械制造等企业。在这些企业中，产品生产可以划分为若干个生产步骤。例如，冶金企业的生产可以分为炼铁、炼钢、轧钢等步骤；纺织企业的生产可以分为纺纱、织布、印染等步骤；造纸企业的生产可以分为制浆、制纸等步骤；机械制造企业的生产可以分为铸造、加工、装配等步骤。在产品的整个生产过程中，生产步骤是可以间断的，而生产工艺过程又是由各个连续的若干生产步骤所组成，每经过一个生产步骤（最后一个生产步骤除外），都会生产出各种不同的半成品，这些半成品有的可以用于下一个步骤继续加工或装配，有的可以对外销售。产品成本的计算为适应管理的需要，不仅要求按照产品的品种计算产品成本，而且要求按照生产步骤归集生产费用，计算各生产步骤的半成品成本，以便考核完工产品及其所经过的生产步骤的成本计划的执行情况。

情境四　分步法的特点和种类

一、分步法的特点

分步法的特点主要表现在成本计算对象、成本计算期和生产费用的分配等方面。

（一）成本计算对象为各种产品及其所经过的生产步骤

在大量、大批、多步骤重复生产的情况下，为了加强对成本的管理和核算，通常按生产步骤归集生产费用，并以产品作为成本计算对象。因此，在计算产品成本时，应按照产品的生产步骤设立产品成本明细账。如果只生产一种产品，成本计算对象就是该种产品及其所经过的各生产步骤。产品成本明细账应该按照产品的生产步骤开立。如果生产多种产品，成本计算对象则是各种产品及其所经过的各生产步骤。产品成本明细账应该按照每种产品的各个生产步骤开立。在进行成本计算、分配和归集生产费用时，单设成本项目的直接费用，直接计入各成本计算对象；单设成本项目的间接费用，分配计入各成本计算对象；不单设成本项目的费用，一般先按车间、部门或者费用用途归集，月末再直接计入或分配计入各成本计算对象。

（二）成本计算期同会计报告期相一致

在大量、大批、多步骤生产的企业中，在分步法下，以产品和及其所经过的生产步骤作为成本计算对象，由于生产过程相对较长且可以间断，原材料连续不断地投入，而产品又是大量重复生产，因此，成本计算无法同生产周期一致，而是同会计报告期相一致，定期计算，每个会计报告期都要进行产品成本计算。

（三）生产费用在完工产品与在产品之间分配

在大量、大批、多步骤生产的企业中，由于生产过程较长且可以间断，产品往往都是跨月陆续完工，因此，成本计算一般都是按月定期地进行，从而与生产周期不相一致。在月末计算产品成本时，各步骤一般都存在未完工的在产品。因此，为了计算完工产品成本和月末在产品成本，需要采用适当的分配方法，将归集在基本生产成本明细账中的生产费用在完工产品与在产品之间进行分配。

（四）存在步骤成本的结转

由于产品生产是分步骤进行的，上一步骤生产的半成品是下一步骤的加工对象，因此，为了计算各种产品的产成品成本，还需要按照产品品种结转各步骤成本。也就是说，与其他成本计算方法不同，采用分步法计算产品成本时，各步骤还需进行成本结转，这是分步法的一个重要特点。

二、分步法的种类

在大量、大批、多步骤生产的企业中，由于产品生产是分步骤进行的，因此各个生产步骤所生产完成的各种不同的半成品（最后一个步骤生产出完工产品）大多需要进一步加工，有的则可以对外销售。多步骤生产企业对产品的生产步骤划分方式、对各生产步骤进行成本管理的要求都会存在不同。从满足企业对成本管理的要求与简化成本计算工作角度考虑，对各生产步骤生产的半成品有的需要计算并结转半成品成本，有的则不需要计算半成品成本。因此，产品成本计算的分步法按是否需要计算和结转各步骤半成品成本，分为逐步结转分步法和平行结转分步法两种。

任务二　生产费用的归集与分配

在分步法下，最终完工产品的成本计算是建立在每个加工部门或加工步骤产品（即半成品）成本计算的基础上。每个加工部门或步骤为了区分转入下道工序或计入最终完工产品成本的份额，需要在本部门产品明细账记录的基础上，编制产品成本计算单，计算本部门的完工产品成本和在产品成本。分步法的计算程序是：产品成本明细账按每种产品的每个生产步骤设立，以归集各产品各步骤所发生的费用；计算各步骤完工产品和月末在产品成本；将本步骤计算的完工产品成本转入下一步骤或直接转入最终产品成本。

情境一　逐步结转分步法

一、逐步结转分步法的含义及适用范围

逐步结转分步法是指按产品加工步骤的先后顺序，逐步计算并结转各步骤半成品成本，直到最后计算出完工产品成本的一种方法。计算各生产步骤的半成品成本，是这种方法的显著特征。因此，逐步结转分步法也称作计算半成品成本的分步法。

逐步结转分步法主要适用于半成品需要对外销售，要求计算对外销售半成品成本；半成品可加工为不同产品时需要考核半成品成本；或管理上要求提供各生产步骤半成品成本资料的大量、大批、多步骤生产的企业。

二、逐步结转分步法的成本计算程序

采用逐步结转分步法计算产品成本，第一，计算第一个步骤半成品成本，然后直接结转到下一步骤的产品成本明细账中，或先入库后再结转到下一步骤的产品成本明细账中；第二，将本步骤耗用的上一步骤半成品的成本加上本步骤发生的生产费用，计算第二个步骤半成品成本，依此类推，直至最后一个步骤计算出完工产品成本。

采用逐步结转分步法，半成品的成本要随着半成品实物的转移而转移。半成品实物的转移方式有两种，即通过半成品库收发和不通过半成品库收发。视企业完工的半成品是否通过半成品库而采取不同的计算程序。

（一）半成品不通过仓库收发的成本计算程序

采用逐步结转分步法时，半成品实物如果不通过仓库收发，成本计算程序是：首先

计算出第一个步骤所生产的半成品成本，然后随着半成品实物的转移，将其成本转入第二个生产步骤的产品成本明细账中，再加上第二个生产步骤本身所发生的各项费用，加总计算出第二个步骤的半成品成本，依次逐步累计结转，直到计算出最后一个生产步骤的产成品成本为止。具体成本计算程序如图 2－3－1 所示。

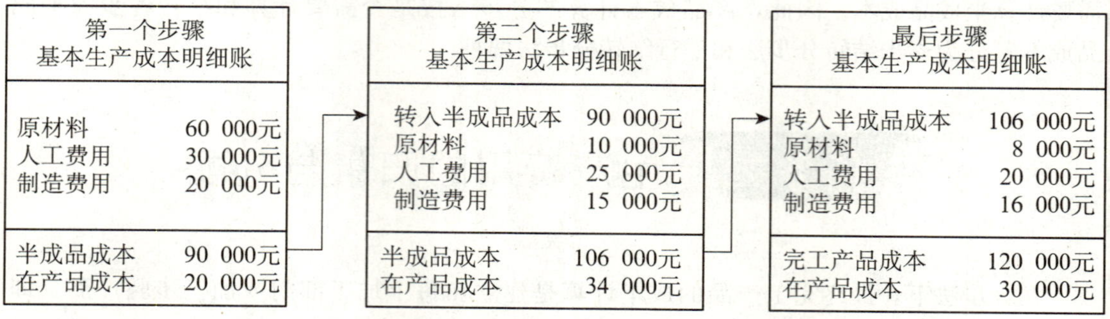

图 2－3－1　逐步结转分步法成本计算程序（不设自制半成品库）

（二）半成品通过仓库收发的成本计算程序

采用逐步结转分步法时，半成品实物如果通过仓库收发，成本计算的基本程序与前面所说的半成品不通过仓库收发基本相同，区别是半成品实物通过仓库收发时，应在各步骤设立自制半成品明细账，核算各步骤半成品的收、发、存情况。具体的成本计算程序如图 2－3－2 所示。

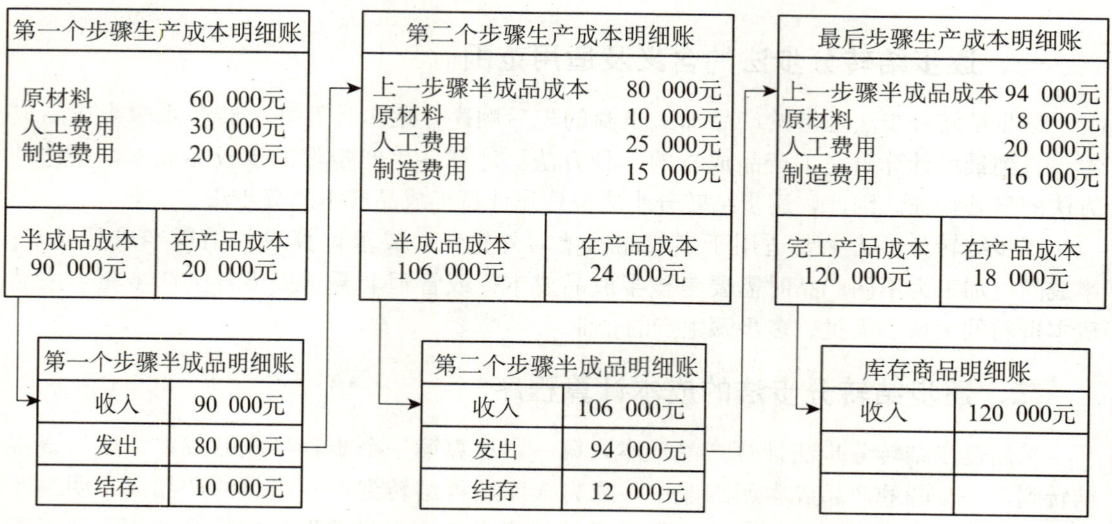

图 2－3－2　逐步结转分步法成本计算程序（设自制半成品库）

从成本计算程序图可以看出，采用逐步结转分步法，每月月末，各项生产费用（包括所耗用上一步骤半成品成本）在各步骤产品成本明细账中归集以后，如果该步骤既有完工的半成品（最后步骤为产成品），又有正在加工中的在产品，为了计算完工半成品（最后步骤为产成品）的成本，还应将各步骤归集的生产费用，采用适当的分配方法在完工半成品（最后步骤为产成品）与正在加工中的在产品之间进行分配，然后通过半成品的逐步结转，在最后步骤的产品成本明细账中计算出完工产成品成本。

三、采用逐步结转分步法的半成品成本结转方式

上述成本计算程序表明，逐步结转分步法实际上就是品种法的多次连续应用。即在采用品种法计算上一步骤的半成品成本以后，按照下一步骤的耗用数量转入下一步骤成本；下一步骤再次采用品种法归集所耗用半成品的费用和本步骤其他费用，计算半成品成本；如此逐步结转，直至最后一个步骤计算出产成品成本。

采用逐步结转分步法，在各生产步骤之间转移半成品实物的同时，要进行半成品成本的结转。按照结转的半成品成本在下一生产步骤产品成本明细账中的反映方式不同，分为综合结转法和分项结转法两种。

（一）综合结转法

综合结转法是指将各生产步骤所耗用上一生产步骤的半成品成本，不分成本项目综合记入该步骤基本生产成本明细账户中的“直接材料”或“自制半成品”成本项目的方法。而不是将所耗用上一步骤的半成品按其成本构成项目，分别以“直接材料”“直接人工”“制造费用”转入下一步骤基本生产成本明细账的相应项目之中。

综合结转法既可以按照半成品的实际成本结转，也可以按照半成品的计划成本（或定额成本）结转。

1. 半成品按实际成本综合结转法

如果半成品不通过半成品库收发，而是直接从上一步骤转入下一步骤直接加工，则下一步骤所耗用上一步骤半成品成本直接按上一步骤本月完工半成品的实际成本转入。

【例 2-3-1】 宏达公司从 20××年 8 月开始生产甲产品，该产品经过三个生产车间加工，一车间完工的 A 半成品直接转入二车间继续加工，二车间将 A 半成品加工成 B 半成品后直接转入三车间继续加工，三车间将 B 半成品加工成甲产品；半成品不通过半成品库收发，原材料在一车间生产时一次性投入，各步骤的在产品在本步骤的完工程度均为 50%。有关资料如表 2-3-1 和表 2-3-2 所示。要求：计算该公司每个车间的半成品成本或产成品成本。

表 2-3-1 **产量资料**

20××年 8 月 单位：件

项目	一车间	二车间	三车间
投入（领用）产量	100	80	60
本月完工产品	80	60	40
月末在产品	20	20	20

表 2-3-2 **生产费用资料**

20××年 8 月 单位：元

项目	直接材料	直接人工	制造费用
一车间	2 000	1 440	1 080
二车间	—	1 400	1 050
三车间	—	1 300	900

根据生产费用及产量资料，计算各生产步骤半成品（产成品）的成本和月末在产品成本，编制基本生产成本明细账，如表2-3-3、表2-3-4、表2-3-5所示。

表2-3-3 **一车间基本生产成本明细账**

产品名称：A半成品 20××年8月 单位：元

项目	直接材料	直接人工	制造费用	合计
本月生产费用	2 000	1 440	1 080	4 520
分配率	20	16	12	—
完工半成品成本	1 600	1 280	960	3 840
月末在产品成本	400	160	120	680

一车间成本计算如下：

直接材料费用的分配：

直接材料费用分配率=2 000÷(80+20)=20

月末在产品直接材料费用=20×20=400（元）

完工A半成品直接材料费用=20×80=1 600（元）

直接人工费用的分配：

直接人工费用分配率=1 440÷(80+20×50%)=16

月末在产品直接人工费用=16×(20×50%)=160（元）

完工A半成品直接人工费用=16×80=1 280（元）

制造费用的分配：

制造费用分配率=1 080÷(80+20×50%)=12

月末在产品制造费用=12×(20×50%)=120（元）

完工A半成品制造费用=12×80=960（元）

表2-3-4 **二车间基本生产成本明细账**

产品名称：B半成品 20××年8月 单位：元

项目	自制半成品	直接人工	制造费用	合计
本月生产费用	3 840	1 400	1 050	6 290
分配率	48	20	15	—
完工半成品成本	2 880	1 200	900	4 980
月末在产品成本	960	200	150	1 310

二车间成本计算如下：

直接材料费用的分配：

直接材料费用分配率=3 840÷(60+20)=48

月末在产品直接材料费用=48×20=960（元）

完工B半成品直接材料费用=48×60=2 880（元）

直接人工费用的分配：

直接人工费用分配率=1 400÷(60+20×50%)=20

月末在产品直接人工费用=20×(20×50%)=200（元）

完工B半成品直接人工费用=20×60=1 200（元）

制造费用的分配：

制造费用分配率＝1 050÷(60＋20×50％)＝15

月末在产品制造费用＝15×(20×50％)＝150（元）

完工 B 半成品制造费用＝15×60＝900（元）

表 2－3－5　　　　三车间基本生产成本明细账

产品名称：甲产品　　　　20××年 8 月　　　　单位：元

项目	自制半成品	直接人工	制造费用	合计
本月生产费用	4 980	1 300	900	7 180
分配率	83	26	18	—
完工产品成本	3 320	1 040	720	5 080
月末在产品成本	1 660	260	180	2 100

三车间成本计算如下：

直接材料费用的分配：

直接材料费用分配率＝4 980÷(40＋20)＝83

月末在产品直接材料费用＝83×20＝1 660（元）

完工甲产品直接材料费用＝83×40＝3 320（元）

直接人工费用的分配：

直接人工费用分配率＝1 300÷(40＋20×50％)＝26

月末在产品直接人工费用＝26×(20×50％)＝260（元）

完工甲产品直接人工费用＝26×40＝1 040（元）

制造费用的分配：

制造费用分配率＝900÷(40＋20×50％)＝18

月末在产品制造费用＝18×(20×50％)＝180（元）

完工甲产品制造费用＝18×40＝720（元）

根据表 2－3－5 编制甲产成品入库时的会计分录：

借：库存商品——甲产品　　5 080

　贷：基本生产成本——三车间　　5 080

例 2－3－1 计算的是各个生产步骤生产的半成品直接转入下一加工步骤继续加工，不通过半成品库收发的成本；如果各个生产步骤生产的半成品实物通过半成品库收发，对所耗用上一步骤的半成品成本，应根据所耗用半成品数量乘以半成品的实际单位成本计算，并编制半成品入库和领用的会计分录。

【例 2－3－2】　承例 2－3－1，假定宏达公司 20××年 9 月继续生产甲产品，该产品经过三个生产车间加工，一车间投入原材料加工成 A 半成品交半成品仓库验收；二车间按照所需数量从半成品库领用 A 半成品，加工成 B 半成品后交半成品库验收；三车间按照所需数量从半成品库领用 B 半成品加工成甲产品。原材料在一车间生产时一次性投入，各步骤的在产品在本步骤的完工程度均为 50％。20××年 9 月的有关资料如表 2－3－6 和表 2－3－7 所示。要求：计算该公司每个车间的半成品成本或产成品成本，并编制半成品入库和领用的会计分录。

表 2-3-6 产量资料

20××年9月

单位：件

项目	一车间	二车间	三车间
月初在产品	20	20	20
投入（领用）产量	140	120	80
本月完工产品	140	100	80
月末在产品	20	40	20

表 2-3-7 生产费用资料

20××年9月

单位：元

项目	直接材料	直接人工	制造费用
一车间	2 800	1 640	1 380
二车间	—	1 600	1 410
三车间	—	1 720	1 170

根据生产费用及产量资料，计算A半成品的成本和月末在产品成本，编制A半成品的基本生产成本明细账，如表2-3-8所示。

表 2-3-8 一车间基本生产成本明细账

产品名称：A半成品　　20××年9月　　单位：元

项目	直接材料	直接人工	制造费用	合计
月初在产品成本	400	160	120	680
本月生产费用	2 800	1 640	1 380	5 820
合计	3 200	1 800	1 500	6 500
分配率	20	12	10	—
完工半成品成本	2 800	1 680	1 400	5 880
月末在产品成本	400	120	100	620

一车间成本计算如下：

直接材料费用的分配：

直接材料费用分配率＝3 200÷(140＋20)＝20

月末在产品直接材料费用＝20×20＝400（元）

完工A半成品直接材料费用＝20×140＝2 800（元）

直接人工费用的分配：

直接人工费用分配率＝1 800÷(140＋20×50%)＝12

月末在产品直接人工费用＝12×(20×50%)＝120（元）

完工A半成品直接人工费用＝12×140＝1 680（元）

制造费用的分配：

制造费用分配率＝1 500÷(140＋20×50%)＝10

月末在产品制造费用＝10×(20×50%)＝100（元）

完工A半成品制造费用＝10×140＝1 400（元）

根据一车间完工半成品交库单，编制如下会计分录：

借：自制半成品——A半成品　　5 880

贷：基本生产成本——一车间（A 半成品）　　5 880

根据一车间半成品交库单和二车间领用半成品的领料单，登记自制半成品明细账，如表 2-3-9 所示。

表 2-3-9　一车间自制半成品明细账

产品名称：A 半成品　　20××年 9 月　　单位：元

月份	月初余额		本月增加		合计			本月减少	
	数量（件）	实际成本	数量（件）	实际成本	数量（件）	实际成本	单位成本	数量（件）	实际成本
8			80	3 840	80	3 840	48	80	3 840
9			140	5 880	140	5 880	42	120	5 040

根据二车间生产费用、产量以及领用的自制半成品资料，计算 B 半成品成本和月末在产品成本，并登记 B 半成品的基本生产成本明细账，如表 2-3-10 所示。

表 2-3-10　二车间基本生产成本明细账

产品名称：B 半成品　　20××年 9 月　　单位：元

项目	直接材料	直接人工	制造费用	合计
月初在产品成本	960	200	150	1 310
本月生产费用	5 040	1 600	1 410	8 050
合计	6 000	1 800	1 560	9 360
分配率	42.857 1	15	13	—
完工半成品成本	4 285.71	1 500	1 300	7 085.71
月末在产品成本	1 714.29	300	260	2 274.29

二车间成本计算如下：

直接材料费用的分配：

直接材料费用分配率＝6 000÷(100＋40)＝42.857 1

完工 B 半成品直接材料费用＝42.857 1×100＝4 285.71（元）

月末在产品直接材料费用＝6 000－4 285.71＝1 714.29（元）

直接人工费用的分配：

直接人工费用分配率＝1 800÷(100＋40×50%)＝15

月末在产品直接人工费用＝15×(40×50%)＝300（元）

完工 B 半成品直接人工费用＝15×100＝1 500（元）

制造费用的分配：

制造费用分配率＝1 560÷(100＋40×50%)＝13

月末在产品制造费用＝13×(40×50%)＝260（元）

完工 B 半成品制造费用＝13×100＝1 300（元）

根据二车间领用 A 半成品的领料单，编制如下会计分录：

借：基本生产成本——二车间（B 半成品）　　5 040

　贷：自制半成品——A 半成品　　5 040

根据二车间完工半成品交库单，编制如下会计分录：

借：自制半成品——B半成品　　7 085.71

　贷：基本生产成本——二车间（B半成品）　　7 085.71

根据二车间半成品交库单和三车间领用半成品的领料单，登记自制半成品明细账，如表2-3-11所示。

表2-3-11　　二车间自制半成品明细账

产品名称：B半成品　　20××年9月　　单位：元

月份	月初余额		本月增加		合计			本月减少	
	数量（件）	实际成本	数量（件）	实际成本	数量（件）	实际成本	单位成本	数量（件）	实际成本
8			60	4 980	60	4 980	83	60	4 980
9			100	7 085.71	100	7 085.71	70.857 1	80	5 668.57

根据三车间生产费用、产量及领用的自制半成品资料，计算甲产品成本和月末在产品成本，并登记甲产品的基本生产成本明细账，如表2-3-12所示。

表2-3-12　　三车间基本生产成本明细账

产品名称：甲产品　　20××年9月　　单位：元

项目	直接材料	直接人工	制造费用	合计
月初在产品成本	1 660	260	180	2 100
本月生产费用	5 668.57	1 720	1 170	8 558.57
合计	7 328.57	1 980	1 350	10 658.57
分配率	73.285 7	22	15	—
完工产品成本	5 862.86	1 760	1 200	8 822.86
月末在产品成本	1 465.71	220	150	1 835.71

三车间成本计算如下：

直接材料费用的分配：

　　直接材料费用分配率＝7 328.57÷(80＋20)＝73.285 7

　　完工甲产品直接材料费用＝73.285 7×80＝5 862.86（元）

　　月末在产品直接材料费用＝7 328.57－5 862.86＝1 465.71（元）

直接人工费用的分配：

　　直接人工费用分配率＝1 980÷(80＋20×50％)＝22

　　月末在产品直接人工费用＝22×(20×50％)＝220（元）

　　完工甲产品直接人工费用＝22×80＝1 760（元）

制造费用的分配：

　　制造费用分配率＝1 350÷(80＋20×50％)＝15

　　月末在产品制造费用＝15×(20×50％)＝150（元）

　　完工甲产品制造费用＝15×80＝1 200（元）

根据三车间领用B半成品的领料单，编制如下会计分录：

借：基本生产成本——三车间　　5 668.57

　贷：自制半成品——B半成品　　5 668.57

根据三车间完工产品交库单，编制如下会计分录：

借：库存商品——甲产品　　　　8 822.86

　贷：基本生产成本——三车间　　　　8 822.86

如果半成品通过半成品库收发，由于各月所产半成品的实际单位成本不同，发出半成品单位成本的计算可根据企业的实际情况选择使用以下方法：

（1）先进先出法。先进先出法是指以先入库的先发出为假设条件，按照半成品入库的先后顺序确定发出和期末半成品实际成本的方法。具体方法是：收入半成品时，逐笔登记收入半成品的数量、单价和金额，发出半成品时，按照先进先出的原则逐笔登记半成品的发出成本和结存金额。

（2）加权平均法。加权平均法是指以期初半成品数量和本期收入半成品数量为权数，于月末一次计算半成品平均单价，据此计算当月发出半成品和月末结存半成品实际成本的方法。

（3）移动加权平均法。移动加权平均法是指以本批收入数量和本批收入前的结存数量为权数计算平均单价，作为发出半成品的实际单价，据此计算发出半成品实际成本的方法。

【例 2-3-3】　假定例 2-3-2 中宏达公司 20××年 9 月初自制半成品库结存 A 半成品 20 件，单位成本 48 元，B 半成品 20 件，单位成本 83 元；发出半成品的单位成本采用加权平均法计算，各步骤的在产品在本步骤的完工程度均为 50%。要求：计算该公司每个车间的半成品成本和产成品成本，并编制半成品入库和领用的会计分录。

根据生产费用及产量资料，计算 A 半成品的成本和月末在产品成本，编制 A 半成品的基本生产成本明细账，并做出一车间半成品入库的会计分录（同例 2-3-2）。

根据一车间半成品交库单和二车间领用半成品的领料单，登记自制半成品明细账，如表 2-3-13 所示。

表 2-3-13　　一车间自制半成品明细账

产品名称：A 半成品　　20××年 9 月　　单位：元

月份	月初余额		本月增加		合计			本月减少	
	数量（件）	实际成本	数量（件）	实际成本	数量（件）	实际成本	单位成本	数量（件）	实际成本
9	20	960	140	5 880	160	6 840	42.75	120	5 130

注：加权平均单位成本＝（960＋5 880）÷（20＋140）＝6 840÷160＝42.75（元）；
本月减少实际成本＝120×42.75＝5 130（元）。

根据二车间生产费用、产量以及领用的自制半成品资料，计算 B 半成品成本和月末在产品成本，并登记 B 半成品的基本生产成本明细账，如表 2-3-14 所示。

表 2-3-14　　二车间基本生产成本明细账

产品名称：B 半成品　　20××年 9 月　　单位：元

项目	直接材料	直接人工	制造费用	合计
月初在产品成本	960	200	150	1 310
本月生产费用	5 130	1 600	1 410	8 140
合计	6 090	1 800	1 560	9 450
分配率	43.50	15	13	—
完工产品成本	4 350	1 500	1 300	7 150
月末在产品成本	1 740	300	260	2 300

二车间成本计算如下：

直接材料费用的分配：

直接材料费用分配率＝6 090÷(100＋40)＝43.50

完工B半成品直接材料费用＝43.50×100＝4 350（元）

月末在产品直接材料费用＝6 090－4 350＝1 740（元）

直接人工费用的分配：

直接人工费用分配率＝1 800÷(100＋40×50%)＝15

月末在产品直接人工费用＝15×(40×50%)＝300（元）

完工B半成品直接人工费用＝15×100＝1 500（元）

制造费用的分配：

制造费用分配率＝1 560÷(100＋40×50%)＝13

月末在产品制造费用＝13×(40×50%)＝260（元）

完工B半成品制造费用＝13×100＝1 300（元）

根据二车间领用A半成品的领料单，编制如下会计分录：

借：基本生产成本——二车间（B半成品） 5 130

　贷：自制半成品——A半成品 5 130

根据二车间完工半成品交库单，编制如下会计分录：

借：自制半成品——B半成品 7 150

　贷：基本生产成本——二车间（B半成品） 7 150

根据二车间半成品交库单和三车间领用半成品的领料单，登记自制半成品明细账，如表2-3-15所示。

表2-3-15　二车间自制半成品明细账

产品名称：B半成品　　20××年9月　　单位：元

月份	月初余额		本月增加		合计			本月减少	
	数量（件）	实际成本	数量（件）	实际成本	数量（件）	实际成本	单位成本	数量（件）	实际成本
9	20	1 660	100	7 150	120	8 810	73.416 7	80	5 873.33

注：加权平均单位成本＝（1 660＋7 150）÷（20＋100）＝8 810÷120＝73.416 7（元）；
本月减少实际成本＝80×73.416 7＝5 873.33（元）。

根据三车间生产费用、产量及领用的自制半成品资料，计算甲产品成本和月末在产品成本，并登记甲产品的基本生产成本明细账，如表2-3-16所示。

表2-3-16　三车间基本生产成本明细账

产品名称：甲产品　　20××年9月　　单位：元

项目	直接材料	直接人工	制造费用	合计
月初在产品成本	1 660	260	180	2 100
本月生产费用	5 873.33	1 720	1 170	8 763.33
合计	7 533.33	1 980	1 350	10 863.33
分配率	75.33	22	15	—
完工产品成本	6 026.40	1 760	1 200	8 986.40
月末在产品成本	1 506.93	220	150	1 876.93

三车间成本计算如下：

直接材料费用的分配：

直接材料费用分配率＝7 533.33÷(80＋20)＝75.33

月末在产品直接材料费用＝7 533.33－6 026.40＝1 506.93（元）

完工甲产品直接材料费用＝75.33×80＝6 026.40（元）

直接人工费用的分配：

直接人工费用分配率＝1 980÷(80＋20×50％)＝22

月末在产品直接人工费用＝22×(20×50％)＝220（元）

完工甲产品直接人工费用＝22×80＝1 760（元）

制造费用的分配：

制造费用分配率＝1 350÷(80＋20×50％)＝15

月末在产品制造费用＝15×(20×50％)＝150（元）

完工甲产品制造费用＝15×80＝1 200（元）

根据三车间领用B半成品的领料单，编制如下会计分录：

借：基本生产成本——三车间　　5 873.33

　贷：自制半成品——B半成品　　5 873.33

根据三车间完工产品交库单，编制如下会计分录：

借：库存商品——甲产品　　8 986.40

　贷：基本生产成本——三车间　　8 986.40

2. 半成品按计划成本综合结转法

半成品按计划成本综合结转法，是指对半成品的收、发均按计划成本核算，在半成品实际成本计算出来后，再计算半成品成本差异额和差异率，将领用半成品的计划成本调整为实际成本。这种成本计算方法和差异分配的会计处理均与材料成本差异的计算方法和差异分配的会计处理相似。

半成品按计划成本综合结转的特点表现为以下两个方面：

（1）自制半成品明细账不仅要求反映半成品收发和结存的数量和实际成本，而且要反映其计划成本，以及成本差异额和成本差异率。

（2）在产品成本明细账中，对于所耗用半成品的成本，可以按照调整成本差异后的实际成本登记，也可以按照计划成本和成本差异分别登记，以便分析上一步骤半成品成本差异对本步骤成本的影响。

【例2-3-4】　假定例2-3-3中宏达公司20××年9月对半成品的收发均按计划成本核算，A半成品的计划单位成本为40元，B半成品的计划单位成本为70元，且半成品实物仍然通过半成品库收发，产量及生产费用资料不变（如表2-3-6、表2-3-7所示）。

（1）一车间A半成品成本的计算如表2-3-8所示。

（2）一车间A半成品入库的自制半成品明细账如表2-3-17所示。

（3）二车间领用A自制半成品后编制基本生产成本明细账，如表2-3-18所示。

表 2-3-17　　自制半成品明细账

半成品名称：A 半成品　　数量单位：件　　计划单位成本：40 元

月份	月初结存			本月增加			合计					本月减少		
	数量	计划成本	实际成本	数量	计划成本	实际成本	数量	计划成本	实际成本	成本差异	差异率	数量	计划成本	实际成本
9	①	②	③	④	⑤	⑥	⑦=①+④	⑧=②+⑤	⑨=③+⑥	⑩=⑨−⑧	⑪=⑩÷⑧	⑫	⑬	⑭=⑬+⑬×⑪
	20	800	960	140	5 600	5 880	160	6 400	6 840	440	6.875%	120	4 800	5 130

表 2-3-18　　二车间基本生产成本明细账

半成品名称：B 半成品　　本月完工：100 件　月末在产品：40 件　　金额单位：元

20××年		凭证号数（略）	摘要	半成品			直接人工	制造费用	合计
月	日			计划成本	成本差异	实际成本			
9	1		月初在产品			960	200	150	1 310
9	30		本月生产费用	4 800	−330	5 130	1 600	1 410	8 140
9	30		合计			6 090	1 800	1 560	9 450
9	30		分配率			43.50	15	13	—
9	30		完工产品成本			4 350	1 500	1 300	7 150
9	30		月末在产品成本			1 740	300	260	2 300

（4）二车间 B 半成品入库的自制半成品明细账如表 2-3-19 所示。

表 2-3-19　　自制半成品明细账

半成品名称：B 半成品　　数量单位：件　　计划单位成本：70 元

月份	月初结存			本月增加			合计					本月减少		
	数量	计划成本	实际成本	数量	计划成本	实际成本	数量	计划成本	实际成本	成本差异	差异率	数量	计划成本	实际成本
9	①	②	③	④	⑤	⑥	⑦=①+④	⑧=②+⑤	⑨=③+⑥	⑩=⑨−⑧	⑪=⑩÷⑧	⑫	⑬	⑭=⑬+⑬×⑪
	20	1 400	1 660	100	7 000	7 150	120	8 400	8 810	410	4.881%	80	5 600	5 873.33

（5）三车间领用 B 自制半成品后编制基本生产成本明细账，如表 2-3-16 所示。

由例 2-3-4 可知，各个生产步骤领用上一步骤的半成品，就相当于领用原材料。因此，综合结转半成品成本的核算就相当于各生产步骤领用原材料的核算。按实际成本或计划成本综合结转半成品成本的核算原理与按材料实际或计划成本进行产品所耗用原材料的核算原理基本相同。

与按实际成本综合结转半成品成本方法相比较，按计划成本综合结转半成品成本具有以下优点：

第一，可以简化和加速半成品核算工作。按计划成本结转半成品成本，可以简化和加速半成品收发的计价和记账工作。半成品成本差异率如果不是按半成品品种而是按类别计算，还可以省去更多的计算工作。

第二，便于各步骤进行成本的考核和分析。按计划成本综合结转半成品成本，在各步骤的产品成本明细账中，可以分别反映所耗用半成品的计划成本、成本差异和实际成本，因而在分析各步骤产品成本时，可以剔除上一步骤半成品成本变动对本步骤产品成本的影响，有利于分清经济责任，考核各步骤的经济效益。如果将各步骤所耗用半成品的成本差异不调整计入各步骤的产品成本，而是直接调整计入最后的产品成本，不仅可以进一步简化和加速各步骤的成本计算工作，而且由于各步骤产品成本中不包括上一步骤半成品变动的影响，因而便于分清各步骤的经济责任，更便于各步骤产品成本的考核和分析。

3. 综合结转法的成本还原

采用综合结转法结转半成品成本时，由于各步骤所耗用半成品的成本是以“自制半成品”或“直接材料”项目综合反映的，因此在生产步骤较多的情况下，逐步综合结转半成品成本以后，表现在完工产品成本中的绝大部分是最后一个步骤所耗用上一步骤的半成品成本，其人工费用和制造费用只是最后一个步骤发生的费用，在产品成本中所占比重很小。这样计算出来的产品成本，不能提供按原始成本项目反映的成本资料，不便于从整个企业角度分析和考核成本项目的构成和水平，也不利于加强对产品成本的管理。因此，需要对综合结转法计算出来的产品成本进行还原。

成本还原是指将完工产品中所耗用半成品的综合成本逐步分解，还原成“直接材料”“直接人工”“制造费用”等原始的成本项目，从而求得按其原始成本项目反映的产品成本资料。例如，某种产品由三个生产步骤加工完成，上一个生产步骤直接为下一个生产步骤提供半成品，直到最后一个步骤，各生产步骤月末均无在产品，其逐步结转的结果如表 2-3-20 所示。

表 2-3-20　各步骤成本逐步结转情况　　单位：元

生产步骤	半成品	直接材料	直接人工	制造费用	合计
第一步		2 000	800	400	3 200
第二步	3 200		600	300	4 100
第三步	4 100		400	500	5 000
原始成本项目合计		2 000	1 800	1 200	5 000

从表 2-3-20 可以看出，第一步骤完工的半成品成本 3 200 元转作第二步骤的半成品费用；第二步骤完工的半成品成本 4 100 元转作第三步骤的半成品费用。在第三步骤产成品成本 5 000 元中，其中数额很大的半成品费用 4 100 元占了产成品总成本 5 000 元的 82%，除此之外，直接人工 400 元、制造费用 500 元，两项合计只占产成品成本的 18%。这与该企业该产品成本的实际构成，即直接材料 2 000 元占产成品成本的 40%、直接人工

1 800 元占产成品成本的 36%、制造费用 1 200 元占产成品成本的 24%相差甚远。所以，如果管理上要求从整个企业角度分析和考核成本项目构成，就要将逐步综合结转计算出来的产成品成本进行还原，使其成为按原始成本项目反映的成本。

成本还原采用倒序法，即从最后一个步骤开始，把各步骤所耗用上一步骤的半成品的综合成本，按照上一步骤本月完工半成品的成本项目的比例分解还原为原来的成本项目。如此自后向前逐步分解还原，直到第一步骤为止，然后将各步骤还原后的成本项目加以汇总，得到按原始成本项目反映的完工产品成本资料。

如表 2-3-20 所示，各步骤领用上一步骤完工的全部半成品，即所耗用的上一步骤半成品费用恰好是上一步骤完工的半成品成本，两者是相等的，那么成本还原的方法非常简单：将各步骤半成品费用忽略不计，其余的成本项目分别汇总即可。如直接人工是 800 元、600 元、400 元，相加得到产成品的实际直接人工为 1 800 元。但在实际工作中，全部领用上一步骤半成品的情况很少，因而不能只采用上面的方法来计算，需要采用别的方法进行专门的成本还原。

成本还原方法主要有成本还原率法和项目比重还原法两种。

(1) 成本还原率法。成本还原率法是指以本月产品成本中所耗用用上一步骤半成品的综合成本占该种半成品总成本的比例，分别乘以所耗用该种半成品的各个成本项目金额进行还原，从而取得完工产品原始成本的方法。其计算公式如下：

$$\text{成本还原率}=\frac{\text{本月本步骤完工产品中所耗用上一步骤半成品成本}}{\text{上一步骤本月完工半成品成本}}$$

$$\begin{matrix}\text{还原的上一步骤}\\ \text{各成本项目金额}\end{matrix}=\begin{matrix}\text{上一步骤本月完工}\\ \text{半成品各成本项目金额}\end{matrix}\times\text{成本还原率}$$

【例 2-3-5】 运用表 2-3-8、表 2-3-14 和表 2-3-16 中采用综合结转法所计算的产品成本资料，采用成本还原率法进行成本还原。

第一步骤成本还原对象是完工产品成本中所耗用第二步骤的 B 半成品成本 6 026.40 元。采用成本还原率法进行成本还原：

$$\text{成本还原率}=\frac{6\ 026.40}{7\ 150}=0.842\ 853$$

还原成第二步骤的直接材料＝4 350×0.842 853＝3 666.41（元）

还原成第二步骤的直接人工＝1 500×0.842 853＝1 264.28（元）

还原成第二步骤的制造费用＝1 300×0.842 853＝1 095.71（元）

合计 6 026.40 元

第二步骤成本还原对象是第一步骤成本还原后“直接材料”项目未还原尽的成本 3 666.41 元。采用成本还原率法进行成本还原：

$$\text{成本还原率}=\frac{3\ 666.41}{5\ 880}=0.623\ 539$$

还原成第一步骤的直接材料＝2 800×0.623 539＝1 745.91（元）

还原成第一步骤的直接人工＝1 680×0.623 539＝1 047.55（元）

还原成第一步骤的制造费用＝1 400×0.623 539＝872.95（元）

合计 3 666.41 元

这样，还原后甲产品的原始成本构成为：

直接材料＝1 745.91（元）

直接人工＝1 760＋1 264.28＋1 047.55＝4 071.83（元）

制造费用＝1 200＋1 095.71＋872.95＝3 168.66（元）

合计　　8 986.40元

在实际工作中，可以通过编制产品成本还原计算表进行成本还原，上述计算结果如表2－3－21所示。

表2－3－21　　**产品成本还原计算表**

产品：甲产品　　20××年9月30日　　产量：80件

项目	成本还原率	成本项目					
		半成品（第二步骤）	半成品（第一步骤）	直接材料	直接人工	制造费用	合计
还原前产品总成本		6 026.40			1 760	1 200	8 986.40
第二步骤半成品成本			4 350		1 500	1 300	7 150
第一次成本还原	0.842 853	－6 026.40	3 666.41		1 264.28	1 095.71	0
第一步骤半成品成本				2 800	1 680	1 400	5 880
第二次成本还原	0.623 539		－3 666.41	1 745.91	1 047.55	872.95	0
还原后产品总成本				1 745.91	4 071.83	3 168.66	8 986.40
还原后产品单位成本				21.82	50.90	39.61	112.33

（2）项目比重还原法。项目比重还原法是指将各步骤产品成本中所耗用上一步骤半成品的综合成本按上一步骤所产半成品各成本项目金额占本月该种完工半成品总成本的比重进行还原，从而取得完工产品原始成本结构的方法。其计算公式如下：

$$\frac{\text{上一步骤本月完工半成品}}{\text{各成本项目占总成本的比重}}\text{（}\text{上一步骤本月完工半成品各成本项目占总成本的比重}\text{）}=\frac{\text{上一步骤本月完工半成品各成本项目金额}}{\text{本月完工该种半成品总成本}}\times 100\%$$

$$\text{还原的上一步骤各成本项目金额}=\frac{\text{本步骤完工产品所耗用}}{\text{上一步骤半成品成本}}\times\text{上一步骤本月完工半成品各成本项目占总成本的比重}$$

【例2－3－6】　仍运用表2－3－8、表2－3－14和表2－3－16中采用综合结转法所计算的产品成本资料，采用项目比重还原法进行成本还原。

第一步骤成本还原对象是完工产品成本中所耗用上一步骤的B半成品成本6 026.40元。采用项目比重还原法进行成本还原：

$$\text{第二步骤完工半成品直接材料比重}=\frac{4\ 350}{7\ 150}\times 100\%=60.839\ 2\%$$

$$\text{第二步骤完工半成品直接人工比重}=\frac{1\ 500}{7\ 150}\times 100\%=20.979\ 0\%$$

$$\text{第二步骤完工半成品制造费用比重}=\frac{1\ 300}{7\ 150}\times 100\%=18.181\ 8\%$$

还原成第二步骤的直接材料＝6 026.40×60.839 2%＝3 666.41（元）

还原成第二步骤的直接人工＝6 026.40×20.979 0%＝1 264.28（元）

还原成第二步骤的制造费用＝6 026.40×18.181 8%＝1 095.71（元）

合计　　6 026.40元

第二步骤成本还原对象是第一步骤成本还原后的“直接材料”项目未还原尽的成本3 666.41元。采用项目比重还原法进行成本还原：

$$第一步骤完工半成品直接材料比重=\frac{2\ 800}{5\ 880}\times100\%=47.619\%$$

$$第一步骤完工半成品直接人工比重=\frac{1\ 680}{5\ 880}\times100\%=28.571\%$$

$$第一步骤完工半成品制造费用比重=\frac{1\ 400}{5\ 880}\times100\%=23.810\%$$

还原成第一步骤的直接材料=3 666.41×47.619%=1 745.91（元）
还原成第一步骤的直接人工=3 666.41×28.571%=1 047.53（元）
还原成第一步骤的制造费用=3 666.41×23.810%=872.97（元）
合计 3 666.41元

这样，还原后甲产品的原始成本构成为：

直接材料=1 745.91（元）
直接人工=1 760+1 264.28+1 047.53=4 071.81（元）
制造费用=1 200+1 095.71+872.97 =3 168.68（元）
合计 8 986.40元

在实际工作中，可以通过编制产品成本还原计算表进行成本还原，上述计算结果如表2-3-22所示。

表2-3-22 **产品成本还原计算表**

产品：甲产品 20××年9月30日 产量：80件

成本项目	三车间				二车间			产品总成本	产品单位成本
	还原前成本	二车间成本结构	还原金额	还原后成本	一车间成本结构	还原金额	还原后成本		
	①	②	③	④	⑤	⑥	⑦	⑧	⑨
直接材料					47.619%	1 745.91	1 745.91	1 745.91	21.82
半成品	6 026.40	60.839 2%	3 666.41	3 666.41					
直接人工	1 760	20.979 0%	1 264.28	3 024.28	28.571%	1 047.53	4 071.81	4 071.81	50.90
制造费用	1 200	18.181 8%	1 095.71	2 295.71	23.810%	872.97	3 168.68	3 168.68	39.61
合计	8 986.40	100%	6 026.40	8 986.40	100%	3 666.41	8 986.40	8 986.40	112.33

如果产品的生产过程只经过两个生产步骤，那么需要进行成本还原的半成品成本非常明确，就是完工产品中消耗第一步骤的半成品成本。若产品的生产过程是三个步骤，甚至是更多的步骤，则必须明确成本还原的对象仅仅是完工产品中所消耗的半成品成本，而不是每个步骤所耗用上一步骤的半成品成本，这样才能正确进行产品的成本还原。如例2-3-6中甲产品的生产经过三个生产步骤，在进行成本还原时，首先要按照上述方法对第三步骤完工产品所耗用的第二步骤的半成品成本进行第一次成本还原；其次将已还原出来的第二步骤的半成品依据第一步骤的完工半成品成本构成进行第二次成本还原；最后将还原出来的同类费用汇总相加，得出还原结果，确定完工产品的原始成本构成。特别要注意的是，第二次还原的对象是第一次还原出来的半成品成本，而不是第二步骤

本月完工半成品中所耗用的第一步骤的半成品成本。总之，成本还原只是对完工产品成本进行还原，无须对前几个生产步骤在本月完工的半成品成本进行成本还原。

例 2－3－5、例 2－3－6 的计算结果表明，以上两种成本还原方法的道理是相同的，都是将本步骤所耗用的上一步骤半成品的综合成本按本月所产该半成品的成本构成进行还原。这种还原方法计算比较简便，它是假定各步骤所耗用上一步骤半成品成本和本月所产该步骤半成品成本中，各成本项目金额占全部成本的比重相同，没有考虑以前月份所产半成品成本结构对本月完工产品所耗用半成品成本结构的影响。但在各月所产半成品的成本结构变动较大的情况下，采用这种方法对本月完工产品成本进行成本还原，其准确性就会较差。因此，成本还原法适用于各月半成品的成本结构变动不大的企业。如果各月半成品的成本结构变动较大，可采用按各月半成品成本加权平均的成本结构进行还原。如果企业半成品的定额成本或计划成本比较准确，为了简化成本还原工作并提高成本还原结果的准确性，可以按半成品定额成本或计划成本的成本项目结构对本月完工半成品成本进行成本还原。

4. 综合结转法的案例分析

【例 2－3－7】　光华公司大量生产甲产品，有三个基本车间，一车间生产 A 半成品，二车间将 A 半成品加工成 B 半成品，三车间进一步将 B 半成品加工成甲产品。原材料在一车间生产时一次性投入。上一步骤生产完工的半成品全部直接移交下一步骤进一步加工，不通过半成品库收发。该公司采用逐步结转分步法计算产品成本，半成品成本按实际成本综合结转，各步骤在产品成本采用约当产量法计算。假设在产品本步骤完工程度均为 50%。该公司 20××年 9 月甲产品的有关资料如表 2－3－23 和表 2－3－24 所示。

表 2－3－23　　**产量资料**

20××年 9 月　　数量单位：件

项目	一车间	二车间	三车间
月初在产品数量	10	12	14
本月投产量（或领用量）	98	100	96
本月完工数量	100	96	100
月末在产品数量	8	16	10

表 2－3－24　　**生产费用资料**

20××年 9 月　　金额单位：元

项目		直接材料	自制半成品	直接人工	制造费用	合计
一车间	月初在产品成本	1 450		780	620	2 850
	本月生产费用	14 210		4 420	4 060	22 690
二车间	月初在产品成本		2 656	960	720	4 336
	本月生产费用			6 840	5 312	12 152
三车间	月初在产品成本		5 634	950	626	7 210
	本月生产费用			6 400	4 624	11 024

（1）成本计算。

根据各种费用分配表，计算 A 半成品的成本和月末在产品成本，登记 A 半成品基本生产成本明细账，如表 2－3－25 所示。

表 2－3－25 **基本生产成本明细账**

车间名称：一车间 完工数量：100 件

产品名称：A 半成品 20××年 9 月 单位：元

20××年		凭证号数（略）	摘要	直接材料	直接人工	制造费用	合计
月	日						
9	1		期初在产品成本	1 450	780	620	2 850
9	30		本月生产费用	14 210	4 420	4 060	22 690
9	30		费用合计	15 660	5 200	4 680	25 540
9	30		约当总产量	108	104	104	
9	30		单位成本	145	50	45	240
9	30		完工半成品成本	14 500	5 000	4 500	24 000
9	30		月末在产品成本	1 160	200	180	1 540

表 2－3－25 中有关成本计算如下：

半成品单位成本的计算：

单位产品直接材料成本＝15 660÷(100＋8)＝145（元）

单位产品直接人工成本＝5 200÷(100＋8×50%)＝50（元）

单位产品制造费用成本＝4 680÷(100＋8×50%)＝45（元）

完工半成品成本的计算：

半成品直接材料成本＝145×100＝14 500（元）

半成品直接人工成本＝50×100＝5 000（元）

半成品制造费用成本＝45×100＝4 500（元）

月末在产品成本的计算：

在产品直接材料成本＝145×8＝1 160（元）

在产品直接人工成本＝50×(8×50%)＝200（元）

在产品制造费用成本＝45×(8×50%)＝180（元）

根据各种费用分配表，计算 B 半成品成本和月末在产品成本，登记 B 半成品基本生产成本明细账，如表 2－3－26 所示。

表 2－3－26 **基本生产成本明细账**

车间名称：二车间 完工数量：96 件

产品名称：B 半成品 20××年 9 月 单位：元

20××年		凭证号数（略）	摘要	自制半成品	直接人工	制造费用	合计
月	日						
9	1		期初在产品成本	2 656	960	720	4 336
9	30		本月生产费用	24 000	6 840	5 312	36 152
9	30		费用合计	26 656	7 800	6 032	40 488
9	30		约当总产量	112	104	104	
9	30		单位成本	238	75	58	371
9	30		完工半成品成本	22 848	7 200	5 568	35 616
9	30		月末在产品成本	3 808	600	464	4 872

表 2-3-26 中有关成本计算如下：

半成品单位成本的计算：

单位产品自制半成品成本=26 656÷(96+16)=238（元）

单位产品直接人工成本=7 800÷(96+16×50%)=75（元）

单位产品制造费用成本=6 032÷(96+16×50%)=58（元）

完工半成品成本的计算：

自制半成品成本=238×96=22 848（元）

半成品直接人工成本=75×96=7 200（元）

半成品制造费用成本=58×96=5 568（元）

月末在产品成本的计算：

自制半成品成本=238×16=3 808（元）

在产品直接人工成本=75×(16×50%)=600（元）

在产品制造费用成本=58×(16×50%)=464（元）

根据各种费用分配表，计算甲产品成本和月末在产品成本，登记甲产品成本明细账，如表 2-3-27 所示。

表 2-3-27　　　　**基本生产成本明细账**

车间名称：三车间　　　　完工数量：100 件

产品名称：甲产品　　　　20××年 9 月　　　　单位：元

20××年		凭证号数（略）	摘要	自制半成品	直接人工	制造费用	合计
月	日						
9	1		期初在产品成本	5 634	950	626	7 210
9	30		本月生产费用	35 616	6 400	4 624	46 640
9	30		费用合计	41 250	7 350	5 250	53 850
9	30		约当总产量	110	105	105	
9	30		单位成本	375	70	50	495
9	30		完工产品成本	37 500	7 000	5 000	49 500
9	30		月末在产品成本	3 750	350	250	4 350

表 2-3-27 中有关成本计算如下：

产成品单位成本的计算：

单位产品自制半成品成本=41 250÷(100+10)=375（元）

单位产品直接人工成本=7 350÷(100+10×50%)=70（元）

单位产品制造费用成本=5 250÷(100+10×50%)=50（元）

完工产品成本的计算：

自制半成品成本=375×100=37 500（元）

半成品直接人工成本=70×100=7 000（元）

半成品制造费用成本=50×100=5 000（元）

月末在产品成本的计算：

自制半成品成本＝375×10＝3 750（元）

在产品直接人工成本＝70×(10×50%)＝350（元）

在产品制造费用成本＝50×(10×50%)＝250（元）

在产品成本明细账中，“自制半成品”成本项目就是为了综合登记所耗用一车间半成品的成本而增设的。“自制半成品”成本项目也可以用“直接材料”成本项目代替，此时，“直接材料”成本项目体现的是半成品的综合成本。

（2）成本还原。

1）采用成本还原率法对该公司三车间生产的甲产品明细账中所包含的第二、第一步骤的半成品的综合成本进行成本还原。具体还原结果如表 2-3-28 所示。

表 2-3-28 **产品成本还原计算表** 单位：元

项目	还原分配率	自制半成品	直接材料	直接人工	制造费用	合计
还原前产成品成本		37 500		7 000	5 000	49 500
第二步骤 B 半成品成本		22 848		7 200	5 568	35 616
第一次成本还原	1.052 9	24 056.66		7 580.88	5 862.46	37 500
第一步骤 A 半成品成本			14 500	5 000	4 500	24 000
第二次成本还原	1.002 4	−24 056.66	14 534.80	5 012	4 509.86	0
还原后产成品总成本			14 534.80	19 592.88	15 372.32	49 500
还原后产成品单位成本			145.348 0	195.928 8	153.723 2	495

第一次还原，产成品成本中 B 半成品成本还原：

还原分配率＝37 500÷35 616＝1.052 9

A 半成品成本＝22 848×1.052 9＝24 056.66（元）

直接人工成本＝7 200×1.052 9＝7 580.88（元）

制造费用成本＝37 500－24 056.66－7 580.88＝5 862.46（元）

第二次还原，产成品成本中 A 半成品成本还原：

还原分配率＝24 056.66÷24 000＝1.002 4

直接材料成本＝14 500×1.002 4＝14 534.80（元）

直接人工成本＝5 000×1.002 4＝5 012（元）

制造费用成本＝24 056.66－14 534.80－5 012＝4 509.86（元）

还原后产成品的原始成本项目：

直接材料＝14 534.80（元）

直接人工＝7 000＋7 580.88＋5 012＝19 592.88（元）

制造费用＝5 000＋5 862.46＋4 509.86＝15 372.32（元）

2）采用项目比重还原法对该公司三车间生产的甲产品明细账中包含的第二、第一步骤的半成品的综合成本进行成本还原。具体还原结果如表 2-3-29 所示。

表 2-3-29　　产品成本还原计算表　　单位：元

项目	自制半成品	直接材料	直接人工	制造费用	合计
还原前产成品成本	37 500		7 000	5 000	49 500
本月所产B半成品成本	22 848		7 200	5 568	35 616
本月所产B半成品成本结构	0.641 5		0.202 2	0.156 3	
产成品成本中B半成品的还原成本	24 056.25		7 582.50	5 861.25	
本月所产A半成品成本		14 500	5 000	4 500	24 000
本月所产A半成品成本结构		0.604 2	0.208 3	0.187 5	
产成品成本中A半成品的还原成本	−24 056.25	14 534.79	5 010.92	4 510.54	
还原后产成品总成本		14 534.79	19 593.42	15 371.79	49 500
还原后产成品单位成本		145.347 9	195.934 2	153.717 9	495

第一次还原，产成品成本中B半成品成本还原：

半成品成本比重＝22 848÷35 616＝0.641 5

直接人工比重＝7 200÷35 616＝0.202 2

制造费用比重＝5 568÷35 616＝0.156 3

还原数据如下：

A半成品成本＝37 500×0.641 5＝24 056.25（元）

直接人工成本＝37 500×0.202 2＝7 582.50（元）

制造费用成本＝37 500−24 056.25−7 582.50＝5 861.25（元）

第二次还原，产成品成本中A半成品成本还原：

直接材料比重＝14 500÷24 000＝0.604 2

直接人工比重＝5 000÷24 000＝0.208 3

制造费用比重＝4 500÷24 000＝0.187 5

还原数据如下：

直接材料成本＝24 056.25×0.604 2＝14 534.79（元）

直接人工成本＝24 056.25×0.208 3＝5 010.92（元）

制造费用成本＝24 056.25−14 534.79−5 010.92＝4 510.54（元）

还原后产成品的原始成本项目：

直接材料＝14 534.79（元）

直接人工＝7 000＋7 582.50＋5 010.92＝19 593.42（元）

制造费用＝5 000＋5 861.25＋4 510.54＝15 371.79（元）

5. 对综合结转法的评价

（1）综合结转法的特点。该方法的特点是将各步骤所耗用上一生产步骤的半成品成本，不分成本项目以“直接材料”或“自制半成品”成本项目综合记入该步骤基本生产成本明细账中。

（2）综合结转法的优点。该方法的优点是可以在各生产步骤的产品成本明细账中反映各该步骤完工产品所耗用半成品费用的水平和本步骤加工费用的水平，有利于各个生产步骤的成本管理。

（3）综合结转法的缺点。该方法的缺点是不能提供按原始成本项目反映的成本资料，不便于从整个企业角度分析和考核产品的成本项目构成。如果管理上要求提供这方面的成本资料，还需要对综合结转法计算出来的产品成本进行成本还原，从而加大了核算的工作量。因此，这种结转方法只适宜在半成品具有独立的经济意义，管理上要求计算各步骤完工产品所耗用半成品费用，但不要求进行成本还原的情况下采用。

（二）分项结转法

分项结转法是指将各生产步骤所耗用的上一生产步骤的半成品成本，按照成本项目分项转入各该步骤生产成本明细账相应的成本项目之中。如果半成品通过半成品库收发，在自制半成品明细账中登记半成品成本时，也要按照成本项目分别登记。

采用分项结转法结转半成品成本时，可以按照半成品的实际成本结转，也可以按照半成品的计划成本结转，然后按成本项目分项调整成本差异。由于后一种做法计算工作量较大，因而一般采用按实际成本分项结转的方法。

1. 分项结转法的应用

【例 2-3-8】 兴盛公司生产的乙产品分两个步骤，分别由两个车间进行，第一步骤生产的乙半成品直接转入第二步骤继续加工成乙产品。两个车间月末的在产品均按定额成本计价。该公司 20××年 6 月第一车间完工半成品 500 件，第二车间完工产品 400 件，生产费用资料如表 2-3-30 所示。

表 2-3-30 **生产费用资料**

20××年 6 月 单位：元

项目		直接材料	直接人工	制造费用	合计
第一车间	月初在产品定额成本	3 800	2 000	4 600	10 400
	本月生产费用	12 500	7 000	12 300	31 800
	月末在产品定额成本	3 420	1 800	4 140	9 360
第二车间	月初在产品定额成本	6 200	1 300	2 500	10 000
	本月生产费用		5 500	12 200	17 700
	月末在产品定额成本	3 100	650	1 250	5 000

（1）根据以上资料，登记第一车间乙半成品成本明细账，计算乙产品成本，如表 2-3-31 所示。

表 2-3-31 **第一车间产品成本计算单**

产品名称：乙半成品 20××年 6 月 30 日 本月完工：500 件 单位：元

摘要	直接材料	直接人工	制造费用	合计
期初在产品成本	3 800	2 000	4 600	10 400
本月生产费用	12 500	7 000	12 300	31 800
费用合计	16 300	9 000	16 900	42 200
单位成本	25.76	14.40	25.52	65.68
完工半成品成本	12 880	7 200	12 760	32 840
月末在产品定额成本	3 420	1 800	4 140	9 360

（2）根据以上资料，登记第二车间乙产品成本明细账，计算乙产品成本，如表 2-3-32 所示。

表 2-3-32　　　　**第二车间产品成本计算单**

产品名称：乙产品　　　　20××年 6 月 30 日　　　　本月完工：400 件　单位：元

摘要	直接材料	直接人工	制造费用	合计
期初在产品成本	6 200	1 300	2 500	10 000
本月生产费用		5 500	12 200	17 700
上步骤转入半成品成本	12 880	7 200	12 760	32 840
费用合计	19 080	14 000	27 460	60 540
单位成本	39.95	33.375	65.525	138.85
完工产品成本	15 980	13 350	26 210	55 540
月末在产品定额成本	3 100	650	1 250	5 000

2. 对分项结转法的评价

（1）分项结转法的特点。该方法的特点是将各步骤所耗用上一生产步骤的半成品成本，按照成本项目分项转入各该步骤基本生产成本明细账的各个相应成本项目中。

（2）分项结转法的优点。该方法的优点是可以直接提供按原始成本项目反映的产品成本资料，便于从整个企业角度分析和考核产品的成本项目构成和水平，不需要进行成本还原。

（3）分项结转法的缺点。该方法的缺点是各生产步骤之间的成本结转工作比较复杂，各步骤所耗用上一生产步骤的半成品成本，都要按照成本项目分项转入各该步骤基本生产成本明细账的各个相应成本项目中。特别是在产品生产步骤较多或半成品经过半成品库收发时，产品成本计算的工作量较大。而且在各生产步骤完工产品成本中反映不出所耗用的上一生产步骤半成品的费用和本步骤加工费用的水平，不便于对各步骤完工产品成本进行综合分析。因此，这种方法一般适用于管理上不要求计算各生产步骤完工产品所耗用的半成品费用和本步骤加工费用，而要求按照原始成本项目计算产品成本的企业。

四、逐步结转分步法综述

（一）逐步结转分步法的特点

逐步结转分步法的特点可以概括如下：

（1）逐步结转分步法的成本计算对象是企业产成品及各生产步骤的半成品，以此来开设成本明细账。

（2）不论是综合结转法还是分项结转法，半成品成本要随同半成品实物一起在各生产步骤之间按顺序转移。

（二）逐步结转分步法的优点

逐步结转分步法的优点可以概括如下：

（1）逐步结转分步法的成本计算对象是企业产成品及各生产步骤的半成品，这就为分析和考核企业产品成本计划及各生产步骤半成品成本计划的执行情况，为正确计算半成品销售成本提供了资料。

（2）不论是综合结转还是分项结转，半成品成本都是随着半成品实物的转移而结转，各生产步骤产品成本明细账中的生产费用金额，反映留存在各个生产步骤的在产品成本，因而还能为在产品的实物管理和生产资金管理提供资料。

（3）采用综合结转法结转半成品成本时，由于各生产步骤产品成本中包括所耗用上一生产步骤半成品成本，从而能全面反映各步骤完工产品中所耗用上一步骤半成品费用水平和本步骤加工费用水平，有利于各步骤的成本管理。采用分项结转法结转半成品成本时，可以直接提供按原始成本项目反映的产品成本资料，满足企业分析和考核产品成本项目构成和水平的需要，而不必进行成本还原。

（三）逐步结转分步法的缺点

逐步结转分步法的缺点可以概括如下：

（1）综合结转法和分项结转法都要逐步结转，所以核算工作比较复杂，提供核算资料的及时性也较差。

（2）如果采用综合结转法结转半成品成本，需要进行成本还原；如果采用分项结转法结转半成品成本，结转的核算工作量较大。如果半成品按计划成本结转，还要计算和调整半成品成本差异；如果半成品按实际成本结转，各步骤则不能同时计算成本，成本计算的及时性差。

综上所述，应用逐步结转分步法时，必须从实际出发，根据管理要求，权衡利弊，做到既满足管理要求，提供所需各种资料，又能简化核算工作。

情境二　平行结转分步法

在采用分步法的大量、大批、多步骤生产的企业，有的产品生产过程，首先是对各种原材料平行地进行连续的加工，成为各种半成品即零件和部件，再装配成各种产成品。例如，机械制造企业的车间一般按生产工艺过程设置，设有铸造、锻造、机加工、装配等车间。由于在这类生产企业中，各生产步骤所产半成品的种类有很多，但半成品外售的情况很少，在管理上不要求计算半成品成本，因而为了简化和加速成本计算工作，在计算产品成本时，可以不计算各步骤所产半成品成本，也不计算各步骤所耗用上一步骤的半成品成本（即各步骤之间不结转所耗用半成品成本），只计算本步骤所发生的各项生产费用以及这些费用中应计入产成品成本的份额。然后，将各步骤应计入同一产成品成本的份额平行结转、汇总，即可计算出该种产品的产成品成本。

一、平行结转分步法的含义及适用范围

平行结转分步法是将各生产步骤应计入相同产成品成本的份额平行汇总，以求得产成品成本的一种方法。平行结转分步法按生产步骤归集费用，不计算和结转各生产步骤的半成品成本，仅计算各生产步骤发生的各项费用应计入完工产品成本的份额，因此，

这种方法也称为不计算半成品成本分步法。

平行结转分步法主要适用于成本管理上不要求提供各步骤半成品成本资料的大量、大批、多步骤生产企业，特别是半成品不对外销售的大量、大批、装配式多步骤生产企业。在这些企业中，从原材料投入生产到产品完工，先由各生产步骤将各种原材料平行加工成各种零件和部件，然后由组装车间装配成完工产品。在某些连续式多步骤生产企业，如果各生产步骤所产半成品仅供本企业下一步骤继续加工，不准备对外销售，也可以采用平行结转分步法。

二、平行结转分步法的特点

平行结转分步法与逐步结转分步法相比较，有以下特点：

首先，各生产步骤不计算半成品成本。各生产步骤只归集本步骤耗用的材料费用、人工费用和制造费用，不计算半成品成本。不论半成品是否通过仓库收发，都不通过“自制半成品”账户进行金额核算，仅对自制半成品进行数量核算。

其次，各生产步骤之间不结转半成品成本。在生产过程中，上一步骤生产的半成品实物转入下一步骤继续加工时，自制半成品的成本不随同实物转移而结转。即使通过半成品库收发，也不进行半成品成本的结转。

再次，计算各生产步骤应计入完工产品成本的生产费用份额。月末将各生产步骤归集的生产费用，在应计入完工产品成本的生产费用与月末广义在产品成本之间进行分配，以确定各生产步骤应计入完工产品成本的生产费用份额。各生产步骤的广义在产品由两部分组成：一是正在各生产步骤中生产的在产品，即狭义的在产品；二是经过本生产步骤生产完工但尚未形成完工产品的所有半成品，包括处于后面各个生产步骤的在产品和经过本步骤及后面各步骤加工后转入半成品库的半成品（即经过本步骤生产但未形成完工产品的所有狭义在产品和入库的半成品）。各生产步骤将归集的生产费用在完工产品成本与月末广义在产品成本之间进行分配的主要方法是定额比例法和约当产量法等。

最后，通过汇总各生产步骤应计入完工产品成本的生产费用份额确定完工产品成本。月末，将各生产步骤计算的应计入产品成本的生产费用份额汇总后，即完工产品的总成本，将完工产品总成本除以完工产品数量，即完工产品的单位成本。

三、平行结转分步法的成本计算程序

平行结转分步法的成本计算程序为：

第一步，按产品的生产步骤和产品品种开设基本生产成本明细账，按成本项目归集本步骤所发生的生产费用，上一生产步骤的半成品成本不随半成品实物转入下一步骤。

第二步，月末将各生产步骤归集的生产费用在完工产品与月末广义在产品之间进行分配，以确定应计入完工产品成本的生产费用份额。

第三步，将各生产步骤费用中应计入相同完工产品成本的份额按成本项目平行结转，汇总计算出完工产品的实际总成本和单位成本。

平行结转分步法成本计算程序如图 2-3-3 所示。

第一步骤成本计算单		第二步骤成本计算单		第三步骤成本计算单	
期初在产品成本	9 000元	期初在产品成本	5 000元	期初在产品成本	8 000元
本期生产费用	21 000元	本期生产费用	19 000元	本期生产费用	25 000元
生产费用合计	30 000元	生产费用合计	24 000元	生产费用合计	33 000元
应计入完工产品成本的份额 20 000元	广义在产品成本 10 000元	应计入完工产品成本的份额 16 000元	广义在产品成本 8 000元	应计入完工产品成本的份额 22 000元	广义在产品成本 11 000元

第一步骤转入20 000元	第二步骤转入16 000元	第三步骤转入22 000元
完工产品成本58 000元		

图 2-3-3　平行结转分步法的成本计算程序

四、平行结转分步法的运用

如何正确确定各步骤生产费用中应计入产成品成本的份额，即如何将每个生产步骤的生产费用正确地在完工产成品和广义在产品之间进行分配，是采用平行结转分步法时能否正确计算产成品成本的关键所在。为此，各企业应根据具体情况，采用恰当的方法在完工产成品和在产品之间进行费用的分配。

运用平行结转分步法的关键在于合理计算产成品的成本份额，各步骤应计入产成品成本的份额一般按下列公式计算：

$$\text{某步骤费用应计入产成品成本的份额}=\text{产成品数量}\times\text{单位产成品耗用该步骤半成品数量}\times\text{该步骤半成品单位成本}$$

式中，在实际计算半成品单位成本时，要分成本项目计算它的分配率，按成本项目计算分配率时可采用定额比例法、约当产量法或在产品按定额成本等方法。

（一）采用定额比例法确定各步骤应计入产品成本的份额

在平行结转分步法下，采用定额比例法将生产费用在应计入完工产品成本的生产费用份额和广义在产品成本之间进行分配时，其计算公式为：

$$\text{材料费用分配率}=\frac{\text{期初结存材料费用}+\text{本期发生材料费用}}{\text{完工产品定额材料成本}+\text{广义在产品定额材料成本}}$$

应计入完工产品成本的材料费用份额＝完工产品定额材料成本×材料费用分配率

广义在产品应负担的材料费用＝广义在产品定额材料成本×材料费用分配率

$$\text{其他费用分配率}=\frac{\text{期初结存其他费用}+\text{本期发生其他费用}}{\text{完工产品定额工时}+\text{广义在产品定额工时}}$$

应计入完工产品成本的其他费用份额＝完工产品定额工时×其他费用分配率

广义在产品应负担的其他费用＝广义在产品定额工时×其他费用分配率

【例 2-3-9】　盛达股份有限公司 20××年 7 月生产 M 产品 350 件，分别由第一车间和第二车间连续加工完成。第一车间为第二车间提供半成品，第二车间将半成品加工成 M 产品。原材料于生产开始时一次投入，完工产品与期末广义在产品之间采用定额比例法分配生产费用。该公司各车间月初广义在产品成本和本月发生费用，以及 M 产品有关定额资料如表 2－3－33 和表 2－3－34 所示。

表 2－3－33　　月初广义在产品成本及本期生产费用　　单位：元

成本项目	月初广义在产品成本		本月生产费用	
	第一车间	第二车间	第一车间	第二车间
直接材料	8 253		6 300	
直接人工	4 575	1 100	3 000	3 700
制造费用	6 100	950	4 400	6 250
合计	18 928	2 050	13 700	9 950

表 2－3－34　　M 产品定额资料　　金额单位：元

生产步骤	月初广义在成品		本月投入		本月完工产品	
	定额材料	定额工时	定额材料	定额工时	定额材料	定额工时
第一车间定额	7 150	11 500	7 550	13 500	8 700	15 000
第二车间定额		3 500		8 500		11 000
合计	7 150	15 000	7 550	22 000	8 700	26 000

（1）根据以上资料，计算分配应计入完工产品成本的份额与广义在产品成本，并登记第一车间、第二车间的产品成本计算单，如表 2－3－35 和表 2－3－36 所示。

表 2－3－35　　第一车间产品成本计算单

产品名称：M 产品　　20××年 7 月 31 日　　产量：350 件　单位：元

摘要	直接材料	直接人工	制造费用	合计
月初广义在产品成本	8 253	4 575	6 100	18 928
本月生产费用	6 300	3 000	4 400	13 700
生产费用合计	14 553	7 575	10 500	32 628
分配率	0.99	0.303	0.42	
完工产品份额	8 613	4 545	6 300	19 458
广义在产品成本	5 940	3 030	4 200	13 170

第一车间成本计算如下：

月末在产品定额材料成本＝7 150＋7 550－8 700＝6 000（元）

月末在产品定额工时＝11 500＋13 500－15 000＝10 000（小时）

直接材料费用的分配：

$$直接材料费用分配率=\frac{14\ 553}{8\ 700+6\ 000}=0.99$$

直接材料应计入完工产品的份额＝8 700×0.99＝8 613（元）

广义在产品应负担的直接材料费用＝8 253＋6 300－8 613＝5 940（元）

直接人工费用的分配：

$$直接人工费用分配率=\frac{7\ 575}{15\ 000+10\ 000}=0.303$$

直接人工应计入完工产品的份额＝15 000×0.303＝4 545（元）

广义在产品应负担的直接人工费用＝4 575＋3 000－4 545＝3 030（元）

制造费用的分配：

$$制造费用分配率=\frac{10\ 500}{15\ 000+10\ 000}=0.42$$

制造费用应计入完工产品的份额＝15 000×0.42＝6 300（元）

广义在产品应负担的制造费用＝6 100＋4 400－6 300＝4 200（元）

表 2-3-36 第二车间产品成本计算单

产品名称：M产品 20××年7月31日 产量：350件 单位：元

摘要	直接材料	直接人工	制造费用	合计
月初在产品成本		1 100	950	2 050
本月生产费用		3 700	6 250	9 950
生产费用合计		4 800	7 200	12 000
分配率		0.4	0.6	
库存商品份额		4 400	6 600	11 000
广义在产品成本		400	600	1 000

第二车间成本计算如下：

月末在产品定额工时＝3 500＋8 500－11 000＝1 000（小时）

直接人工费用的分配：

$$直接人工费用分配率=\frac{4\ 800}{11\ 000+1\ 000}=0.4$$

直接人工应计入完工产品的份额＝11 000×0.4＝4 400（元）

广义在产品应负担的直接人工费用＝1 100＋3 700－4 400＝400（元）

制造费用的分配：

$$制造费用分配率=\frac{7\ 200}{11\ 000+1\ 000}=0.6$$

制造费用应计入完工产品的份额＝11 000×0.6＝6 600（元）

广义在产品应负担的制造费用＝950＋6 250－6 600＝600（元）

（2）根据第一车间、第二车间的产品成本计算单，平行结转完工产品的成本，编制完工产品成本汇总表，如表 2-3-37 所示。

表 2-3-37 完工产品成本汇总表

产品名称：M产品 20××年7月31日 产量：350件 单位：元

摘要		直接材料	直接人工	制造费用	合计
应转入产品成本的份额	第一车间	8 613	4 545	6 300	19 458
	第二车间		4 400	6 600	11 000
总成本		8 613	8 945	12 900	30 458
单位成本		24.61	25.55	36.86	87.02

根据完工产品成本汇总表，结转完工产品成本，编制会计分录如下：

借：库存商品——M 产品　　30 458

　贷：基本生产成本——第一车间（M 产品）　　19 458

　　　　　　　　——第二车间（M 产品）　　11 000

（二）按约当产量法确定各步骤应计入产品成本的份额

在平行结转分步法下，采用约当产量法分配生产费用，确定应计入完工产品成本的份额和广义在产品成本时，其计算公式为：

$$各成本项目费用分配率=\frac{各成本项目月初结存费用+本月各项目生产费用}{完工产品数量+广义在产品约当产量}$$

广义在产品约当产量的确定是运用约当产量法的关键。相关计算公式是：

$$\text{广义在产品约当产量}=\text{本步骤在产品约当产量}+\text{经本步骤加工转入后面各步骤的在产品数量及入库的半成品数量}$$

$$应计入完工产品各成本项目的份额=完工产品数量\times 各成本项目费用分配率$$

$$广义在产品应承担的生产费用=广义在产品约当产量\times 各成本项目费用分配率$$

【例 2-3-10】　永胜公司 20××年 8 月生产 N 产品 552 件，需经过第一车间、第二车间和第三车间三个基本生产车间连续加工完成。第一车间完工的半成品全部转移给第二车间加工（半成品成本不转移，仍保留在第一车间基本生产成本明细账内，下同）；第二车间完工的半成品全部转移给第三生产车间生产出完工产品。采用平行结转分步法计算产品成本，原材料于生产开始时一次投入，各车间采用约当产量法分配完工产品与月末在产品的费用，各步骤在产品完工程度均为 50%。有关产量资料和生产费用资料分别如表 2-3-38 和表 2-3-39 所示。

表 2-3-38　　**产量资料**　　单位：件

项目	第一车间	第二车间	第三车间
期初在产品数量	24	72	120
本期投入产品数量	600	528	480
本期完工产品数量	528	480	552
期末在产品数量	96	120	48

表 2-3-39　　**生产费用资料**　　单位：元

项目	月初在产品成本			本期生产费用		
	第一车间	第二车间	第三车间	第一车间	第二车间	第三车间
直接材料	81 000			194 400		
直接人工	12 600	15 300	7 200	45 000	54 000	70 560
制造费用	18 000	19 800	10 800	51 120	54 450	75 600
合计	111 600	35 100	18 000	290 520	108 450	146 160

（1）根据表 2-3-38 和表 2-3-39 的资料，采用约当产量法将各步骤的生产费用在完工产品应负担的成本份额和月末在产品应负担的成本之间分配，并登记第一车间、第二车间、第三车间产品成本计算单，如表 2-3-40、表 2-3-41、表 2-3-42 所示。

表 2-3-40 **第一车间产品成本计算单**

产品名称：N产品　　20××年 8 月 31 日　　产量：552 件　单位：元

摘要	直接材料	直接人工	制造费用	合计
月初在产品成本	81 000	12 600	18 000	111 600
本月生产费用	194 400	45 000	51 120	290 520
生产费用合计	275 400	57 600	69 120	402 120
完工产品数量	552	552	552	
广义在产品约当产量	264	216	216	
本步骤约当总产量	816	768	768	
分配率	337.50	75	90	
转入完工产品份额	186 300	41 400	49 680	277 380
月末广义在产品成本	89 100	16 200	19 440	124 740

第一车间成本计算如下：

直接材料费用的分配：

广义在产品约当产量＝96＋120＋48＝264（件）

$$直接材料费用分配率=\frac{275\ 400}{552+96+120+48}=337.50$$

应计入完工产品的直接材料份额＝552×337.50＝186 300（元）

广义在产品应负担的直接材料费用＝（96＋120＋48）×337.50＝89 100（元）

直接人工费用的分配：

广义在产品约当产量＝96×50%＋120＋48＝216（件）

$$直接人工费用分配率=\frac{57\ 600}{552+120+48+96\times50\%}=75$$

应计入完工产品的直接人工份额＝552×75＝41 400（元）

广义在产品应负担的直接人工费用＝（120＋48＋96×50%）×75＝16 200（元）

制造费用的分配：

广义在产品约当产量＝96×50%＋120＋48＝216（件）

$$制造费用分配率=\frac{69\ 120}{552+120+48+96\times50\%}=90$$

应计入完工产品的制造费用份额＝552×90＝49 680（元）

广义在产品应负担的制造费用＝（120＋48＋96×50%）×90＝19 440（元）

表 2-3-41　　第二车间产品成本计算单

产品名称：N产品　　20××年8月31日　　产量：552件　单位：元

摘要	直接材料	直接人工	制造费用	合计
月初在产品成本		15 300	19 800	35 100
本月生产费用		54 000	54 450	108 450
生产费用合计		69 300	74 250	143 550
完工产品数量		552	552	
广义在产品约当产量		108	108	
本步骤约当总产量		660	660	
分配率		105	112.50	
转入完工产品份额		57 960	62 100	120 060
月末广义在产品成本		11 340	12 150	23 490

第二车间成本计算如下：

直接人工费用的分配：

广义在产品约当产量＝120×50%＋48＝108（件）

$$直接人工费用分配率=\frac{69\ 300}{552+48+120\times 50\%}=105$$

应计入完工产品的直接人工份额＝552×105＝57 960（元）

广义在产品应负担的直接人工费用＝（48＋120×50%）×105＝11 340（元）

制造费用的分配：

广义在产品约当产量＝120×50%＋48＝108（件）

$$制造费用分配率=\frac{74\ 250}{552+48+120\times 50\%}=112.50$$

应计入完工产品的制造费用份额＝552×112.50＝62 100（元）

广义在产品应负担的制造费用＝（48＋120×50%）×112.50＝12 150（元）

表 2-3-42　　第三车间产品成本计算单

产品名称：N产品　　20××年8月31日　　产量：552件　单位：元

摘要	直接材料	直接人工	制造费用	合计
月初在产品成本		7 200	10 800	18 000
本月生产费用		70 560	75 600	146 160
生产费用合计		77 760	86 400	164 160
完工产品数量		552	552	
广义在产品约当产量		24	24	
本步骤约当总产量		576	576	
分配率		135	150	
转入完工产品份额		74 520	82 800	157 320
月末广义在产品成本		3 240	3 600	6 840

第三车间成本计算如下：

直接人工费用的分配：

广义在产品约当产量＝48×50%＝24（件）

$$直接人工费用分配率=\frac{77\ 760}{552+48\times50\%}=135$$

应计入完工产品的直接人工份额＝552×135＝74 520（元）

广义在产品应负担的直接人工费用＝（48×50%）×135＝3 240（元）

制造费用的分配：

广义在产品约当产量＝48×50%＝24（件）

$$制造费用分配率=\frac{86\ 400}{552+48\times50\%}=150$$

应计入完工产品的制造费用份额＝552×150＝82 800（元）

广义在产品应负担的制造费用＝（48×50%）×150＝3 600（元）

（2）将第一车间、第二车间、第三车间计算出的应转入完工产品成本的份额加以汇总，确定完工产品的制造成本，编制N产品成本计算汇总表，如表2-3-43所示。

表2-3-43 产品成本计算汇总表

产品名称：N产品 20××年8月31日 产量：552件 单位：元

摘要		直接材料	直接人工	制造费用	合计
应计入产品成本的份额	第一车间	186 300	41 400	49 680	277 380
	第二车间		57 960	62 100	120 060
	第三车间		74 520	82 800	157 320
总成本		186 300	173 880	194 580	554 760
单位成本		337.50	315	352.50	1 005

根据产品成本计算汇总表，结转完工产品成本，编制会计分录如下：

借：库存商品——N产品 554 760

　贷：基本生产成本——第一车间（N产品） 277 380

　　　　　　　　——第二车间（N产品） 120 060

　　　　　　　　——第三车间（N产品） 157 320

五、平行结转分步法的优缺点

（一）平行结转分步法的优点

由例2-3-9、例2-3-10可看出，平行结转分步法与逐步结转分步法相比较，其优点如下：

（1）采用平行结转分步法，各步骤可以同时计算产品成本，然后将应计入完工产品成本的份额平行结转汇总计入产成品成本，不必逐步结转半成品成本，从而可以简化和加速成本计算工作。

（2）采用平行结转分步法，一般是按成本项目平行结转汇总各步骤成本中应计入产成品成本的份额，因而能够直接提供按原始成本项目反映的产品成本资料，不必进行成本还原。

（二）平行结转分步法的缺点

由于采用平行结转分步法时，各步骤不计算也不结转半成品成本，因而存在以下缺点：

（1）不能提供各步骤半成品成本资料及各步骤所耗用上一步骤半成品费用资料，因而不能全面地反映各步骤生产耗费的水平，不利于各步骤的成本管理。

（2）由于各步骤之间不结转半成品成本，使半成品实物转移与费用结转脱节，因而不能为各步骤在产品的实物管理和资金管理提供资料。

项目测试题

一、思考题

1. 分步法的特点是什么？在什么情况下要采用分步法计算产品成本？
2. 综合结转法的优缺点是什么？
3. 为什么要进行成本还原？如何进行成本还原？
4. 逐步结转分步法与平行结转分步法的区别是什么？
5. 逐步结转分步法的计算程序是什么？
6. 平行结转分步法的适用范围有哪些？

二、技能训练题

1. 玉龙公司生产的 A 产品需经过第一车间、第二车间两个基本生产车间进行连续加工完成，所需原材料于生产开始时一次投入。第一车间生产完工的 A 半成品交半成品库，设“自制半成品”账户进行核算；第二车间从半成品库领用半成品后继续加工生产出 A 产品，领用的半成品按实际成本计价（采用加权平均法）。该公司采用综合结转法计算产品成本，月末在产品成本采用约当产量法计算，两个车间的月末在产品完工率均为 50%。20××年 10 月，该公司有关产量资料和生产费用资料如表 2-3-44、表 2-3-45 所示。

表 2-3-44　　产量资料　　单位：件

项目	第一车间	第二车间
	A 半成品	A 产品
月初在产品数量	75	125
本月投入产品数量	425	475
本月完工产品数量	450	500
月末在产品数量	50	100

表 2-3-45　　生产费用资料　　单位：元

成本项目	月初在产品成本		本月发生费用	
	第一车间	第二车间	第一车间	第二车间
直接材料	18 000	17 400	42 000	
直接人工	5 250	6 000	9 000	15 450
制造费用	7 500	9 000	13 875	20 700
合计	30 750	32 400	64 875	36 150

"自制半成品"账户期初结存 A 半成品 100 件，单位成本为 178.5 元。

要求：(1) 根据生产费用及产量资料计算 A 半成品成本和月末在产品成本，编制 A 半成品成本计算单，并编制会计分录。

(2) 根据第一车间 A 半成品交库单和第二车间领用 A 半成品的领料单，登记"自制半成品"明细账，并编制会计分录。

(3) 根据第二车间领用的自制半成品，发生的直接人工、制造费用、完工产品和月末在产品资料，分配生产费用并登记第二车间的产品成本计算单，并编制结转完工产品的会计分录。

(4) 根据以上计算结果，采用两种方法对 A 产品总成本中的自制半成品进行成本还原，编制成本还原表。

2. 某企业生产的 B 产品分两个步骤连续加工，分别由两个车间进行。第一车间生产的半成品转入半成品库；第二车间按所需数量从半成品库领用半成品并继续加工成产成品。原材料在生产开始时一次投入，各车间在产品完工程度均为 50%，生产费用在完工产品与在产品之间的分配采用约当产量法，第二车间所耗用半成品费用按全月一次加权平均单位成本计算。该企业 20××年 8 月有关资料如表 2-3-46、表 2-3-47、表 2-3-48所示。

表 2-3-46　　产量记录　　单位：件

项目	第一车间	第二车间
月初在产品	90	20
本月投产	220	220
本月完工	250	200
月末在产品	60	40

表 2-3-47　　月初在产品成本　　单位：元

车间名称	直接材料	直接人工	制造费用	合计
第一车间	1 600	420	500	2 520
第二车间	1 840	880	1 040	3 760

表 2-3-48　　本月发生的生产费用　　单位：元

车间名称	直接材料	直接人工	制造费用	合计
第一车间	4 600	1 540	1 740	7 880
第二车间		660	700	1 360

半成品库期初结存 60 件 B 产品，总成本为 2 100 元，其中直接材料 1 200 元，直接人工 420 元，制造费用 480 元。本企业采用加权平均法核算半成品的发出成本。

要求：根据上述资料，采用分项结转法完成以下内容：

(1) 编制第一车间产品成本计算单，并编制结转半成品成本的会计分录。

(2) 计算第二车间领用 B 半成品的成本，并编制结转半成品成本的会计分录。

(3) 计算第二车间 B 产品成本，编制第二车间产品成本计算单，并编制结转产成品成本的会计分录。

3. 某企业属于多步骤生产企业，有两个基本生产车间。第一车间生产的甲半成品交给第二车间继续加工成甲产成品，原材料在生产开始时一次投入，采用平行结转分步法计算产品成本。生产费用在完工产品与在产品之间的分配采用定额比例法，其中，原材料费用按定额原材料费用比例分配，其他费用按定额工时比例分配。该企业20××年8月有关资料如表2-3-49～表2-3-52所示。

表 2-3-49　　甲产品定额资料

车间份额	月初在产品		本月投入		本月产成品				
	定额原材料费用（元）	定额工时	定额原材料费用（元）	定额工时	单件定额		产量（台）	定额原材料费用（元）	定额工时
					原材料费用（元）	工时			
第一车间	5 280	2 440	3 200	1 400	25	15	200	5 000	3 000
第二车间		1 300		3 455		20	200		4 000
合计	5 280	3 740	3 200	4 855	25	35	200	5 000	7 000

表 2-3-50　　月初在产品成本　　单位：元

车间名称	直接材料	直接人工	制造费用	合计
第一车间	5 605	2 510	4 905	13 020
第二车间		1 445	2 435	3 880

表 2-3-51　　本月发生生产费用　　单位：元

车间名称	直接材料	直接人工	制造费用	合计
第一车间	3 723	2 098	3 159	8 980
第二车间		3 775.50	3 746.50	7 522

表 2-3-52　　产量记录　　单位：台

项目	第一车间	第二车间
月初在产品	30	20
本月投产	250	220
本月完工	220	200
月末在产品	60	40
完工程度	50%	50%

要求：(1) 根据甲产品的定额资料、各种生产费用分配表，编制第一车间、第二车间产品成本计算单。

(2) 用平行结转分步法计算甲产品的成本（分别采用定额比例法和约当产量法计算）。

项目四 定额法

项目综述

定额法是产品成本计算的辅助方法。本项目主要介绍定额法的特点、定额的制定、定额变动差异的计算及定额法成本计算程序。通过该项目的学习，学生应初步掌握定额成本的确定，并能进行实际操作。

任务一 熟悉生产过程

情境一 定额法的基本原理

在品种法、分批法和分步法下，生产费用的日常核算都是按照实际发生额进行的，产品的实际成本也都是根据实际生产费用计算的。因此，生产费用和产品成本脱离定额的差异及其发生的原因，只有在月末通过实际资料与定额资料的对比、分析才能得到反映，而不能在生产费用发生时就得到反映。这不利于加强定额管理、及时对产品成本进行控制，不能更有效地发挥成本核算对于节约费用、降低成本的作用。

产品成本计算的定额法，就是为了克服上述几种成本计算方法的缺点，及时反映与监督生产费用和产品成本脱离定额的差异，把产品成本的计划、控制、核算和分析相结合的方法。它是以产品的定额成本为基础，加、减脱离定额差异和定额变动差异，进而计算产品实际成本的一种成本计算方法。

情境二 定额法的适用范围

定额法最早应用于大批量生产的机械制造企业，后来逐渐扩展到具备条件的其他工业企业，如品种法下的定额成本法、分批法下的定额成本法和分步法下的定额成本法等。可见，定额法与生产类型没有直接关系。无论何种生产类型，只要同时具备下列两个条件，都可采用定额法计算产品成本：第一，企业的定额管理制度比较健全，定额管理工作基础较好；第二，产品的生产已经定型，消耗定额比较准确、稳定。一般而言，进行大批量生产的企业通常具备上述条件。

情境三　定额法的特点

定额法和其他产品成本计算方法不同，它不是一种纯粹的成本核算方法，而是一种将成本核算与成本控制紧密结合的方法。定额法克服了其他产品成本计算方法无法直接反映产品实际成本与定额成本相脱离情况的不足，使企业能够通过产品的成本核算对产品成本进行事前和事后控制，强化了企业对产品成本的日常控制，从而更有效地发挥成本核算对于节约生产费用、降低产品成本的作用。

定额法的主要特点为：

（1）以事先制定的产品定额成本作为成本控制目标和计算的基础。

（2）将每项生产费用都划分为定额费用和脱离定额差异进行核算。

（3）运用定额成本、脱离定额差异和定额变动差异的关系计算产品实际成本。

（4）定额法不能单独应用于产品成本的计算。

任务二　生产费用的归集

情境一　定额成本的计算

采用定额法计算产品成本，必须首先制定产品的原材料、动力、工时等消耗定额，并根据各项消耗定额和原材料的计划单价、计划的工资率（计划每小时生产工资）或计件工资单价、制造费用率（计划每小时制造费用）等资料，计算产品的各项费用定额和产品的单位定额成本。

产品的定额成本与计划成本既有相同之处，又有不同之处。相同之处是：两者都是以生产耗费的消耗定额和计划单价为根据确定目标成本。例如：

产品原材料消耗定额×原材料计划单价＝原材料费用定额

产品生产工时定额×生产工资计划单价＝生产工资费用定额

产品生产工时定额×制造费用计划单价＝制造费用定额

生产工资和制造费用，通常是按生产工时比例分配计入产品成本的，因而其计划单价通常是计划的每小时各项费用定额。各项费用定额的合计数，就是单位产品的定额成本或计划成本。

两者的不同之处是：计算计划成本所依据的消耗定额是计划期（一般为一年）内平均消耗定额，也称计划定额，在计划期内通常是不变的；而计算定额成本所依据的消耗定额是现行的定额，是企业在当时的生产技术条件下，在各项消耗上应达到的标准，它应随着生产技术的进步、劳动生产率的提高而不断被修订。此外，计算计划成本所依据的原材料等的计划单价，在计划期内通常也是不变的；计算定额成本所依据的生产工资和制造费用的计划单价，则可能变动。因此，计划成本在计划期内通常是不变的；定额成本在计划期内则是变动的。

由此可知，所谓产品的定额成本，也就是根据各种有关的现行定额计算的成本。制定定额成本，可以使企业的成本控制和考核更加有效，更加符合实际，从而保证成本计划的完成。

产品单位定额成本的制定，应包括零件、部件的定额成本和产成品的定额成本，通常由计划、会计等部门共同制定。一般是先制定零件的定额成本，然后汇总计算部件和产成品的定额成本。如果产品的零部件较多，为了简化计算工作，可以不计算零件的定额成本，而直接根据零件定额卡所列的零件的原材料消耗定额、工序计划和工时消耗定额，以及原材料的计划单价、计划的工资率和计划的制造费用率等，计算部件定额成本，然后汇总计算产成品定额成本；或者根据零部件定额卡和原材料计划单价、计划的工资率和计划的制造费用率等，直接计算产成品定额成本。

需要指出的是，编制定额成本计算表时，所采用的成本项目和成本计算方法应与编制计划成本、计算实际成本时所采用的成本项目和成本计算方法一致，以便成本考核和成本分析工作的进行。

零件定额卡、部件定额成本计算卡和产品定额成本计算表的格式分别见表 2-4-1、表 2-4-2 和表 2-4-3。

表 2-4-1 **零件定额卡**

零件编号、名称：1102　　20××年 6 月

材料编号、名称	计量单位	材料消耗定额
1301	千克	4
工序编号	工时定额	累计工时定额
1 2	2 6	2 8

表 2-4-2 **部件定额成本计算卡**

部件编号、名称：3100　　20××年 6 月　　金额单位：元

<table>
<tr><th rowspan="3">所需零件编号、名称</th><th rowspan="3">零件数量</th><th colspan="7">材料定额</th><th rowspan="3">工时定额</th></tr>
<tr><th colspan="3">1301</th><th colspan="3">1302</th><th rowspan="2">金额合计</th></tr>
<tr><th>数量</th><th>计划单价</th><th>金额</th><th>数量</th><th>计划单价</th><th>金额</th></tr>
<tr><td>3101</td><td>3</td><td>12</td><td>5</td><td>60</td><td></td><td></td><td></td><td>60</td><td>24</td></tr>
<tr><td>3102</td><td>2</td><td></td><td></td><td></td><td>16</td><td>2</td><td>32</td><td>32</td><td>10</td></tr>
<tr><td>装配</td><td></td><td></td><td></td><td></td><td></td><td></td><td></td><td></td><td>2</td></tr>
<tr><td>合计</td><td></td><td></td><td></td><td>60</td><td></td><td></td><td>32</td><td>92</td><td>36</td></tr>
<tr><td colspan="8">定额成本项目</td><td colspan="2" rowspan="3">定额成本合计</td></tr>
<tr><td colspan="2" rowspan="2">原材料</td><td colspan="3">工资及福利费</td><td colspan="3">制造费用</td></tr>
<tr><td colspan="2">计划工资率</td><td>金额</td><td colspan="2">计划费用率</td><td>金额</td></tr>
<tr><td colspan="2">92</td><td colspan="2">8</td><td>288</td><td colspan="2">6</td><td>216</td><td colspan="2">596</td></tr>
</table>

表 2-4-3　　　　产品定额成本计算表

产品编号：3000　　　　产品名称：甲　金额单位：元

<table>
<tr><td rowspan="2">所用部件编号或名称</td><td rowspan="2">所用部件数量</td><td colspan="2">材料费用定额</td><td colspan="2">工时定额</td></tr>
<tr><td>部件</td><td>产品</td><td>部件</td><td>产品</td></tr>
<tr><td>3100</td><td>2</td><td>92</td><td>184</td><td>36</td><td>72</td></tr>
<tr><td>3200</td><td>2</td><td>100</td><td>200</td><td>30</td><td>60</td></tr>
<tr><td>装配</td><td></td><td></td><td></td><td></td><td>12</td></tr>
<tr><td>合计</td><td></td><td></td><td>384</td><td></td><td>144</td></tr>
<tr><td colspan="5">产品定额成本项目</td><td rowspan="3">产品定额成本合计</td></tr>
<tr><td rowspan="2">直接材料</td><td colspan="2">直接人工</td><td colspan="2">制造费用</td></tr>
<tr><td>工资率</td><td>金额</td><td>费用率</td><td>金额</td></tr>
<tr><td>384</td><td>8</td><td>1 152</td><td>6</td><td>864</td><td>2 400</td></tr>
</table>

情境二　相关差异的计算

一、脱离定额差异的核算

脱离定额差异，是指生产过程中，各项生产费用的实际支出脱离现行定额或预算的数额。脱离定额差异的核算，就是在发生生产费用时，为符合定额的费用和脱离定额的差异分别编制定额凭证和差异凭证，并在有关的费用分配表和明细分类账中分别予以登记。这样，就能及时正确地核算和分析生产费用脱离定额的差异，控制生产费用支出。因此，对定额差异的核算是实行定额法的重要内容。为了防止生产费用的超支，避免浪费和损失，差异凭证填制完成后，还必须按照规定办理审批手续。在有条件的企业，可以将脱离定额差异的日常核算同车间或班组的经济责任制结合起来，依靠各生产环节的职工控制生产费用。

（一）原材料脱离定额差异的核算

在各成本项目中，原材料费用（包括自制半成品费用）一般占有较大比重，且属于直接计入费用，因而更有必要和可能在费用发生时就按产品核算定额费用和脱离定额的差异，并以不同的凭证予以反映。

原材料脱离定额差异的核算方法一般有限额法、切割核算法和盘存法三种。下面分别加以介绍。

1. 限额法

为了控制材料的领用，在定额法下，原材料的领用应该实行限额领料（或定额发料）制度，符合定额的原材料应根据限额领料单等定额凭证领发。由于增加产量而需要增加用料时，在追加限额手续后，也可以根据定额凭证领发。由于其他原因发生的超额用料或代用材料的使用，则应填制专设的超额领料单、代用材料领料单等差异凭证，经过一定的审批手续后领发。为了减少凭证的种类，这些差异凭证也可用普通领料单代替，但应做成不同的颜色或加盖专用的戳记，以示区别。在差异凭证中，应填写差异的数量、金额以及发生差异的原因。差异凭证的签发须经过一定的审批手续，其中，由于采用代用材料、利用废料和材料质量低劣等原因而引起的脱离定额差异，通常由技术部门审批。对于采用代用材料和利用废料的情况，还应在有关的限额领料单中注明，并从原定的限额中扣除。

在每批生产任务完成以后，应根据车间余料编制退料手续，退料单也是一种差异凭证。退料单中的原材料数额和限额领料单中的原材料余额，都是原材料脱离定额的节约差异。

应当指出的是，原材料脱离定额差异是产品生产中实际用料脱离现行定额而形成的成本差异，而限额法并不能完全控制用料，上述差异凭证所反映的差异往往只是领料差异，而不一定是用料差异。这是因为，投产的产品数量不一定等于规定的产品数量；所领原材料的数量也不一定等于原材料的实际消耗量，即期初、期末车间可能有余料。

【例 2-4-1】 某限额领料单规定的产品数量为 1 200 件，每件产品的原材料消耗定额为 6 千克，则领料限额为 7 200 千克；本月实际领料 7 000 千克，领料差异为少领 200 千克。现假定有以下三种情况：

第一种情况：本期投产产品数量符合限额领料单规定的产品数量，即也是 1 200 件，且期初、期末均无余料，则上述少领 200 千克的领料差异就是用料脱离定额的节约差异。

第二种情况：本期投产产品数量仍为 1 200 件，但车间的期初余料为 100 千克，期末余料为 120 千克，则：

原材料定额消耗量＝1 200×6＝7 200（千克）

原材料实际消耗量＝7 000＋100－120＝6 980（千克）

原材料脱离定额差异＝6 980－7 200＝－220（千克）（节约）

第三种情况：本期投产产品数量为 1 100 件，车间的期初余料为 100 千克，期末余料为 120 千克，则：

原材料定额消耗量＝1 100×6＝6 600（千克）

原材料实际消耗量＝7 000＋100－120＝6 980（千克）

原材料脱离定额差异＝6 980－6 600＝380（千克）（超支）

由此可见，只有当投产的产品数量等于规定的产品数量，且车间期初、期末均无余料或期初、期末余料数量相等时，领料（或发料）差异才是用料脱离定额的差异。

2. 切割核算法

对于某些贵重材料或经常大量使用的且需要经过准备车间或下料工段切割后才能进一步进行加工的材料，如板材、棒材等，应采用材料切割核算单。通过材料切割核算单核算用料差异，控制用料。

材料切割核算单应按切割材料的批别开立，在单中要填明切割材料的种类、数额、消耗定额和应切割成的毛坯数量。切割完毕后，要填写实际切割成的毛坯数量和材料的实际消耗量，然后根据实际切割成的毛坯数量和消耗定额，即可求得材料定额消耗量，再将其与材料实际消耗量相比较，即可确定脱离定额差异。材料定额消耗量、脱离定额的差异，以及发生差异的原因均应填入材料切割核算单中，并由主管人员签字。材料切割核算单的格式详见表 2-4-4。

表 2-4-4 **材料切割核算单**

材料编号或名称：3205　　材料计量单位：千克　　材料计划单价：7.50 元

产品名称：甲　　零件编号或名称：605　　图纸号：906

切割工人工号和姓名：1031　王赫　　机床编号：412

发交切割日期：20××年 6 月 5 日　　完工日期：20××年 6 月 20 日

<table>
<tr><td colspan="3">发料数量</td><td colspan="2">退回余料数量</td><td colspan="2">材料实际消耗量</td><td colspan="2">废料回收数量</td></tr>
<tr><td colspan="3">200</td><td colspan="2">12</td><td colspan="2">188</td><td colspan="2">16</td></tr>
<tr><td colspan="2">单件消耗定额</td><td colspan="2">单件回收废料定额</td><td>应割成的毛坯数量</td><td>实际割成的毛坯数量</td><td>材料定额消耗量</td><td colspan="2">废料定额回收量</td></tr>
<tr><td colspan="2">10</td><td colspan="2">0.6</td><td>20</td><td>18</td><td>180</td><td colspan="2">10.8</td></tr>
<tr><td colspan="2">材料脱离定额差异</td><td colspan="3">废料脱离定额差异</td><td colspan="2">差异原因</td><td colspan="2">责任者</td></tr>
<tr><td>数量</td><td>金额</td><td>数量</td><td>单价</td><td>金额</td><td colspan="2" rowspan="2">未按规定要求操作，因而多留了边料，减少了毛坯</td><td colspan="2" rowspan="2">切割工人</td></tr>
<tr><td>8</td><td>60</td><td>－5.2*</td><td>1.2</td><td>－6.24</td></tr>
</table>

注：标注“*”的表示：回收废料超过定额的差异可以冲减材料费用，故列为负数；相反，低于定额的差异应列为正数。

采用材料切割核算单进行材料切割的核算，能及时反映材料的使用情况和产生差异的具体原因，有利于加强对材料消耗的控制和监督。在有条件的情况下，如与车间或班组的经济核算结合起来，则可以收到更好的效果。

3. 盘存法

在大量生产，不能按照上述方法核算原材料脱离定额差异的情况下，除仍要使用限额领料单等定额凭证和超额领料单等差异凭证，以便控制日常材料的实际消耗量外，还应定期（按工作班、工作日或按周、旬等）通过盘存的方法核算差异。

（1）根据完工产品数量和在产品盘存（实地盘存或账面结存）数量计算出投产产品数量，再乘以原材料消耗定额，计算出原材料定额消耗量。其中，投产产品数量的计算公式如下：

本期投产产品数量＝本期完工产品数量＋期末在产品数量－期初在产品数量

（2）根据限额领料单、超额领料单、退料单等材料凭证以及车间余料的盘存数量，计算原材料实际消耗量。

（3）将原材料实际消耗量与定额消耗量进行比较，进而确定原材料脱离定额的差异。

应当指出的是，按照上面公式计算本期投产产品数量，必须具备一定的条件，即原材料在生产开始时一次投入，期初和期末在产品都不再耗用原材料。如果原材料是随着生产的进行陆续投入，在产品还要耗用原材料，那么上面公式中的期初和期末在产品数量应改为按原材料消耗定额计算的期初和期末在产品的约当产量。

【例 2-4-2】 某企业生产丙产品耗用 Y 材料。丙产品期初在产品为 60 件，本期完工产品为 2 000 件，期末在产品为 120 件。生产丙产品使用的原材料系在生产开始时一次投入，丙产品的原材料消耗定额为每件 4 千克，原材料的计划单价为每千克 10 元。限额领料单中载明的本期已实际领料数量为 8 000 千克。车间期初余料为 100 千克，期末余料为 80 千克。有关数据计算如下：

本期投产产品数量＝2 000＋120－60＝2 060（件）

原材料定额消耗量＝2 060×4＝8 240（千克）

原材料实际消耗量＝8 000＋100－80＝8 020（千克）

原材料脱离定额差异（数量）＝8 020－8 240＝－220（千克）（节约）

原材料脱离定额差异（金额）＝－220×10＝－2 200（元）（节约）

对于原材料的定额消耗量和脱离定额差异，应分批或定期地按照成本计算对象进行汇总，编制原材料定额费用和脱离定额差异汇总表。表中应填明该批或该种产品所耗用各种原材料的定额消耗量、定额费用和脱离定额的差异，并分析说明差异产生的主要原因。该表既可以用来汇总反映和分析材料消耗定额的执行情况，又可以代替原材料费用分配表登记产品成本明细账，还可以报送有关领导或向相关部门公布，以便根据差异发生的原因采取措施，进一步挖掘降低原材料消耗的潜力。

现以下通公司生产的丙产品为例，列示其 6 月原材料定额费用和脱离定额差异汇总表，详见表 2－4－5。

表 2－4－5　原材料定额费用和脱离定额差异汇总表

产品名称：丙　　20××年 6 月 1 日～30 日　　金额单位：元

原材料类别	材料编号	单位	计划单位成本	定额费用		计划价格费用		脱离定额差异		差异原因
				数量	金额	数量	金额	数量	金额	
原料	1201	千克	6	8 000	48 000	8 200	49 200	＋200	＋1 200	略
主要材料	2304	千克	4	5 000	20 000	4 500	18 000	－500	－2 000	略
辅助材料	3202	千克	4	1 750	7 000	1 800	7 200	＋50	＋200	略
合计					75 000		74 400		－600	

自制半成品的定额消耗量、定额费用和脱离定额的差异的核算方法与原材料的相同。

（二）生产工资脱离定额差异的核算

在计件工资形式下，生产工资属于直接计入费用，因而其脱离定额差异的核算与原材料的类似。凡符合定额的生产工资，可反映在工票、工作班产量记录、工序进程单等产量记录中；脱离定额的差异部分，应设置“工资补付单”等差异凭证予以反映，单中也应填明差异产生的原因，并要经过一定的审批手续。

在计时工资形式下，由于实际工资总额到月终才能确定，因此，生产工资脱离定额的差异不能在平时按照产品直接计算，只有在月末实际生产工资总额确定以后，才能计算。如果生产工资属于直接计入费用，则某种产品的生产工资脱离定额的差异可按下式计算：

$$\text{某种产品生产工资脱离定额的差异}=\text{该产品实际生产工资费用}-\text{该产品实际产量}\times\text{该产品生产工资费用定额}$$

如果生产工资属于间接计入费用，则产品的生产工资脱离定额的差异应该按照下列公式计算：

$$计划单位小时工资=\frac{某车间计划产量的定额生产工资}{该车间计划产量的定额生产工时}$$

$$实际单位小时工资=\frac{某车间实际生产工资总额}{该车间实际生产工时总额}$$

某产品定额生产工资=该产品实际产量的定额生产工时×计划单位小时工资

某产品实际生产工资=该产品实际产量的实际生产工时×实际单位小时工资

某产品生产工资脱离定额的差异=该产品实际生产工资－该产品定额生产工资

从以上计算公式可以看出，要降低单位产品的计时工资，必须降低单位小时的生产工资和单位产品的生产工时。为此，企业不仅要严格控制工资总额，使之不超过计划，还要充分利用工时，使生产工时总额不低于计划，并且要控制单位产品的工时耗费，使之不超过工时定额。为了降低单位产品的计时工资费用，在定额法下，应加强日常控制，通过核算工时脱离定额差异的方法，监督生产工时的利用情况和工时消耗定额的执行情况。为此，在日常核算中，要按照产品核算定额工时、实际工时和工时脱离定额的差异，并及时分析产生差异的原因。

【例 2-4-3】 卞通公司 C 车间（该车间生产 A 产品和其他产品）6 月计划产量的定额生产工资费用为 32 400 元，计划产量的定额生产工时为 5 400 小时；本月实际生产工人的工资费用为 37 700 元，实际生产工时为 5 800 小时；本月 A 产品定额工时为 3 600 小时，实际生产工时为 3 540 小时。A 产品定额生产工资费用和生产工资脱离定额差异的计算如下：

$$计划单位小时工资=\frac{32\ 400}{5\ 400}=6（元）$$

$$实际单位小时工资=\frac{37\ 700}{5\ 800}=6.5（元）$$

A 产品定额生产工资=3 600×6=21 600（元）

A 产品实际生产工资=3 540×6.5=23 010（元）

A 产品生产工资脱离定额的差异=23 010－21 600=1 410（元）

在定额法下，不论采用哪一种工资形式，都应根据相关核算资料，按照成本计算对象汇总编制定额生产工资和脱离定额差异汇总表。在该表中，汇总反映产品的定额工资、实际工资、工资脱离定额的差异及其产生的原因（在计时工资形式下，还应汇总反映各种产品工时脱离定额的情况）等资料，以考核和分析各种产品工资定额的执行情况，并据此计算产品的工资费用。

（三）制造费用及其他费用脱离定额（或计划）差异的核算

制造费用一般来说属于间接计入费用，在日常核算中不能按照产品直接确定费用脱离定额的差异，而只能根据月份的费用计划，按照费用的发生地点和费用项目核算脱离计划的差异，据此对费用进行控制和监督。对于材料费用，也可以采用限额领料单、超额领料单等定额凭证和差异凭证进行控制；对于生产工具、零星费用，则可采用领用手册、费用定额卡等凭证进行控制。在这些凭证中，先要填明领用的计划数，然后登记实际发生数和脱离计划的差异。对于超计划领用，也要经过一定的审批手续。

由上述可知，制造费用差异的日常核算，通常是指脱离费用计划的差异核算。各种产品应负担的制造费用脱离定额的差异，只有到月末将实际费用分配给各种产品以后，才能以实际费用与定额费用相比较加以确定。其计算确定方法，与计时工资脱离定额差异的计算确定方法类似。有关计算公式如下：

$$计划小时制造费用率=\frac{某车间计划制造费用总额}{该车间计划产量的定额生产工时总额}$$

$$实际小时制造费用率=\frac{某车间实际制造费用总额}{该车间各种产品实际生产工时总数}$$

某产品实际制造费用＝该产品实际生产工时×实际小时制造费用率

某产品定额制造费用＝该产品实际产量的定额工时×计划小时制造费用率

某产品制造费用脱离定额差异＝该产品实际制造费用－该产品定额制造费用

【例 2-4-4】 卞通公司 A 车间 6 月计划制造费用总额为 84 000 元，计划产量的定额生产工时总额为 2 100 小时；实际生产工时为 2 250 小时，实际发生的制造费用为 92 250元；本月丙产品的定额生产工时为 1 400 小时，实际生产工时为 1 380 小时。丙产品定额制造费用和制造费用脱离定额差异的计算如下：

$$计划小时制造费用率=\frac{84\ 000}{2\ 100}=40$$

$$实际小时制造费用率=\frac{92\ 250}{2\ 250}=41$$

丙产品实际制造费用＝1 380×41＝56 580（元）

丙产品定额制造费用＝1 400×40＝56 000（元）

丙产品制造费用脱离定额差异＝56 580－56 000＝580（元）

对于废品损失及其发生的原因，应采用废品通知单和废品损失计算表单独反映，其中不可修复废品的成本，应按照定额成本计算。由于产品定额成本中一般不包括废品损失，因而发生的废品损失通常作为脱离定额差异来处理。

根据产品的各项生产费用分别计算出符合定额费用的部分和脱离定额差异的部分，在产品的定额成本上，加上或者减去脱离定额的差异，即可求得产品的实际成本。计算公式如下：

产品实际成本＝产品定额成本±脱离定额差异

为了计算完工产品的实际成本，上述脱离定额的差异还应在完工产品和月末在产品之间进行分配。由于采用定额法计算产品成本的企业都有现成的定额成本资料，所以脱离定额差异在完工产品与月末在产品之间的分配大多采用定额比例法进行。如果各月在产品的数量比较稳定，也可以采用按定额成本计算在产品成本的方法，将全部差异计入完工产品成本，月末在产品不负担差异。

二、材料成本差异的核算

在采用定额法计算产品成本的企业中，为了便于对产品成本进行考核和分析，材料的日常核算都应按计划成本进行。因此，日常发生的原材料费用包括原材料定额费用和原材料脱离定额的差异，这些都是按照原材料的计划单位成本计算的。原材料定额费用是定额消耗量乘以计划单位成本；原材料脱离定额的差异是消耗量差异乘以计划单位成本。也就是说，前述的原材料脱离定额的差异，是按计划单位成本反映的数量差异，即量差。因此，在月末计算产品的实际原材料费用时，还必须考虑所耗用原材料应负担的成本差异问题，即所耗用原材料的价差。其计算公式如下：

$$\text{某产品分配的原材料成本差异}=\left(\text{该产品的原材料定额费用}\pm\text{原材料脱离定额差异}\right)\times\text{原材料成本差异分配率}$$

【例 2-4-5】 卞通公司生产的甲产品 8 月所耗用原材料的定额费用为 60 000 元，脱离定额差异为节约 2 000 元，原材料的成本差异率为节约 1%。该产品应分配的原材料成本差异为：

$$\text{甲产品分配的原材料成本差异}=(60\ 000-2\ 000)\times(-1\%)=-580\ (\text{元})$$

各种产品应分配的材料成本差异，一般均由各该产品的完工产品成本负担，月末在产品不再负担。

在多步骤生产中采用定额法的情况下，若逐步结转半成品成本，则半成品的日常核算也应按计划成本或定额成本进行。在月末计算产品实际成本时，应比照原材料成本差异的分配方法，计算产品所耗用半成品的成本差异。

这时，产品实际成本的计算公式如下：

$$\text{产品实际成本}=\text{按现行定额计算的产品定额成本}\pm\text{脱离现行定额差异}\pm\text{原材料或半成品成本差异}$$

在定额法下，为了便于考核和分析各生产步骤的产品成本，简化成本计算工作，各步骤所耗用原材料和半成品的成本差异应尽量由厂部分配调整，不计入各生产步骤产品的成本。

三、定额变动差异的核算

定额变动差异，是指因修订消耗定额或生产耗费的计划价格而产生的新旧定额之间的差额。定额变动差异与脱离定额差异是不同的。定额变动差异是定额本身变动的结果，它与生产中费用支出的节约或浪费无关；而脱离定额差异则反映生产费用支出符合定额的程度。

随着经济的发展、生产技术条件的变化、劳动生产率的提高等，企业的各项消耗定额、生产耗费的计划价格也应随之加以修订，以保证利用各项定额准确有效地对生产经营活动进行控制和监督。在消耗定额或计划价格修订以后，定额成本也应随之及时修订。

消耗定额和定额成本一般是在月初、季初或年初定期进行修订。在定额变动的月份，其月初在产品的定额成本并未修订，仍然按照旧定额计算。因此，为了将按旧定额计算的月初在产品定额成本和按新定额计算的本月投入产品的定额成本在新定额的同一基础上相加起来，应该计算月初在产品的定额变动差异，以调整月初在产品的定额成本。

月初在产品定额变动差异，可以根据定额发生变动的在产品盘存数量或在产品账面结存数量和修订前后的消耗定额，计算出月初在产品消耗定额修订前和修订后的定额消耗量后确定。在构成产品的零部件种类较多的情况下，采用这种方法按照零部件和工序进行计算，工作量就会很大。为了简化计算工作，也可以按照单位产品费用的折算系数进行计算，即将按新、旧定额计算出的单位产品费用进行对比，求出系数，然后根据系数进行计算。其计算公式如下：

$$系数=\frac{按新定额计算的单位产品费用}{按旧定额计算的单位产品费用}$$

$$月初在产品定额变动差异=按旧定额计算的月初在产品费用\times（1-系数）$$

【例 2-4-6】 A 产品的一些零件从本月 1 日起实行新的原材料消耗定额，单位产品旧的原材料费用定额为 10 元，新的原材料费用定额为 9.6 元。该产品月初在产品按旧定额计算的原材料定额费用为 10 000 元。月初在产品定额变动差异计算如下：

$$系数=9.6\div10=0.96$$

$$月初在产品定额变动差异=10\ 000\times（1-0.96）=400（元）$$

采用系数法计算月初在产品定额变动差异虽然较为简便，但由于系数是按照单位产品计算，而不是按照产品的零部件计算的，因而它只宜在零部件成套生产或零部件成套性较大的情况下采用。也就是说，在零部件生产不成套或成套性较差的情况下，采用系数法就会影响计算结果的正确性。例如，某产品只是对部分零部件的消耗定额做了修订，如果零部件生产不成套，月初在产品所包括的零部件又都不是消耗定额发生变动的零部件，这时，采用上述方法计算，则会将本来不应有定额变动差异的月初在产品定额成本做了错误的调整。

各种消耗定额的变动，一般表现为不断下降的趋势，因而月初在产品定额变动差异通常表现为月初在产品定额成本的降低。在这种情况下，一方面应从月初在产品定额成本中扣除该项差异；另一方面，由于该项差异是月初在产品生产费用的实际支出，因此还应将该项差异计入本月产品成本。相反，若消耗定额不是下降而是提高，那么，在计算出定额变动差异后，应将此差异额加入月初在产品定额成本之中，同时从本月产品成本中予以扣除，因为实际上并未发生这部分支出。

在有月初在产品定额变动差异时，产品实际成本的计算公式应补充为：

$$\begin{matrix}产品\\实际成本\end{matrix}=\begin{matrix}按现行定额计算的\\产品定额成本\end{matrix}\pm\begin{matrix}脱离现行\\定额的差异\end{matrix}\pm\begin{matrix}原材料或\\半成品成本差异\end{matrix}\pm\begin{matrix}月初在产品\\定额变动差异\end{matrix}$$

定额变动差异一般应按照定额成本比例，在完工产品和月末在产品之间进行分配。因为这种差异不是当月工作的结果，不应全部计入当月完工产品成本。但是，若定额变动差异数额较小，或者月初在产品本月全部完工，那么，定额变动差异也可以全部由完工产品负担，月末在产品不再负担。

在定额法下，产品实际成本的计算应在产品成本明细账中按照成本项目分别进行。但为了适应定额法的要求，所采用的产品成本明细账以及各种费用分配表或汇总表，都应按照定额消耗量、定额费用和各种差异分设专栏或专行，以便按照前述方式，以定额成本为基础，加减各种差异计算产品实际成本。

任务三　完工产品成本的结转

案例分析

卞通有限责任公司大批量生产甲产品，该产品各项消耗定额比较准确、稳定，为了加强定额管理和成本控制，公司采用定额法计算甲产品成本。公司规定，该产品的定额变动差异和材料成本差异由完工产品成本负担，脱离定额差异按定额成本比例在完工产品与月末在产品之间进行分配。甲产品定额成本于20××年1月制定，其定额标准如表2-4-6所示。

表2-4-6　　甲产品定额成本

产品名称：甲产品　　制定日期：20××年1月1日　　金额单位：元

<table>
<tr><td>材料编号及名称</td><td colspan="2">计量单位</td><td colspan="2">材料消耗定量</td><td>计划单价</td><td>材料费用定额</td></tr>
<tr><td>A材料</td><td colspan="2">千克</td><td colspan="2">200</td><td>10</td><td>2 000</td></tr>
<tr><td rowspan="2">工时定额</td><td colspan="2">直接人工</td><td colspan="2">制造费用</td><td rowspan="2" colspan="2">产品定额成本合计</td></tr>
<tr><td>薪酬率</td><td>金额</td><td>费用率</td><td>金额</td></tr>
<tr><td>100</td><td>3</td><td>300</td><td>2.5</td><td>250</td><td colspan="2">2 550</td></tr>
</table>

甲产品所需A材料在生产开始时一次投入。由于工艺技术的改进，该公司于20××年11月30日对甲产品的材料消耗定额进行修订，原材料消耗定额由每件耗用200千克调整为190千克，材料费用定额相应调整为1 900元。12月初，甲产品的月初在产品定额成本和脱离定额的差异如表2-4-7所示。

表2-4-7　　月初在产品定额成本和脱离定额差异

产品名称：甲产品　　20××年12月1日　　金额单位：元　在产品数量：10件

项目	成本项目			合计
	直接材料	直接人工	制造费用	
定额成本	20 000	1 500	1 250	22 750
脱离定额差异	−500	+100	+50	−350
实际成本	19 500	1 600	1 300	22 400

20××年12月，该公司投产甲产品200件，完工180件，月末在产品为30件。月初、月末在产品完工程度均为50%。甲产品本月发生的生产费用如表2-4-8所示。

表 2-4-8　　生产工时与生产费用资料　　金额单位：元

产品名称：甲产品　　20××年12月　　本月投产：200件

成本项目	定额成本			脱离定额差异			金额合计
	定量或工时	单价或费率	定额费用	差量或工时	单价或费率	差异金额	
直接材料	38 000	10	380 000	500	10	5 000	385 000
直接人工	19 000	3	57 000			1 900	58 900
制造费用	19 000	2.5	47 500			−1 900	45 600
金额合计			484 500			5 000	489 500

根据上述资料可计算：

材料消耗定额＝200×190＝38 000（千克）

定额工时＝（180＋30×50%－10×50%）×100＝19 000（工时）

20××年12月材料成本差异率为2%，计算出甲产品所领用材料应负担的材料成本差异为7 700［（380 000＋5 000）×2%］元。

由于11月30日对材料费用定额进行了调整，使甲产品的月初在产品定额成本降低，故产生了月初在产品的定额变动差异1 000［（200－190）×10×10］元。

根据上述各种资料，进行会计处理如下：

（1）生产甲产品领用A材料时，区分定额费用与脱离定额差异：

借：基本生产成本——甲产品（材料定额成本）　　380 000

　　　　　　　　——甲产品（脱离定额差异）　　5 000

　贷：原材料——A材料　　385 000

（2）月末结转材料成本差异：

借：基本生产成本——甲产品（材料成本差异）　　7 700

　贷：材料成本差异　　7 700

（3）结转甲产品的人工费用，区分定额费用与脱离定额差异：

借：基本生产成本——甲产品（人工定额成本）　　57 000

　　　　　　　　——甲产品（脱离定额差异）　　1 900

　贷：应付职工薪酬　　58 900

（4）分配制造费用，区分定额费用与脱离定额差异：

借：基本生产成本——甲产品（制造费用定额成本）　　47 500

　　　　　　　　——甲产品（脱离定额差异）　　1 900

　贷：制造费用　　45 600

对月初在产品定额成本变动差异不必进行账务处理，可在基本生产成本明细账中直接列示。

根据会计处理结果，登记甲产品的基本生产成本明细账，如表2-4-9所示。

表 2-4-9

基本生产成本明细账

产品名称：甲产品

总第　页
第　页

20××年		凭证号数（略）	摘要	成本项目												合计			
				直接材料					直接人工			制造费用							
月	日			定额成本	定额调整	定额变动差异	脱离定额差异	材料成本差异	定额成本	脱离定额差异	定额变动差异	定额成本	脱离定额差异	定额变动差异	定额成本	脱离定额差异	定额变动差异	材料成本差异
12	1		期初在产品成本	20 000	−1 000	+1 000	−500		1 500	+100		1 250	+50		22 750	−350	+1 000	
	31		分配材料费用	380 000			+5 000								380 000	+5 000		
	31		分配材料成本差异					+7 700										+7 700
	31		分配人工费用						57 000	+1 900					57 000	+1 900		
	31		分配制造费用									47 500	−1 900		47 500	−1 900		
	31		生产费用合计	400 000	−1 000	+1 000	+4 500	+7 700	58 500	+2 000		48 750	−1 850		507 250	+4 650	+1 000	+7 700
	31		脱离定额差异率				1.13%			3.42%			−3.70%					
	31		完工产品定额成本	342 000	−1 000				54 000			45 000			440 000			
	31		完工产品应负担差异			+1 000	+3 864.6	+7 700		+1 846.8			−1 705.5			+4 005.9	+1 000	+7 700
	31		月末在产品成本	58 000			+635.4		4 500	+153.2		3 750	−144.5		66 250	644.1		

注：本月完工甲产品实际成本＝440 000＋4 005.9＋1 000＋7 700＝452 705.9（元）；

月末在产品实际成本＝66 250＋644.1＝66 894.1（元）。

在甲产品的基本生产成本明细账中，涉及的各种脱离定额差异分配率计算如下：

$$直接材料脱离定额差异分配率=\frac{4\ 500}{400\ 000}\times 100\%=1.13\%$$

$$直接人工脱离定额差异分配率=\frac{2\ 000}{585\ 00}\times 100\%=3.42\%$$

$$制造费用脱离定额差异分配率=\frac{-1\ 850}{48\ 750}\times 100\%=-3.79\%$$

月末，根据完工产品入库单，编制完工产品入库的会计分录：

借：库存商品——甲产品　　452 705.9

　贷：基本生产成本——甲产品（定额成本）　　440 000

　　　　　　　　　——甲产品（脱离定额差异）　　4 005.9

　　　　　　　　　——甲产品（定额变动差异）　　1 000

　　　　　　　　　——甲产品（材料成本差异）　　7 700

从本月完工的甲产品实际成本构成中，可以看到本月完工的甲产品定额成本为 440 000 元，实际成本为 452 705.9 元，成本超支 12 705.9 元，反映了在定额法下实际成本脱离定额成本的情况。依据资料可以分析实际成本脱离定额成本的原因：一是脱离定额差异超支 4 005.9元，属于生产耗费的超支，应该作为成本控制的重点；二是材料成本差异超支 7 700 元，主要是由于材料价格上涨所致，不是车间的原因，但应从材料采购角度分析材料成本提高的原因；三是定额变动差异超支 1 000 元，这是 11 月 30 日对甲产品材料消耗定额进行调整引起月初在产品定额成本变动的结果，说明了甲产品的生产车间改进生产技术、节约原材料消耗取得的成绩。从加强产品成本管理的角度出发，还应当按照各个成本项目的实际情况分别进行成本分析，逐项查明实际成本脱离定额成本的真正原因，以有利于定期考核成本计划的完成情况，寻求降低产品成本的途径，这正是定额法的优点，但同时，定额法也增加了成本核算的工作量。

项目测试题

一、思考题

1. 简述定额法的特点和计算程序。
2. 简述定额法的主要优点和应用条件。
3. 在什么情况下，可以同时采用几种不同的成本计算方法？
4. 产品的定额成本与计划成本有何异同？

二、技能训练题

1. 某机械制造企业生产 A 产品，本月期初在产品为 80 台，本月完工 1 000 台，期末在产品为 150 台。原材料系开工时一次投入，单位产品材料消耗定额为 10 千克，材料计划单价为 5 元/千克。本月材料限额领料凭证登记数量为 10 000 千克，材料超限额领料凭证登记数量为 800 千克，期初车间有余料 600 千克，期末车间盘存余料 500 千克。

要求：计算本月 A 产品的原材料定额费用及脱离定额差异。

2. 某服装制造企业生产 S 号牛仔裤，单位产品的工时定额为 2 小时，本月实际完工产品产量为 3 000 件。月末在产品数量为 100 件，完工程度为 80%；月初在产品数量为 200 件，完工程度为 50%。计划工时工资为 8 元，实际生产工时为 6 200 小时，实际工时工资为 8.5 元。

要求：计算 S 号牛仔裤生产工资脱离定额的差异。

3. 某企业生产 Y 产品采用定额法计算成本。本月有关 Y 产品原材料费用的资料如下：

（1）月初在产品定额费用为 2 100 元，月初在产品脱离定额的差异为节约 30 元，月初在产品定额费用调整为降低 30 元。定额变动差异全部由完工产品负担。

（2）本月定额费用为 7 000 元，本月脱离定额的差异为节约 500 元。

（3）本月原材料成本差异为节约 2%，材料成本差异全部由完工产品负担。

（4）本月完工产品的定额费用为 8 000 元。

要求：（1）计算月末在产品原材料定额费用。

（2）分配原材料脱离定额的差异。

（3）计算本月原材料费用应分配的材料成本差异。

（4）计算本月完工产品和月末在产品应负担的原材料实际费用。

项目五 分类法

项目综述

分类法是产品成本计算的辅助方法，它是按产品的类别归集生产费用，在计算出某种产品总成本的基础上，按一定标准分配计算类内各种产品成本的一种成本计算方法。本项目主要介绍分类法的特点、适用范围、成本计算程序及应用。通过本项目的学习，学生应认识并掌握成本计算的分类法，能采用分类法进行相关的实际操作。

任务一　熟悉生产过程

情境一　确定成本计算对象

一些工业企业，在生产的产品品种、规格繁多的情况下，可以先按照一定的标准对产品进行分类，然后按产品类别归集生产费用并计算各类产品的总成本，期末对各类产品的总成本按一定的标准在类内各种产品之间进行分配，计算出各种规格产品的成本。

这种以产品类别为成本计算对象，归集生产费用，计算各类产品总成本和类内各种产品成本的方法就是产品成本计算的分类法。

情境二　分类法的适用范围

分类法与生产的类型无直接关系，它可以在各种类型的生产中应用，即凡是产品品种、规格繁多，又可以按照一定标准划分为若干类别的企业或车间，均可以采用分类法计算成本。例如，钢铁厂生产的各种型号和规格的生铁、钢锭和钢材，纺织厂生产的不同种类和规格的纺织品，制鞋厂生产的皮鞋、布鞋，灯泡厂生产的不同类别和瓦数的灯泡，食品厂生产的各种糕点、糖果、罐头，等等，其成本核算均可采用分类法。有些工业企业，特别是化工企业，对同一原料进行加工，可以同时生产出几种主要产品。例如，原油经过提炼，可以同时生产出各种汽油、煤油和柴油等产品，这些联产品所用原料和工艺技术过程相同，只能归为一类，因而最宜采用分类法计算成本。

此外，企业可能生产一些零星产品，如为协作单位生产少量的零部件，或自制少量材料和工具等。这些零星产品，虽然所用原材料和工艺过程不一定完全相近，但其品种规格多且数量少，费用所占比重小。为了简化核算工作，可以把它们归为几类，采用分类法计算成本。

应当指出的是，有些工业企业，特别是轻工企业，有时可能生产出品种相同，但质量不同的产品。如果这些产品所用的原材料和工艺技术过程完全相同，质量上的差别是由于工人操作所造成的，那么，这些质量等级不同的产品的单位成本应该相同，而不能把分类法原理应用到这些产品的成本计算中去。也就是说，不能按照它们的不同售价分配费用，为不同等级的产品确定不同的单位成本，否则就会掩盖次级产品由于售价较低造成的损失，不利于企业加强成本管理，提高产品质量。如果不同质量的产品是由于所用原材料的质量或工艺技术上的要求不同而产生的，那么，这些产品应是同一品种不同规格的产品，可采用分类法计算成本。

情境三　分类法的特点

产品成本核算的分类法是为了简化某些特定企业成本核算工作，在产品成本基本核算方法的基础上发展起来的一种方法。分类法是以每类产品作为成本核算对象，按照产品的类别设立产品成本明细账归集生产费用，并结合企业的生产工艺过程和生产组织方式的特点，选择一定的方法计算出每类完工产品的总成本，然后按照一定的方法在类内产品之间分配费用，从而计算出类内各种产品的成本。分类法的特点可概括为以下三个方面：

（1）以产品的类别作为成本核算对象，归集各类产品的生产费用，最终计算出各种产品的成本。采用分类法可以适当减少成本核算对象，简化成本核算工作。但是，分类法只是成本核算的辅助方法，在计算各类产品成本时，还要运用品种法、分批法或分步法等成本核算的基本方法。

（2）成本核算期取决于生产特点及管理要求。如果是大批量生产，结合品种法或分步法进行成本核算，则应定期在月末进行成本核算；如果与分批法结合运用，成本核算期可不固定，而与生产周期一致。

（3）月末一般要将各类产品生产费用总额在完工产品和在产品之间进行分配。在计算出各类产品成本后，还应选择适当的方法，将成本在各种规格型号的产品之间进行分配，计算出各种产品的实际成本和单位成本。

产品分类的原则一般是将产品的性质、结构、用途、耗用原材料、工艺过程相同或相近的产品归为一类。

任务二　生产费用的归集与分配

情境一　分类计算产品成本

采用分类法进行产品成本核算时，首先根据产品所用原材料和工艺技术过程的不同，将产品划分为若干类，按照产品的类别开立产品成本明细账，按类归集产品的生产费用，计算各类产品的成本；然后选择合理的分配标准，分别将每类产品的成本在类内的各种产品之间进行分配，计算每类产品内各种产品的成本。

假定某企业生产的产品品种、规格繁多，但可以按一定标准将其分为X、Y、Z三类产品。其中：X类包括A、B两种产品；Y类包括C、D两种产品；Z类包括E、F两种产品。那么，产品成本明细账的设置以及分类法成本计算的一般程序如图2－5－1所示。

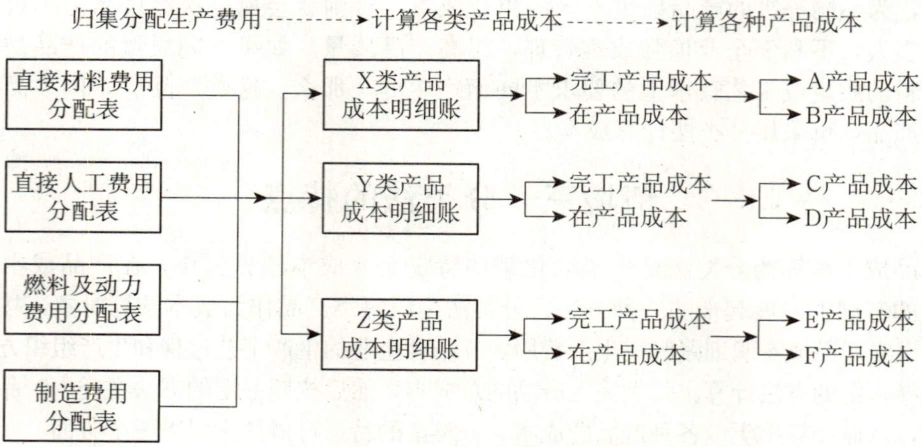

图2－5－1　分类法成本计算程序

说明：各种产品成本应该包括其完工产品成本和在产品成本，为了简化计算，这里只计算各种完工产品成本，而在产品成本不再分配到每种产品成本中。

情境二　类内各种产品费用的分配

类内产品费用分配标准是否合理，是影响类内各种产品成本计算是否正确的关键。同类产品内各种产品之间分配费用的标准，一般有定额消耗量、定额费用、售价以及产品的体积、长度和重量等。在选择费用的分配标准时，主要应考虑与产品生产耗费的关系，即应选择与产品各项耗费有密切联系的分配标准。

在类内各种产品之间分配费用时，各成本项目可以按同一个分配标准进行分配；为了使分配结果更为合理，也可以根据各成本项目的性质，分别按照不同的分配标准进行分配。例如，直接材料费用可以按照材料定额消耗量或材料定额费用比例进行分配，直接人工等其他费用可以按照定额工时比例进行分配。企业划分类内各种完工产品成本的方法通常有系数比例法、系数比例分配率法及定额比例法等。

一、系数比例法

为了简化分配工作，可以将分配标准折算成相对固定的系数，按照固定的系数在类内各种产品之间分配费用。确定系数时，一般在类内选择一种产量较大、生产比较稳定或规格折中的产品作为标准产品，将这种产品的系数定为“1”；再用其他各种产品的分配标准额分别与标准产品的分配标准额相比较，计算出其他各种产品的分配标准额与标准产品的分配标准额的比率，即系数。系数一经确定，在一定时期内应相对稳定。在实际工作中，也采用按照标准产品产量比例分配类内各种产品成本的方法，即将各种产品的产量按照系数进行折算，折算成标准产品产量，然后，按照标准产品产量的比例分配类内各种产品成本，这也是一种系数比例法。

与系数比例法使用有关的计算公式如下：

$$\text{类内某产品系数}=\frac{\text{类内该种产品的分配标准}}{\text{该类内标准产品的分配标准}}$$

类内某产品系数（标准产量）＝该产品实际产量×该产品系数

$$\text{类内全部产品总系数}=\sum\text{类内每种产品系数}$$

$$\begin{array}{l}\text{某类产品材料（人工、}\\\text{制造）费用分配率}\end{array}=\frac{\text{该类产品材料（人工、制造）费用总额}}{\text{该类全部产品总系数（类内全部产品标准产量之和）}}$$

$$\begin{array}{l}\text{类内某产品材料（人工、}\\\text{制造）费用实际成本}\end{array}=\begin{array}{c}\text{类内该产品系数}\\\text{（标准产品产量）}\end{array}\times\begin{array}{l}\text{该类产品材料（人工、}\\\text{制造）费用分配率}\end{array}$$

$$\text{类内某产品单位成本}=\frac{\text{类内该种产品总成本}}{\text{该种产品实际产量}}$$

【例 2-5-1】　假定某公司生产的甲类产品有 A、B、C 三种型号，所耗用原材料和工艺过程相近。甲类产品中，以 B 型号产品作为标准产品，材料在生产开始时一次投入。甲类产品 6 月有关产量、费用等资料如表 2-5-1 和表 2-5-2 所示。

表 2-5-1　　甲类产品月末产量及定额记录

20××年 6 月

型号	月末在产品		完工产品数量	单位完工产品定额成本（元）
	产品数量	在产品完工程度		
A	800	20%	160	30
B	600	25%	240	60
C	300	30%	400	72

表 2-5-2　　甲类产品费用资料　　单位：元

摘要	直接材料	直接人工	制造费用	合计
月初在产品	70 000	18 000	3 600	91 600
本月发生费用	80 000	42 000	8 400	130 400
合计	150 000	60 000	12 000	222 000

根据上述资料，甲类产品内各种型号产品成本计算过程如下：

(1) 合理确定系数。从所给资料中已知各种型号产品的单位定额成本，且以 B 型号产品作为标准产品，则 B 型号产品系数为“1”，A 型号产品系数为 30÷60＝0.5，C 型号产品系数为 72÷60＝1.2。

(2) 计算总系数（即标准产量）。总系数的计算如表 2-5-3 所示。

表 2-5-3　　总系数计算表

型号	系数	月末在产品				完工产品			合计	
		数量	完工率（%）	投料总系数	投工总系数	产量	总系数	各型号完工产品系数占完工总系数比（%）	投料总系数	投工总系数
	①	②	③	④=①×②	⑤=③×④	⑥	⑦=①×⑥	⑧	⑨=④+⑦	⑩=⑤+⑦
A	0.5	800	20	400	80	160	80	10	480	160
B	1	600	25	600	150	240	240	30	840	390
C	1.2	300	30	360	108	400	480	60	840	588
合计				1 360	338		800	100	2 160	1 138

（3）计算甲类完工产品成本和月末在产品成本。

由表 2-5-3 得知，完工产品系数占合计总系数的比例分别为：

$$完工产品投料系数比例=\frac{完工产品材料总系数}{合计投料总系数}\times100\%$$

$$=\frac{800}{2\ 160}\times100\%=37\%$$

$$完工产品投工系数比例=\frac{完工产品投工总系数}{合计投工总系数}\times100\%$$

$$=\frac{800}{1\ 138}\times100\%=70\%$$

因此，完工产品应负担的材料成本及人工成本、制造费用成本分别按累计成本的 37%、70%计算，据此登记甲类产品生产成本明细账，如表 2-5-4 所示。

表 2-5-4　　生产成本明细账

产品名称：甲类产品　　20××年 6 月　　单位：元

摘要	直接材料	直接人工	制造费用	合计
月初在产品	70 000	18 000	3 600	91 600
本月发生费用	80 000	42 000	8 400	130 400
合计	150 000	60 000	12 000	222 000
结转完工产品成本	55 500	42 000	8 400	105 900
月末在产品成本	94 500	18 000	3 600	116 100

（4）根据上述资料编制产品成本计算单，如表 2-5-5 所示。

表 2-5-5　　甲类产品成本计算单　　单位：元

成本项目	甲类产品总成本	A（10%）		B（30%）		C（60%）	
		总成本	单位成本	总成本	单位成本	总成本	单位成本
直接材料	55 500	5 550	34.69	16 650	69.38	33 300	83.25
直接人工	42 000	4 200	26.25	12 600	52.50	25 200	63.00
制造费用	8 400	840	5.25	2 520	10.50	5 040	12.60
合计	105 900	10 590	66.19	31 770	132.38	63 540	158.85

二、系数比例分配率法

以本月费用合计数及总系数计算表（见表2-5-3）为基础，按不同成本项目计算系数分配率（即一个标准产量应负担的费用），然后，用类内各型号产品完工总系数（即完工标准产量）乘以系数分配率，即可得出每种型号产品应负担的材料、工资及制造费用的金额。系数分配率的计算公式为：

$$系数分配率=\frac{各成本项目累计费用}{完工产品总系数（分成本项目）}$$

根据例2-5-1中的资料，完成甲类各型号产品成本计算单，如表2-5-6所示。

表2-5-6　　甲类各型号产品成本计算单　　单位：元

项目	总系数		总成本			
	投料	投工	直接材料	直接人工	制造费用	合计
系数分配率			69	52.7	10.5	
月末在产品	1 360	338	94 500	18 000	3 600	116 100
完工产品	800	800	55 500	42 000	8 400	105 900
其中：A	80	80	5 550	4 200	840	10 590
B	240	240	16 650	12 600	2 520	31 770
C	480	480	33 300	25 200	5 040	63 540

在表2-5-6中，

$$直接材料系数分配率=\frac{材料费用合计}{投料总系数}=\frac{150\ 000}{2\ 160}=69$$

$$直接人工系数分配率=\frac{人工费用合计}{投工总系数}=\frac{60\ 000}{1\ 138}=52.7$$

$$制造费用系数分配率=\frac{制造费用合计}{投工总系数}=\frac{12\ 000}{1\ 138}=10.5$$

采用系数比例法分配费用和按系数比例分配率法分配费用，其计算结果必然相等。

计算比例个数的多少取决于产品型号的多少，计算系数分配率的多少取决于成本项目的多少。因此，当产品规格型号较多时，采用系数比例分配率法计算较简单；反之，用系数比例法计算较简单。

三、定额比例法

如果企业的定额管理基础比较好，各种定额资料完整、准确、稳定，那么就可以按类内各种产品的定额成本或定额消耗量的比例，对各类产品的总成本进行分配。这种按定额比例确定类内各种产品成本的方法，通常称为定额比例法。其计算公式为：

$$\begin{matrix}某类产品材料（人工、\\制造）费用分配率\end{matrix}=\frac{该类产品材料（人工、制造）费用总额}{类内各种产品材料（人工、制造）定额成本之和}$$

$$\begin{matrix}类内某产品材料（人工、\\制造）费用实际成本\end{matrix}=\begin{matrix}类内该产品材料（人工、\\制造）定额成本\end{matrix}\times\begin{matrix}某类产品材料（人工、\\制造）费用分配率\end{matrix}$$

上述公式可以根据成本计算要求进行变换，如某项费用分配率可以变换为类内某产品该项费用定额成本占类内全部产品该项费用定额成本的比例，再以该项费用的实际金额乘以该产品该项定额成本比例，即可求得该产品的该项费用成本。

【例 2-5-2】 汴京皮革有限公司生产的产品规格有很多，其中，A 型皮包和 B 型皮包使用的原材料相同，生产工艺技术过程接近，因而归并为皮包类，采用分类法计算成本。该公司 20××年 5 月的有关资料如表 2-5-7 和表 2-5-8 所示。

表 2-5-7　在产品成本和本月生产费用资料

产品类别：皮包类　　20××年 5 月　　单位：元

项目	直接材料	直接人工	制造费用	合计
月初在产品	13 200	11 700	6 400	31 300
本月生产费用	314 400	50 030	136 700	501 130
月末在产品	14 400	12 560	9 000	35 960

表 2-5-8　产品消耗定额和产量记录

产品类别：皮包类　　20××年 5 月

产品名称	产量	定额材料成本（元）	定额工时
A 型皮包	7 200	15	2
B 型皮包	9 600	22	2.4

根据上述资料，采用定额比例法计算 A 型皮包和 B 型皮包成本如下：

（1）根据 A 型皮包、B 型皮包的定额成本与定额工时计算定额比例：

A 型皮包材料成本定额比例 $=7\ 200\times15\div(7\ 200\times15+9\ 600\times22)\times100\%$
$=33.83\%$

B 型皮包材料成本定额比例 $=9\ 600\times22\div(7\ 200\times15+9\ 600\times22)\times100\%$
$=66.17\%$

A 型皮包定额工时比例 $=7\ 200\times2\div(7\ 200\times2+9\ 600\times2.4)\times100\%=38.46\%$

B 型皮包定额工时比例 $=9\ 600\times2.4\div(7\ 200\times2+9\ 600\times2.4)\times100\%=61.54\%$

（2）按产品类别设置并登记产品成本明细账，如表 2-5-9 所示。

表 2-5-9　产品成本明细账

总第　页

产品类别：皮包类　　生产车间：皮具车间　　字第　页

20××年		凭证号数（略）	摘要	成本项目			合计
月	日			直接材料	直接人工	制造费用	
5	1		月初在产品	13 200	11 700	6 400	31 300
	31		本月生产费用	314 400	50 030	136 700	501 130
	31		生产费用合计	327 600	61 730	143 100	532 430
	31		完工产品成本	313 200	49 170	134 100	496 470
	31		月末在产品	14 400	12 560	9 000	35 960

（3）分配计算 A 型皮包和 B 型皮包两种产品的完工产品成本，如表 2-5-10 所示。

表 2-5-10　　各种产品成本计算单

产品类别：皮包类　　20××年5月31日　　单位：元

项目	材料定额比例	直接材料	工时定额比例	直接人工	制造费用	合计
完工产品成本		313 200		49 170	134 100	496 470
A型皮包	33.83%	105 956	38.46%	18 911	51 575	176 442
B型皮包	66.17%	207 244	61.54%	30 259	82 525	320 028

根据产品成本计算单和完工产品入库单，编制产品入库的会计分录：

借：库存商品——A型皮包　　176 442

　　　　　　——B型皮包　　320 028

　贷：生产成本——基本生产成本（皮包类）　　496 470

任务三　完工产品成本的结转

情境一　产品成本计算单的编制

下面举例介绍分类法下成本计算单的编制。

【例 2-5-3】　某企业生产的X、Y、Z三种产品的结构、所用原材料和工艺过程基本相同，合并为一类（B类），采用分类法计算成本。类内各种产品之间分配费用的标准为：原材料费用按各种产品的原材料费用系数分配，原材料费用系数按原材料费用定额确定；其他费用按定额工时比例分配。与X、Y、Z三种产品成本计算有关的数据以及成本计算过程如下：

（1）根据原材料费用定额计算原材料费用系数，见表 2-5-11。

表 2-5-11　　原材料费用系数表

产品名称	单位产品原材料费用				原材料费用系数
	原材料名称或编码	消耗定额（吨）	计划单价（元）	费用定额（元）	
X（标准产品）	0101	200	0.5	100	1
	0201	100	0.8	80	
	0301	170	1	170	
	小计			350	
Y	0101	180	0.5	90	$\frac{280}{350}=0.8$
	0201	50	0.8	40	
	0301	150	1	150	
	小计			280	
Z	0101	250	0.5	125	$\frac{385}{350}=1.1$
	0201	100	0.8	80	
	0301	180	1	180	
	小计			385	

（2）按产品类别（B类）开设产品成本明细账。根据各项生产费用分配表登记产品成本明细账，计算该类产品成本（在产品成本按年初固定数计算），见表 2-5-12。

表 2-5-12 产品成本明细账

产品名称：B类 20××年 6 月 单位：元

摘要	直接材料	直接人工	制造费用	成本合计
月初在产品成本	45 000	2 500	4 200	51 700
本月费用	793 600	49 500	67 500	910 600
生产费用合计	838 600	52 000	71 700	962 300
产成品成本	793 600	49 500	67 500	910 600
月末在产品成本	45 000	2 500	4 200	51 700

（3）分配计算 X、Y、Z 三种产品的产成品成本。根据各种产品的产量、原材料费用系数和工时消耗定额，分配计算 X、Y、Z 三种产品的产成品成本，见表 2-5-13。

表 2-5-13 各种产成品成本计算单

20××年 6 月 单位：元

项目	产量（件）	直接材料费用系数	直接材料费用总系数	工时消耗定额	定额工时	直接材料	直接人工	制造费用	成本合计
①	②	③	④=②×③	⑤	⑥=②×⑤	⑦=④×分配率	⑧=⑥×分配率	⑨=⑥×分配率	⑩
分配率						320	1.1	1.5	
X产品	1 000	1	1 000	18	18 000	320 000	19 800	27 000	366 800
Y产品	750	0.8	600	20	15 000	192 000	16 500	22 500	231 000
Z产品	800	1.1	880	15	12 000	281 600	13 200	18 000	312 800
合计			2 480		45 000	793 600	49 500	67 500	910 600

表 2-5-13 中各种费用分配率的计算如下：

$$直接材料费用分配率=\frac{材料费用合计}{投料总系数}=\frac{793\ 600}{2\ 480}=320$$

$$直接人工费用分配率=\frac{人工费用合计}{定额工时合计}=\frac{49\ 500}{45\ 000}=1.1$$

$$制造费用分配率=\frac{制造费用合计}{定额工时合计}=\frac{67\ 500}{45\ 000}=1.5$$

情境二 账务处理方式

承例 2-5-3，根据产品成本计算表和完工产品入库单，编制产品入库的会计分录：

借：库存商品——X产品 366 800

——Y产品 231 000

——Z产品 312 800

贷：基本生产成本——B类产品　　　　910 600

在表2-5-13中，各项费用的合计数是分配对象，应该根据该类产品成本明细账中产成品成本一行中的数字填列。表中直接材料费用分配率，应根据直接材料费用合计数除以直接材料费用总系数的合计数计算填列；直接材料费用分配率分别乘以各种产成品的直接材料费用总系数，即可求得各种产成品的直接材料费用。

表2-5-13中直接人工、制造费用的分配率，则应根据各该项费用的合计数，分别除以定额工时的合计数计算填列；以各该项费用分配率分别乘以各种产成品的定额工时，即可求得各该种产成品的各该项费用。

任务四　联产品、副产品和等级产品的成本核算

情境一　联产品成本的核算

一、联产品的含义

联产品是指在同一生产过程中，用同种材料同时生产出的几种使用价值不同但具有同等地位的主要产品。这些产品虽然性质和用途不同，但在经济上都有重要意义，它们都是企业的主要产品，如化工企业生产的各种化工产品，炼油厂从原油中同时提炼出的汽油、煤油、机油、柴油等产品。

二、联产品的特点

联产品与同类产品不同，同类产品是指在产品品种、规格繁多的企业或车间按照一定的标准来归类的产品。这样归类的目的是便于采用分类法简化产品成本核算工作。联产品的生产是联合生产，其特点是同一资源在同一生产过程中投入，分离出两种或两种以上的主要产品，其中个别产品的产出必然伴随联产品的同时产出。

各种联产品的产出，有的要到生产过程终了才分离出来，有的也可能从生产过程的某个步骤中先分离出来，有些产品分离后，还需要继续加工。联产品在分离时的生产步骤称为分离点。分离点是联产品的联合生产程序结束点，也是各种产品可以辨认的生产交界点。分离后的联产品有的可以直接出售，有的经过进一步加工后再出售。在分离点前发生的成本称为联合成本即共同成本，在分离点后发生的加工成本称为可归属成本或可分成本。

三、联产品成本的核算

联产品成本的核算就是分离点前联产品的联合成本在各联产品之间进行的分配，而联产品分离前成本的归集以及分离后的可归属成本的计算，则可以根据不同的生产类型和工艺过程，采用一定的成本核算方法计算确定。具体计算步骤如下。

（一）分离前联合成本的计算

产品分离前的生产费用，可按成本核算对象设置生产成本明细账进行归集，计算出联合成本，然后选择适当的方法在各联产品之间进行分配，从而求出各种联产品应负担的生产费用。

（二）分离后产品成本的计算

分离后按各种产品设置生产成本明细账，分别归集各种产品分离后所发生的生产费用。分离后为最终产品的，分离时所分配的联合成本即该产品的生产成本；分离后继续加工的，分离时所分配的联合成本加上分离后发生的生产费用即该产品的生产成本。

四、联产品联合成本的分配方法

联产品成本核算的关键是联合成本的分配。常用的联合成本分配方法是系数分配法，除此之外，还可采用实物量分配法、相对销售收入分配法和净实现价值分配法等较简便的分配方法。

（一）系数分配法

系数分配法是将各种联产品的实际产量乘以事先制定的各种联产品的系数，把实际产量换算成相对生产量，然后，按各种联产品的相对生产量比例来分配联产品的联合成本的方法。系数分配法的关键是系数的确定要合理。实践中，系数的确定标准有的是用各种联产品的技术特征（如重量、体积、质量、性能、含量和加工难易程度等），也有的是用各种联产品的经济指标（如定额成本、售价等）。

（二）实物量分配法

实物量分配法是按分离点上各种联产品的重量、容积或其他实物量度比例来分配联合成本的方法。这种方法的优点是简便易行，并且采用这种方法计算出的单位成本是平均单位成本，因此，各种联产品的单位成本是一致的。但这种方法存在一些缺陷，由于并非所有的成本发生都与实物量直接相关，容易造成成本与实际相脱节的情况，故此方法一般适用于成本的发生与产量关系密切，而且各种联产品销售价值较为均衡的联合成本的分配。

（三）相对销售收入分配法

相对销售收入分配法是指用各种联产品的销售收入比例来分配联合成本的方法。这种分配方法的根据是售价较高的联产品应该成比例地负担较高份额的联合成本，售价较低的联产品应该负担较低份额的联合成本，其结果是各种联产品的毛利率相同。这种方法克服了实物量分配法的不足，但其本身也存在着缺陷，主要表现在：第一，并非所有的成本都与售价有关，价格较高的产品不一定要负担较高的成本，因为影响产品价格的因素不止价值一项；第二，并非所有的联产品都具有同样的获利能力。若不区分具体情况而盲目采用这样方法，会给产品生产决策带来不利影响。相对销售收入分配法一般适用于分离后不再继续加工，而且价格波动不大的联产品成本核算。若企业的某些联产品分离后仍需进一步加工方可销售，这时联合成本的分配可考虑采用净实现价值分配法。

（四）净实现价值分配法

净实现价值分配法是将联产品的联合成本按净实现价值的比例进行分配的方法。其计算公式为：

净实现价值＝产品销售价格－该产品可归属成本

由以上公式可以看出，无须进一步加工的联产品，其净实现价值与其销售价格一致。

以上几种方法各有其优缺点，企业可根据具体情况，选择使用最合适的方法，从而达到成本核算合理、准确、简便易行的目的。

五、联产品成本核算的实际运用

【例 2-5-4】 汴京公司用某种原料经过同一生产过程同时生产出甲、乙两种联产品。20××年5月共生产甲产品400千克，乙产品100千克，无期初、期末在产品。该月生产这些联产品的联合成本分别为：直接材料80 000元，直接人工24 400元，制造费用46 800元。甲产品每千克售价500元，乙产品每千克售价750元，假设全部产品均已售出。根据所给资料，分别按前述联产品成本核算的各种方法计算甲、乙两种产品的成本。

(1) 按系数分配法分配联产品成本。按产品定额成本确定系数，甲产品为标准产品，其系数为1，乙产品的系数为1.2，分别按成本项目分配联合成本（见表2-5-14）。

表 2-5-14　汴京公司联产品成本计算单（系数分配法）

20××年5月　　金额单位：元

产品名称	产量（千克）	系数	总系数	分配比例（%）	应负担成本			
					直接材料	直接人工	制造费用	合计
甲	400	1	400	76.92	61 536	18 768.48	35 998.56	116 303.04
乙	100	1.2	120	23.08	18 464	5 631.52	10 801.44	34 896.96
合计	500		520	100	80 000	24 400	46 800	151 200

注：甲产品分配比例＝400÷520×100%＝76.92%；
乙产品分配比例＝120÷520×100%＝23.08%。

(2) 按实物量分配法分配联产品成本，如表2-5-15所示。

表 2-5-15　汴京公司联产品成本计算单（实物量分配法）

20××年5月　　金额单位：元

产品名称	产量（千克）	联合成本				应负担成本			
		直接材料	直接人工	制造费用	合计	直接材料	直接人工	制造费用	合计
分配率		160	48.8	93.6					
甲	400					64 000	19 520	37 440	120 960
乙	100					16 000	4 880	9 360	30 240
合计	500	80 000	24 400	46 800	151 200	80 000	24 400	46 800	151 200

注：直接材料分配率＝80 000÷500＝160；
直接人工分配率＝24 400÷500＝48.8；
制造费用分配率＝46 800÷500＝93.6。

(3) 按相对销售收入分配法分配联产品成本，如表2-5-16所示。

表 2-5-16　　汴京公司联产品成本计算单（相对销售收入分配法）

20××年5月　　金额单位：元

产品名称	产量（千克）	单价	销售价值	分配比例（%）	应负担成本			
					直接材料	直接人工	制造费用	合计
甲	400	500	200 000	72.73	58 184	17 746.12	34 037.64	109 967.76
乙	100	750	75 000	27.27	21 816	6 653.88	12 762.36	41 232.24
合计	500		275 000	100	80 000	24 400	46 800	151 200

注：甲产品分配比例＝200 000÷275 000×100%＝72.73%；
乙产品分配比例＝75 000÷275 000×100%＝27.27%。

（4）按净实现价值分配法分配联产品成本。假定甲、乙产品分离后还要继续加工，其继续加工的成本分别为12 000元和8 000元，按净实现价值分配法计算联产品成本（见表2-5-17）。

甲产品的净实现价值＝400×500－12 000＝188 000（元）

乙产品的净实现价值＝100×750－8 000＝67 000（元）

甲产品分配比例＝188 000÷255 000×100%＝73.73%

乙产品分配比例＝67 000÷255 000×100%＝26.27%

表 2-5-17　　汴京公司联产品成本计算单（净实现价值分配法）

20××年5月　　金额单位：元

产品名称	产量(千克)	单价	销售价值	分离后加工成本	净实现价值	分配比例(%)	应负担成本
甲	400	500	200 000	12 000	188 000	73.73	111 479.76
乙	100	750	75 000	8 000	67 000	26.27	39 720.24
合计	500		275 000	20 000	255 000	100	151 200

情境二　副产品成本的核算

一、副产品的含义

副产品是指企业采用同样的原材料，在同一生产过程中，生产出主要产品的同时，附带生产出的非主要产品。例如，炼油厂在提炼原油过程中产生的渣油、石油焦；酿造业用粮食酿酒时附带生产出来的酒精等。副产品与主要产品相比，尽管数量不多，但其生产具有一定的经济价值，有时还很畅销。因而无论副产品的比重是大还是小，都应当正确计算副产品的成本。

二、副产品与联产品的比较

（一）相同之处主要在于生产过程

副产品与联产品都是联合生产过程的产出物（即同源产品），都不可能按每种产品归集生产费用；联产出来的各种联产品、副产品的性质和用途都不相同；联产过程结束，有的产品可以直接出售，有的需进一步加工后才能出售。

（二）区别之处主要在于价值大小

副产品销售收入在企业全部产品的销售总额中所占比重很小，对企业效益影响不大；联产品销售收入较多，其生产的好坏直接影响企业的经济效益。联产品都是主要产品，是企业生产活动的主要目的；副产品是次要产品，随主要产品附带生产出来，依附于主要产品，不是企业生产活动的主要目的。

主产品、副产品并不是固定不变的，随着各种条件的变化，副产品也能转为主产品。例如，原来的副产品，由于新的用途而提高售价，就可能从副产品上升为主产品。

三、副产品的成本核算

一般情况下，副产品所占比重较小，但是，副产品的计价对正确地计算主产品、副产品成本有着重要意义。副产品的计价不能过高，否则主产品成本就会出现不应有的偏低；副产品的计价也不能过低，以免把副产品的费用转嫁到主产品成本中去。

由于副产品和主产品是在同一生产过程中生产出来的，它们发生的费用很难划分开，故往往只能将主、副产品归为一类，用分类法归集生产费用并计算产品成本。副产品成本的计算方法主要有两种：一是按照副产品的售价减去销售税金和销售利润以后的余额计价；二是按企业制定的副产品计划（或定额）成本计价。

（一）直接对外销售的副产品的成本核算

1. 副产品不负担联合成本

如果副产品的价值较低，副产品可以不负担分离前的联合成本，联合成本全部由主产品负担，副产品的销售收入直接作为其他业务利润处理。采用这种方法，计算简便，但由于副产品不负担分离前的联合成本，在一定程度上会影响主产品成本的正确性。

2. 副产品作价扣除

如果副产品的价值较高，可采用与分类法相似的方法计算成本，即将副产品与主产品合为一类，开设成本核算单归集费用，然后将销售价格扣除税金、销售费用和合理利润后的余额作为副产品应负担的成本并从联合成本中扣除。副产品的成本既可以从直接材料成本项目中一笔扣除，也可以按比例从联合成本各成本项目中减除。

（二）需进一步加工的副产品的成本核算

与主产品分离后，需要进一步加工才能出售的副产品，如果其价值较小，则它只负担可分成本。采用这种方法时，副产品不负担分离前的联合成本，联合成本全部由主产品负担，副产品只负担分离后进一步加工的成本。显而易见，这种方法简便易行，但是它少计了副产品的成本，多计了主产品的成本。对于分离后仍需进一步加工，且价值较高的副产品，则需同时负担分离前的联合成本，又要负担进一步加工的可归属成本。

【例2-5-5】 汴京公司生产甲、乙两种产品。在生产甲产品（主产品）的过程中，同时生产出副产品A作为乙产品的原料，A不能直接出售，只能加工成乙产品以后再出售。在进一步对副产品A加工的过程中还会发生直接材料费300元、直接人工费1 000元，负担制造费用600元。本月甲产品的实际产量为5 000千克，乙产品的实际产量为100千克。乙产品每千克售价200元，每千克应交销售税金6元，同类产品销售利润率为10%。主、副产品应负担的成本计算如下（见表2-5-18）：

乙产品的单位成本＝200－6－200×10%＝174（元）

乙产品的总成本＝174×100＝17 400（元）

副产品A的总成本＝17 400－（300＋1 000＋600）＝15 500（元）

甲产品的总成本＝229 400－15 500＝213 900（元）

表2-5-18 **汴京公司产品成本计算单**

产品：甲产品 20××年5月 金额单位：元

项目	直接材料	直接人工	制造费用	合计
生产费用合计	182 400	16 800	30 200	229 400
结转A副产品成本	15 500			
甲产品成本	166 900	16 800	30 200	213 900
甲产品单位成本	33.38	3.36	6.04	42.78

（三）副产品成本按计划单位成本核算

如果副产品进一步加工所需时间不长，费用不大，为简化成本核算工作，可以只设主产品成本计算单，不设副产品成本计算单。副产品按计划单位成本计价，从主、副产品总成本中扣除，余额即主产品的成本。

（四）销价分配法

销价分配法是按照各种联产品的近似相对销售收入分配联合成本的一种方法。近似相对销售收入是指各种联产品的最终销售收入减去分离后成本的金额。这种分配方法强调经济比值，不同的联产品，其销售价格也不相同，因此，其负担的成本应按销售收入的比例进行分配。这种方法一般适用于分离后不再加工的联产品。

【例2-5-6】 假定汴京公司生产甲、乙、丙三种产品。本月甲、乙、丙产品的实际产量为50吨、80吨、70吨，每吨的销售价格分别为1 500元、500元和200元。其中，甲产品继续加工成本为11 000元。本月生产费用合计41 300元。联合成本按销价分配法的分配过程如下（见表2-5-19）：

甲产品净收入＝50×1 500－11 000＝64 000（元）

乙产品净收入＝80×500＝40 000（元）

丙产品净收入＝70×200＝14 000（元）

分配率＝41 300÷118 000＝0.35

甲产品总成本＝64 000×0.35＝224 00（元）

乙产品总成本＝40 000×0.35＝14 000（元）

丙产品总成本＝14 000×0.35＝4 900（元）

表 2-5-19　　汴京公司联合成本分配表

20××年5月　　金额单位：元

产品	实际产量（吨）	售价（元/吨）	销售收入	继续加工成本	净收入	分配率	联合成本分配	单位成本
甲	50	1 500	75 000	11 000	64 000		22 400	448
乙	80	500	40 000		40 000		14 000	175
丙	70	200	14 000		14 000		4 900	70
合计	200				118 000	0.35	41 300	

情境三　等级产品成本的核算

一、等级产品的概念

等级产品是指使用同种原料，经过相同加工过程生产出来的品种相同但质量不同的产品。等级产品和废品是两个不同的概念，等级产品是合格品，而废品是非合格品。

二、等级产品与联产品、副产品的比较

（一）等级产品与联产品、副产品的相同之处

等级产品、联产品和副产品都是使用同种原材料，经过同一生产过程而产生的。

（二）等级产品与联产品、副产品的不同之处

联产品、副产品的产品性质、用途不同，属于不同种产品，而等级产品是性质、用途相同的同种产品；在每种联产品、副产品中，其质量比较一致，因而销售单价相同，而等级产品质量则存在差异，因而销售单价相应分为不同等级。

三、等级产品与非合格品的比较

等级产品与非合格品是两个不同的概念。

等级产品质量上的差别一般是在允许的设计范围以内，这些差别一般不影响产品的使用寿命。

非合格品是等级以下的产品，其质量标准达不到设计的要求，属于废品范围。

四、等级产品成本的计算方法

等级产品成本的计算方法，需视等级产品形成的原因而定。等级产品产生的原因通常有两种：一是由于工人操作不慎、技术不熟练、生产管理不善所致，对于这种原因形成的等级产品成本不应有别，即不同等级的产品应具有相同的成本，可以采用实物量分配法，使各等级产品的单位成本相同。这样，次级产品可能由于售价较低而造成亏损，正好可以说明企业生产经营管理上的缺陷，从而促进企业不断改善工作，提高产品质量。二是由于材料质量不同、工艺技术上的要求不同或目前生产技术条件所限造成的。例如，

对原煤进行洗煤加工，由于受原材料质量影响，会洗出售价不同的等级煤。对于这种原因造成的等级产品，往往以单位售价比例确定系数，按系数比例分配各等级产品应分摊的联合成本，其计算结果是售价高的产品负担较多的联合成本，售价低的产品负担较少的联合成本。

【例 2-5-7】 汴京公司大量单步骤生产三极管 100 000 只，产出不同等级的产品。其中，甲级产品 50 000 只，乙级产品 24 000 只，丙级产品 26 000 只。其售价分别为 30 元、36 元、24 元，联合成本为 800 000 元。要求：分别按实物量比例和系数比例分配等级产品成本。

（1）按实物量比例分配等级产品成本，如表 2-5-20 所示。

表 2-5-20　　汴京公司等级产品成本计算单（按实物量比例分配）

20××年 5 月

金额单位：元

产品等级	产量	比例（%）	各产品应负担成本	单位成本
甲级产品	50 000	50	400 000	8
乙级产品	24 000	24	192 000	8
丙级产品	26 000	26	208 000	8
合计	100 000	100	800 000	

注：甲级产品分配比例＝50 000÷100 000×100%＝50%；
乙级产品分配比例＝24 000÷100 000×100%＝24%；
丙级产品分配比例＝26 000÷100 000×100%＝26%。

（2）按系数比例分配等级产品成本。选择甲级产品为标准产品，系数为 1，乙级产品系数＝36÷30＝1.2，丙级产品系数＝24÷30＝0.8。如表 2-5-21 所示，计算过程如下：

甲级产品相对产量比例＝（50 000×1）÷99 600×100%＝50.20%

乙级产品相对产量比例＝（24 000×1.2）÷99 600×100%＝28.92%

丙级产品相对产量比例＝（26 000×0.8）÷99 600×100%＝20.88%

表 2-5-21　　汴京公司等级产品成本计算单（按系数比例分配）

20××年 5 月

金额单位：元

产品等级	产量	单价	系数	相对产量	比例（%）	各产品负担成本	单位成本
甲级产品	50 000	30	1	50 000	50.20	401 600	8.03
乙级产品	24 000	36	1.2	28 800	28.92	231 360	9.64
丙级产品	26 000	24	0.8	20 800	20.88	167 040	6.42
合计	100 000			99 600	100	800 000	

项目测试题

一、思考题

1. 分类法的特点和计算程序是什么？
2. 在什么样的情况下适合或必须采用分类法计算产品成本？

3. 简述分类法的优缺点。使用该方法时，应注意的问题是什么？

二、技能训练题

某服装制造企业按分类法计算产品成本。该企业生产的X、Y、Z三种产品属于牛仔服装类，其原材料和生产工艺相近。5月生产X产品4 000件，Y产品1 500件，Z产品2 400件；月末在产品：X产品160件，Y产品240件。

本月该类产品的生产费用为：直接材料费用21 030元，直接人工费用7 428元，制造费用8 240元；月初在产品成本为：直接材料费用720元，直接人工费用240元，制造费用280元。

各种产品成本的分配方法是：原材料按事先确定的耗料系数比例分配；其他费用按工时系数比例分配。耗料系数根据产品的材料消耗定额计算确定，工时系数根据产品的工时定额计算确定。材料消耗定额为：X产品1.2平方米，Y产品1.8平方米，Z产品0.24平方米。以X产品作为标准产品。工时定额为：X产品0.8小时，Y产品1.6小时，Z产品0.4小时。各种产品均是一次投料，月末在产品完工程度为50%。

要求：(1) 编制系数计算表，确定X、Y、Z三种产品的用料系数和工时系数。

(2) 编制标准产品产量计算表，计算完工产品和月末在产品的标准产品产量（即总系数）。

(3) 编制类别成本计算单，计算各类别完工产品成本和月末在产品成本。

(4) 编制产品成本计算表，计算X、Y、Z完工产品成本。

项目六 作业成本法

项目综述

作业成本法是传统成本法的改进，它是将间接成本和辅助费用更准确地分配到产品和服务中的一种成本计算方法。本项目主要介绍作业成本法的概念、特征、计算程序、应用及作业成本管理。通过该项目的实施，学生应认识并掌握作业成本法和作业管理的原理及过程，并能进行相关的实际操作。

任务一 熟悉作业成本

情境一 作业成本法的含义

作业成本法（activity-based costing，ABC）是以作业为基础，通过对作业成本动因的分析来计算产品成本，并为企业作业管理提供相关性、准确性更高的成本信息的一种成本计算方法。

20 世纪 70 年代以来，许多企业采用了高度自动化的生产技术，以满足客户多样化、小批量生产的要求，并能快速、高质量地生产出个性化强、品种多的产品。随着自动化技术的产生与发展，生产状态由“多人操作一台机器”转变为“一人操作多台机器”。因而，固定制造费用占产品制造成本的比例大幅度上升。在这种情况下，要求企业管理者对制造费用的核算进行变革，要求把成本核算的重点从直接人工转移到制造费用的合理分配上，以便提高产品成本计算的正确性和成本控制的有效性。同时，在市场竞争的压力下，企业的制造方式也逐渐由原来的“大批大量生产”转为“弹性制造系统”，以便对顾客多样化的、日新月异的需求迅速做出反应。为了在新制造环境下实现企业的经营目标——企业价值最大化，就要在管理思想上进行重大变革，形成新的企业管理观念。

在这种情况下，传统的成本计算方法显然不能满足已经变化了的企业经营管理的需要。因为在传统的产品成本计算中，一般是将除直接材料和直接人工以外的其他生产费用都归入制造费用，并采用单一的分配标准（如直接人工工时或机器工时等）在各种产品之间进行分配。这种制造费用的分配方法不仅提供的成本信息非常有限，而且往往使生产量较大、技术上不很复杂的产品成本偏高，生产量较小、技术上比较复杂的产品成本偏低，从而使成本信息失真。

制造环境及企业经营管理方式的变化，必然对传统的成本计算方法产生前所未有的冲击。为了正确计算产品成本，必须提供更为广泛和相关的成本信息以满足企业经营管理的需要。这就需要改变原有的成本核算思路，对制造费用的核算进行根本性变革。客观上要求把成本计算的重点放到间接制造费用上来，即从以“产品”为中心转移到以“作业”为中心，建立一个以作业为基本对象的科学的成本核算和控制系统，使之贯穿于作业管理的全过程，以便通过它对所有的作业活动进行追踪和动态反映，提供更为相关、精细的信息，并在此基础上建立更为科学、有效的决策、计划、控制、分析和考评机制，以促进企业作业管理水平的提高。

情境二　作业成本法的特征

不论是传统的分批法、分步法还是作业成本法，对产品直接成本的处理方式都是一致的，即直接追溯至特定的产品。但对产品间接成本的分摊，作业成本法与传统成本法在分摊方法及分摊范围上则有所不同。

传统成本法先将间接成本归集于部门，再将部门的成本分配至产品；而作业成本法则先将间接成本按作业活动汇集，再将作业活动的成本分配至产品。

采用作业成本法的公司大多具有以下特征：

（1）从成本结构看，这些公司的制造费用在产品成本中占有比重较大。若使用单一的分配率，成本信息的扭曲会比较严重。

（2）从产品品种看，这些公司的产品多样性程度高。多样性包括产品产量的多样性、规模的多样性、原材料的多样性和产品组装的多样性。产品的多样性是导致传统成本法在计算产品成本时发生信息扭曲的原因之一。

（3）从外部环境看，这些公司面临的竞争激烈。传统成本法是在竞争较弱、产品多样性较小的背景下设计的。当竞争变得激烈、产品的多样性增加时，传统成本法的缺点被放大了，实施作业成本法变得有利。由于经济环境越来越动荡，竞争越来越激烈，相对于作业成本法而言，传统成本法增加了决策失误引起的成本。

（4）从公司规模看，这些公司的规模比较大。由于大公司拥有更为强大的信息沟通渠道和完善的信息管理基础设施，并且对信息的需求更为强烈，所以它们比小公司对作业成本法更感兴趣。

情境三　作业成本法的基本概念

作业成本法是构建在一系列基本概念基础上的，要了解作业成本法，就必须了解其所使用的一些基本概念。

一、作业

“作业”是作业成本法的最基本概念，是进行作业成本计算的核心和基础，一般认为，作业是企业为了提供一定产量的产品或劳务所消耗的人、财、物等资源的活动或事项。作业代表企业组织实施的工作，是连接资源与成本对象的桥梁，是企业在经营活动中的各项具体活动。如签订材料采购合同、将材料运达仓库、对材料进行质量检验、办理入库手续、登记材料明细账等，其中每一项具体活动就是一项作业。

一项作业对于任何加工或服务对象，都必须是重复执行特定的或标准化的过程和办法。如轴承制造企业的车工作业，无论加工何种规格型号的轴承外套，都必须经过将加工对象（工件）的毛坯固定在车床的卡盘上，开动机器进行切削，然后将加工完毕的工件从卡盘上取下等相同的特定动作和方法。执行任何一项作业都需要耗费一定资源。如上述车工作业，需要耗费材料、人工、能源和资本（车床和厂房等）。一项作业可能是一项非常具体的活动，如车工作业；也可能泛指一类活动，如机加工车间的车、铣、刨、磨等所有作业可以统称为机加工作业；甚至可以将机加工作业、产品组装作业等统称为生产作业（相对于产品研发、设计、销售等作业而言）。

作业的类型和数量会随着企业的不同而不同。常见的分类方法是将作业按作业产出或消耗的方式，分为产量级作业、批次级作业、品种级作业及生产维持级作业四类。

（1）产量级作业，是生产单位产品时所从事的作业。这种作业的成本与产量成正比例变动，如果产量增加一倍，直接材料成本也会增加一倍。

（2）批次级作业，是生产每批产品而从事的作业，例如对每批产品的机器准备、订单处理、原料处理、检验及生产规划等。这种作业的成本与产品批数成比例变动，是该产品所有单位产品的固定（或共同）成本。例如机器从生产某批产品转向生产另一批产品时，就需要对机器设备进行准备。生产批数越多，机器准备成本就越多，但与产量多少无关。

（3）品种级作业，是为支援各种产品的生产而从事的作业，这种作业的目的是服务于各项产品的生产与销售。例如对一种产品编制材料清单、数控规划、处理工程变更、测试线路等。这种作业的成本与单位数和批数无关，但与生产产品的品种成比例变动。

（4）生产维持级作业，是为维持工厂生产而从事的作业，例如工厂管理、暖气、照明及厂房折旧等。这种作业的成本为全部生产产品的共同成本。

作业的这种分类能为作业成本信息的计算和使用提供帮助。因为作业类别与作业动因的选择有着内在的关系。从这里我们也可以看出，传统成本法只考虑了产量级作业，因此制造费用的分配主要采用与产量级作业相关的成本动因。

二、成本动因

在作业成本法中，成本动因是一个重要的概念。成本动因可以分为资源动因和作业动因。

（一）资源动因

资源动因是引起作业成本变动的因素。资源动因被用来计量各项作业对资源的耗用，运用资源动因可以将资源成本分配给各有关作业。例如，产品质量检验工作（作业）需要有检验人员、专用的设备，并耗用一定的能源（电力）等。检验作业作为成本核算对象，耗用的各项资源构成了检验作业的成本。其中，检验人员的工资、专用设备的折旧费等成本，一般可以直接计入检验作业；而能源成本往往不能直接计入（除非为设备专门安装电表进行电力耗费记录），需要根据设备额定功率（或根据历史资料统计的每小时平均耗电数量）和设备开动时间来分配。这里，“设备功率乘以开动时间”就是能源成本的动因。设备开动导致能源成本发生，设备功率乘以开动时间的数值（即动因数量）越大，耗用的能源越多。将“设备功率乘以开动时间”这一动因作为能源成本的分配基础，可以将检验专用设备耗用的能源成本分配到检验作业当中。

（二）作业动因

作业动因是引起产品成本变动的因素。作业动因计量各种产品对作业耗用的情况，并作为作业成本的分配基础。比如，某车间生产若干种产品，每种产品又分若干批次完成，每笔产品完工后都需要进行质量检验。假定对任何产品的每一批次进行质量检验所发生的成本相同，则检验的次数就是检验成本的作业动因，它就是引起产品检验成本变动的因素。某一会计期间发生的检验作业总成本（包括检验人工成本、设备折旧、能源成本等）除以检验次数，即每次检验所发生的成本。某种产品应承担的检验作业成本，等于该产品的批次乘以每次检验发生的成本。产品完成的批次越多，则需要进行检验的次数越多，应承担的作业成本越多；反之，则应承担的作业成本越少。

一般情况下，成本动因是由企业的工程师与会计师组成的专门小组讨论后确定的。在选择成本动因时，必须注意以下两个问题：

（1）成本动因简单易懂、可计量，容易从现存的资料中分辨出来，并与部门的产生存在直接的关联性。

（2）代表性和全面性结合。在选择成本动因时，为了避免作业成本法过于复杂，难以执行而流于形式，不宜把面铺得太广，既要挑选具有代表性和重要的成本动因，又要注意避免过于简单。

企业成本动因的数量多少与企业组织生产经营过程的复杂程度密切相关。企业组织生产经营过程越复杂，其成本动因就越多。在高新技术蓬勃发展的今天，成本动因的数量日趋增加。

情境四　作业成本法的优缺点及影响因素

一、作业成本法的优点

（1）成本计算更精确。在作业成本法下，将间接成本按作业活动分为各种成本库，各自选择适当的成本动因作为分摊作业成本的基础，这样能够反映生产所耗用的资源，从而使成本的计算更为精确。而且企业的作业活动不限于生产，因此按作业活动分摊及归集的成本涵盖了与产品有关的所有成本，使成本信息更为完善，并与定价、生产、销售等决策相关性更强，从面有利于企业做出最优决策。

（2）成本控制和考核更有效。通过分析作业及其相关成本，管理人员可以了解公司资源使用的情况，以及各项作业成本的多少，从面有助于合理地规划资源，并尽量选择成本较低的作业以满足顾客的需求。

（3）可以通过对成本动因的管理来有效控制成本。在作业成本法下，成本动因是真正引发作业活动成本发生的原因，通过将各项成本按作业归集，管理人员可以找出无附加价值的活动，并尽可能减少或消除此类活动并有效地控制成本。例如，工厂中因厂区、设备规划不当而造成零件、原料及半成品在各工序间搬运，导致成本发生，但这无助于产品价值的增加，此类作业活动就应减少或消除，以节省不必要的支出。

此外，作业成本法的实施还可以使责任归属更加明确，使管理上的问题更容易被发现，从而得到及时改进。企业可以比照分批法下制造费用预计分摊率的确定，由相关人员共同协商制定各作业活动成本的预计分摊率。将各项作业的实际成本与预计成本比较，就可以发现存在问题的作业及其责任人或责任单位。因此，从成本控制和绩效考评的角度讲，作业成本法比传统成本法更有效。

二、作业成本法的缺点

作业成本法主要存在以下三个方面的问题：

（1）不易划分作业活动。如果将企业整体的经营活动细分为不同的作业，往往要花费巨大的费用，但是将作业分类合并，又常常会因为成本动因的不同而造成分类、计算上的麻烦。因此，如何适当地将企业活动划分为适量的作业中心，需要管理者仔细考虑。

（2）不易确认成本动因。有些作业活动的成本动因不易确认，必须依赖人为的主观判断，尤其是与全厂生产有关的作业，常常使用面积、员工人数等主观选定的基础分摊成本，从而降低了成本的精确性，这也是作业成本法的不足。

（3）实施的收益未必高于成本。对于作业项目繁杂或产品种类多样的企业来说，实施作业成本法所消耗的作业度量成本、账务处理成本等很可能超过收益，这时就需要评估实施作业成本法的可行性，或尽可能将作业活动合并，以节约成本。

三、影响企业实施作业成本法成败的因素

影响企业实施作业成本法成败的关键因素主要有以下三个：

（1）获取资料的难易程度。企业实施作业成本法的主要动机是提供比传统成本法下更为精确和详尽的成本资料，因此，各项作业成本以及成本动因信息获取的难易，对实施作业成本法的成败有很大的影响。比如，企业在分析后发现，对于原料搬运作业来说，搬运次数是最适当的成本动因，但是企业在实际经营时并没有经济可行的方法来记录原料的搬运次数，这时企业就必须找出合理的估计方式，或者采取其他的成本动因。但是如果因此导致成本计算及分摊上产生较大的偏差，将影响实施作业成本法的效果。

（2）相关人员对各项作业活动的熟悉程度。在实施作业成本法之前，必须让公司内部相关的会计人员、管理人员及生产线上的技术人员了解各项作业的流程及操作，以降低在划分作业活动建立成本库、确认成本动因以及进行成本分摊等工作上的难度。

（3）管理层的支持程度。一项新制度能否顺利实施，必须依靠有能力的领导者推动，并且获得高层管理人员的支持。作业成本法改变了传统的成本分摊方式及观念，但如果没有获得最高管理层的认同及了解，就很难发挥作用。

综上所述，企业在实施作业成本法的初期，应当尽早让所有相关人员熟悉作业成本法的含义，了解实施后能够获取的效益，并共同参与实施过程、共同推动，这样才能促进企业的全面改变，才能使新制度真正发挥成效。

任务二　作业成本法的基本原理及计算程序

情境一　作业成本法的基本原理

采用作业成本法，由于作业消耗了资源，产品消耗了作业，因此资源应当通过资源动因分配给作业，形成作业成本，而作业成本应通过作业动因分配给产出。

作业成本法的基本原理可以概括为：依据不同成本动因分别设置成本库，再分别以各种成本对象所耗费的作业量分摊其在该成本库的作业成本，然后分别汇总各种成本对象的作业总成本，计算各种成本对象的总成本和单位成本。

情境二　作业成本法的计算程序

一、确定成本计算对象

与传统成本法一样，将产品的品种、批次或者步骤作为成本计算对象。

二、确定直接计入产品成本的类别

即确认直接材料、直接人工成本项目。

三、确认作业类别和作业中心

确认进货作业、质检作业、发货作业、生产作业等，并确定作业中心。

四、将资源成本分配到作业中心

将企业投入的各项资源汇集起来，分配到每个作业中心的成本库，如果分得清哪项作业耗费了资源，则可直接计入该项作业；如果分不清，则可根据一定的成本动因，将该项资源在共同耗费该资源的作业中心之间进行分配。常用的成本动因如表2-6-1所示。

表2-6-1　常用的成本动因

作业	成本动因
材料移动作业	搬运次数、搬运距离、吨千米
机器加工作业	机器小时
能源消耗	电表、流量表、装机功率和运行时间
清洁作业	平方米
人事管理作业	雇员人数、工作时间
安装作业	安装小时
制作订单作业	订单数量
顾客服务作业	服务电话次数、服务产品品种数、服务时间

五、将各个作业中心的成本分配到成本对象

选择成本分配基础即成本动因，分配作业成本。例如，整备作业的成本动因是整备次数或整备小时，整备次数假定每次整备作业耗用的资源都是相同的，整备小时则假定资源的消耗量是随着产品所需要的整备时数的变动而变动。再如，抽样检验作业的成本动因是生产的批次；钢板打眼作业的成本动因是打出的眼数；组装作业的成本动因是直接人工小时等。这个步骤的分配工作反映了作业成本法的基本前提，即产出量（成本对象）决定作业消耗量。这种作业消耗量与企业产出量（成本对象）之间的关系就是前述的作业动因，这是作业成本的延伸。

六、计算产品成本

根据各产品发生的直接计入费用和各成本库中的作业成本，分别汇总计算出该产品的成本，包括总成本和单位成本。

对于可以直接追溯到产品的原材料等直接成本，其计入产品成本的方法与传统成本法无异；而作业成本法计算程序的主要特点是运用计算得出的作业成本（成本库）分配率和各产品所耗用的作业量指标（即耗用的作业动因数量），将作业成本追溯到各产品。

情境三　作业成本法核算举例

采用传统成本法，在分摊产品的间接成本时，通常以产量或与产量有密切关系的变量（如直接人工工时等）作为分摊的基础。但是，产量并非所有成本项目的唯一动因，这就导致成本分摊不够精确。而作业成本法对成本做了详细的分类，对每类成本选取不同的成本动因，从而使间接成本的分摊更为细致，产品成本的计算更为精确。

为了说明问题，下面举例说明作业成本法与传统成本法的计算原理及其差异。

【例 2-6-1】 假设某企业生产甲、乙两种产品。有关资料如下：

(1) 甲、乙两种产品的年产量分别为 500 件和 2 000 件。

(2) 甲、乙两种产品的单位直接人工成本分别为 12 和 10 元。

(3) 甲、乙两种产品的单位直接材料成本分别为 30 元和 25 元。

(4) 制造费用总额为 143 400 元。

(5) 甲、乙产品所耗费的直接人工小时总额为 5 000 小时，甲、乙产品分别耗用 1 000小时和 4 000 小时。

采用传统成本法，制造费用按直接人工小时进行分配：

$$\text{制造费用分配率}\ \frac{143\ 400}{1\ 000+4\ 000}=28.68$$

则：

甲产品应分配的制造费用＝1 000×28.68＝28 680（元）

乙产品应分配的制造费用＝4 000×28.68＝114 720（元）

甲、乙产品的单位制造费用均为 57.36 元。两种产品的单位成本计算见表 2-6-2。

表 2-6-2 单位成本计算表（传统成本法） 单位：元

成本项目	甲产品	乙产品
直接材料	30	25
直接人工	12	10
制造费用	57.36	57.36
合计	99.36	92.36

采用作业成本法，对制造费用进行详细分析，依据成本动因设置五个成本库，其详细内容见表 2-6-3。

表 2-6-3 成本库及其分配比率表（作业成本法） 单位：元

成本库	可追溯成本	甲产品作业量/次	乙产品作业量/次	合计/次	分配率
机器调整准备	20 000	300	200	500	40
质量检测	14 000	400	300	700	20
生产订单	33 000	120	180	300	110
维修	22 400	30	50	80	280
原材料收货	54 000	200	400	600	90
合计	143 400	—	—	—	

根据表 2-6-3，编制制造费用分配表，见表 2-6-4。

表 2-6-4 制造费用分配表（作业成本法） 单位：元

成本库	甲产品分配额	乙产品分配额	合计
机器调整准备	12 000	8 000	20 000
质量检测	8 000	6 000	14 000
生产订单	13 200	19 800	33 000
维修	8 400	14 000	22 400
原材料收货	18 000	36 000	54 000
合计	59 600	83 800	143 400
单位产品制造费用	119.20 元/件	41.90 元/件	—

根据表 2-6-4，编制单位产品成本计算单，见表 2-6-5。

表 2-6-5 单位产品成本计算单（作业成本法） 单位：元

成本项目	甲产品	乙产品
直接材料	30	25
直接人工	12	10
制造费用	119.20	41.90
合计	161.20	76.90

表 2-6-2 与表 2-6-5 的结果显示了传统成本法与作业成本法的区别。采用作业成本法，除了提供更为详细的成本信息外，其所确定的产品成本也与传统成本法下的不同。在例 2-6-1 中，如果采用传统成本法，甲产品与乙产品的单位成本差距不大（99.36 元与 92.36 元）；而采用作业成本法，甲产品与乙产品的单位成本差别较为明显（161.20 元与

76.90元）。就制造费用而言，采用传统成本法，甲产品与乙产品的单位制造费用都是57.36元；而采用作业成本法，甲产品与乙产品的单位制造费用分别为119.20元和41.90元。

由此可见，与作业成本法相比，传统成本法提供的成本信息严重失真，由此必然带来管理决策的潜在失误。而作业成本法则较好地反映了制造费用等间接成本的同质性，其所进行的分配更加合理准确，提供的成本信息相对较为准确。

任务三　作业成本法与传统成本法的区别

情境一　作业成本法与传统成本法的比较

作业成本法与传统成本法相比，其主要区别表现在以下几个方面。

一、成本计算对象不同

传统成本法的成本计算对象主要局限于“产品”层次，而且往往是最终产品，而作业成本法更关注产品形成过程和成本形成的前因及后果，成本计算对象具有多层次性，资源、作业、最终产品等都是成本计算的对象。传统成本法下的成本概念只局限于产品的生产制造过程。作业成本法立足于全程的成本进行管理，将成本视野向前延伸到产品的市场需求阶段，分析相关技术的发展态势，向后延伸到顾客的使用、维修及处置阶段。

二、间接费用界限不同

不论是传统的分批法、分步法还是作业成本法，对产品直接成本的处理方式都是一致的，即直接追溯至特定的产品。但对产品间接成本的分摊，作业成本法与传统成本法在分摊方法及分摊范围上则有所不同。

在传统的成本计算方法下，间接制造费用通常是在全厂范围内采用一个费用分配率进行一次性分配，或者是先将制造费用按生产部门归集，然后按一系列的部门分配率进行分配。至于各生产部门制造费用分配的标准，则根据各个生产部门的生产特点选取。例如，劳动密集型的部门以人工工时或人工成本作为制造费用的分配标准；机器密集型的部门以机器小时作为制造费用的分配标准；以耗用原材料为主的部门，则以原材料成本作为制造费用的分配标准。这种制造费用的分配方法严重忽视了各种产品生产的复杂性和技术含量的不同以及与此相联系的作业量不同，从而导致产品成本的扭曲，掩盖成本发生的实质，造成不同产品之间的成本转移。

以例2-6-1的批量差异为例，采用传统成本法，可能导致小批量产品（产量为500件的甲产品）应分配的制造费用转移到大批量产品（产量为2 000件的乙产品）中去，从而造成小批量产品应分配的制造费用被低估，而大批量产品应分配的制造费用被高估。例如：采用作业成本法，甲产品应分配的制造费用为119.20元，而采用传统成本法，甲产品应分配的制造费用为57.36元；采用作业成本法，乙产品应分配的制造费用为41.90

元，而采用传统成本法，乙产品应分配的制造费用为57.36元。

三、信息准确性不同

采用传统成本法，计算成本的主要目的是把辅助部门归集的制造费用以一种平均线性方式分配到各个产品中，没有考虑实际生产中产品消耗与费用的配比问题，只能是一种“绝对不准确”的信息。

采用作业成本法计算出的产品成本信息，可视为一种“相对准确”的信息。采用作业成本法分配间接费用时，着眼于费用、成本的来源，将间接费用的分配与产生这些费用的原因联系起来。在分配间接费用时，选择多样化的分配标准（成本动因），使成本的可归属性大大提高，并将按人为标准分配间接费用的比重降到最低限度，提高了成本信息的准确性。如果把产品的成本视为靶心，作业成本法虽然不能每次都击中靶心，但是能始终如一地击中靶的外环和中环。

四、生产管理和质量管理方式不同

传统成本法下的生产管理系统是一种由前向后推的生产系统。即生产从原材料开始进入第一生产工序，第一生产工序完工后的半成品转入第二生产工序，依次类推按部就班，直至最终形成完工产品，因此传统的成本质量管理一般都将工作重点放在半成品和完工产品的质量检测上，出现问题及时修补或剔除。

作业成本法下的生产管理系统一般为适时生产系统，它与传统生产不同，是由后向前拉的一种逆推式生产系统，企业的生产程序环环相扣，衔接非常紧密，提高了工作效率和收益水平，也使得企业减少了存货带来的费用。作业成本法下的质量管理是全面质量管理，要求各个生产环节的工人把好自我生产关口，实现自我质量监督，发现废次品立刻在本生产工序中纠正。

五、分配基准特性不同

传统成本法主要采用单一的人工工时等财务变量为分配基准，忽略了一些良好的非财务变量，因而丧失了一些改善企业管理的有利机会。作业成本法的分配基础是多元的，不但强调如人工工时、机械工时、生产批量、产品的零部件数量等财务变量，也强调如工艺变更指令、调整准备次数、运输距离等非财务变量。采用多元分配基准，提高了产品与其实际消耗费用的相关性，使管理深入到作业层次，以消除不增值作业，改进增值作业，增加顾客价值。

六、适用条件不同

传统成本法适用于产品结构单一、制造费用数额相对较小且其发生与直接人工成本有事实上相关的劳动密集型企业。作业成本法一般适用于间接费用所占比重较大、产品品种繁多、产品生产工艺复杂多变、生产经营活动十分复杂、较好地实施了适时生产系统和全面质量管理体系、管理当局对传统成本计算系统提供信息的准确度不满意的技术、资金密集型企业。

情境二 我国企业在借鉴作业成本法时应注意的问题

根据以上的分析，可以看出作业成本法是一种较为科学的成本计算方法。鉴于我国企业在成本计算和成本管理上存在诸多问题，我们应该吸收和借鉴这种成本计算方法的原理和精髓，以提高成本信息的决策相关性和成本管理的有效性。但是，在借鉴时，必须充分考虑企业的具体情况和作业成本法的局限性。鉴于此，可以首先在原材料供应较为充裕、市场竞争激烈、生产线成熟、自动化程度高、产品技术含量高、基本具备了实施作业成本计算条件的企业试用，并且在应用的方式方法上可以多种多样。

在借鉴和应用作业成本法时，企业应特别注意以下几个方面的问题。

一、从现实需要出发来设计作业成本计算系统

要充分认识企业的具体情况，注意把作业成本法的实施与企业成本管理水平的改进和提高结合起来。就目前我国企业的实际情况来说，应用作业成本法主要还是应用其成本计算的原理为我们的成本管理服务，而不是以作业成本法完全取代传统的成本计算方法。在条件较为成熟的企业可以较为全面地试行作业成本法，而就多数企业来说，则应该是在生产经营的某些环节或者局部某些费用的分配方法上引入作业成本法的原理，以提高成本信息的质量，使其更好地为企业生产经营和决策服务。

二、充分认识作业成本法在费用分配上的本质要求

作业成本法之所以可以提供相对准确的成本信息，是以以下两个基本条件为前提的：

（1）同一作业成本库中的成本均由同质作业引起，即在同一成本库中，成本受单一作业或主要作业驱使所致。若成本因两个或两个以上主要作业而发生却仅以一个作业为基础将成本分摊至产品，则违反了这一条件，所以若将成本以武断的方式进行分摊仍会造成成本扭曲。

（2）同一成本库中，成本变动与作业的变动水准是等比例增减的，即成本动因与被分摊成本间有密切的因果关系。作业成本法的限制在于某些成本的发生与产品无直接因果关系，因而无法找出合适的成本动因。在这种情况下，贸然分摊必将造成错误，如闲置生产能力的成本就是如此。

若严重不符合这两个基本条件，不仅达不到预定的目的，而且会适得其反。因此，企业在实施作业成本法时，首先应全面、精细地对生产经营过程进行作业分析，然后在此基础上建立作业成本库和选择成本动因，切忌主观武断。

三、充分考虑成本效益原则

实施作业成本法是一项较为庞大的系统工程，即使是局部采用也是一件较为复杂的工作，因此，实施作业成本法预计成效如何、需要耗费的成本怎样是企业应研究的重要问题，应力求有效地解决企业生产经营过程和成本管理中存在的问题。所以，企业在实施作业成本法时，必须认真地分析企业生产经营过程和成本核算中存在哪些问题，采用作业成本法和作业成本管理是否有助于这些问题的解决以及其成本效益如何，以便有效地、有针对性地解决这些问题，并使耗费的成本较小。如果企业需要耗费较大的人力、

物力和财力进行复杂的成本核算，但这并不能解决所存在的主要问题，则不应盲目实施作业成本法。

任务四　作业成本管理

情境一　作业成本管理的内涵

在作业成本法的基础上，作业成本管理应运而生。作业成本法将间接成本与幕后产生成本的推动力联系起来，通过修正成本动因不仅可以增强成本的归属性与准确性，而且能够为企业管理的决策提供更加科学有用的信息。

管理者在作业及成本动因分析过程中，通过区分不增值作业和增值作业，尽量消除作业链中的不增值活动，从而达到降低成本的目的，这就是作业成本管理。

作业成本管理是以提高客户价值、增加企业利润为目的，是基于作业成本法的新型集中化管理方法。它通过对作业及作业成本的确认、计量，最终计算产品成本，同时将成本计算深入到作业层次，对企业所有作业活动进行追踪并动态反应，进行成本链分析，包括动因分析、作业分析等，为企业提供准确信息，指导企业有效执行必要的作业，消除和精简不能创造价值的作业，从而达到降低成本、提高效率的目的。

情境二　作业成本管理的实施

尽管作业成本管理在不同行业、不同经济技术条件、不同规模的企业实施各具特点，但是根据作业成本管理的基本原理，借鉴西方企业的实施经验，作业成本管理具体实施时一般应遵循以下程序。

一、作业分析

（一）分析积累顾客价值的最终商品的各项作业，建立作业中心

从外部顾客角度出发，作业成本管理的目标是尽量通过作业为顾客提供更多的价值。既然企业最终商品的顾客价值均由作业链创造，那么作业成本管理的着眼点就应放在这条作业链上，对构成作业链的各项作业进行分析，并确认主要作业和作业中心。一个作业中心是生产程序的一部分，按照作业中心汇集和披露成本信息便于管理当局控制作业、考评绩效。

（二）企业内部作业链的再分析

企业流程可根据流程的必要性和价值是否增值大致分为下列三类：

(1) 不增值作业。在该环节，价值不会增加，由于时间价值存在，甚至会损害价值。此环节企业不需要，应尽量避免存在，发现之后应立即取消。

(2) 必要但不增值作业。必要但不增值作业往往是指那些虽然暂时和最终不创造价值，但从长远来看还需要且必不可少的环节。这类环节虽不能马上取消，但是可以通过

流程重组或整合尽量减少，这样不但可以消除浪费，还可以优化资源配置，提高生产效率。

（3）增值作业。这是指那些真正能创造出客户所接受的价值的环节。该环节是企业价值创造的核心环节，应积极提高此类环节的效益，并高效地实现价值创造。

通过企业作业分析，依据重要性原则，最大限度地消除不增值作业、减少浪费、推进价值活动的优化，并降低非增值成本、提高增值作业的效率，为增强企业竞争优势而进行价值作业的改进。

二、价值链分析

对企业来说，流程问题在财务上往往归结为价值增值和价值传递的过程，而这种价值的传递形成了价值链。

对企业价值链进行分析，其作用点从企业内部扩展到企业外部。价值链分析要求将企业的价值链置于整个商业生态系统的价值网络系统中。在扩展商业生态系统中，应注重企业与其供应商和顾客之间的关系，以及企业内部价值链中各活动间的联系，做好质量方面的改善工作，为企业获得竞争优势打下良好的基础。

从财务战略管理的角度看，价值链分析有企业内部价值链分析、产业价值链分析和商业生态系统价值网络分析三个关键部分。

（一）企业内部价值链分析

企业内部价值链是指企业内部为顾客创造价值的主要活动及相关支持活动。在一个发展相对完善的企业中，企业的价值活动包括产品开发、供应、生产、销售、售后服务等方面。企业的这些活动是相互依存、有序的有机整体，每一个步骤的活动都会对价值链产生影响。

（二）产业价值链分析

对单个企业来说，它在所处的行业价值链上占据一定的位置，并与其供应商、客户等形成一种垂直连接的关系。正是由于这种垂直的关系链，企业的成本、价值必然受到上下游作业活动和效率的影响。如供货商的交货速度、产品质量、服务品质等，都会对企业的成本、价值产生影响。供货商的及时交货、提供高质量的产品，可以让企业做出减少相应原料存货的决策，从而降低存货成本。

通过产业价值链分析，企业不单可以找到自己所处的企业生态位置，以便寻求联盟合作，优化资源配置，从而改善自身的价值链管理成本，还可以模拟观察竞争对手的价值整合程度。通过态势分析等战略分析，做出科学正确的决策。

（三）商业生态系统价值网络分析

价值网络是商业生态系统中由利益相关者之间相互影响而形成的价值创造、分配、流转和使用的关系及其结构。价值网络改进了价值链分析并扩大了资源的价值影响。

由于价值网络的基本特征不同于产业价值链，故不能简单地将其理解为规模经济。价值网络已经突破了传统的行业界限、产业界限。价值网络正发挥着新的功能，如为企业提供获取信息、资源、市场、技术的可能性；通过学习、整合得到规模和范围经济；帮助企业实现风险共担、组织功能外包等。

即使是在商业生态系统中，整个价值流所流经的企业、组织也是一个动态联系的有机整体，也必须保证整个价值网络的均衡发展。如果核心企业价值增值环节较多，但系统中其他成员企业的增值环节不多，则会影响企业价值流动效率，进而影响整个系统价值流动效率。

通过上述对企业内部价值链、产业价值链和商业生态系统价值网络的分析，企业可以更好地了解自身的竞争优势，认清企业的生态位置，从而成功实现企业升级或转型。

值得注意的是，由于市场竞争变化速度加快、影响范围加深，而社会分工也更加细化，价值作业之间、企业之间的互动效率也逐渐趋势化。此时的企业要想获得长远的发展，除了必须实现企业内部的价值优化外，也必须注重产业内、商业生态系统内价值关联作业的改善与重造，实现对价值链（网）的剪裁与重构，从而实现企业的价值链优化，竞争力长存。

三、企业内部资源的分配

（1）归类汇总企业相对有限的各种资源，并将资源合理分配给各项作业。企业的生产经营活动消耗作业，作业则消耗资源，而企业的资源总是有限的。因此，作业成本管理强调要对企业的各种资源分类汇总，建立资源库，根据需要科学合理地对各项作业进行资源配置，并对各项作业资源耗费所创造的顾客价值大小进行跟踪动态分析，尽可能降低必要作业的资源消耗，杜绝不必要作业的资源浪费。

（2）对生产经营的最终商品或劳务分类汇总，明确成本对象。成本对象的确定必须包括所有的最终商品或劳务，不能遗漏，否则其他商品或劳务就会承担过高的成本，从而造成成本信息的失真。但是，作业成本管理并不是直接以最终商品或劳务为成本管理的对象，而是将相关的作业、作业中心、顾客和市场纳入成本管理体系，这样就抓住了资源向成本对象流动的关键。

（3）发掘成本动因，加强成本控制。发掘成本动因，就是摒弃传统的狭隘的成本分析方式，代之以与战略相结合的方式进行成本动因分析，并以成本动因为标准，将各项成本归集到终极商品或劳务。加强成本控制，主要强调两个方面：一是控制成本动因，只有了解了主要价值链活动的成本动因，才能真正控制成本；二是通过改造和优化企业的主要作业链活动，如商品设计与研制开发、生产、营销等，来取得成本竞争优势。

四、业绩评价

企业应建立健全业绩评价体系，加强成本管理的绩效考评。实施作业成本管理，必须结合责任会计制度建立健全成本管理的绩效评价体系，将作业中心的确立与责任中心的划分衔接一致，明确经济责任和权限范围。通过使用合适的成本动因，保证成本指标和经营绩效的真实性与可靠性，从而有助于管理当局从非财务的角度进行业绩评价，进一步从理论上完善责任会计。

综上所述，作业成本管理将控制成本、降低成本的视野由以“商品”为中心转移到以“作业”为中心，它不是以“成本”论成本，而是联系成本发生的前因（成本动因）与后果（成本耗费）来寻求控制成本的途径和方法；它不是简单、盲目地削减成本，而是通过对作业的跟踪和动态反映，通过事前、事中、事后的作业链及价值链分析，实现企业持续低成本、高效益目标。

情境三　作业成本管理实施的现实意义

作业成本管理是以作业为成本管理的起点与核心，与传统的以商品或劳务为中心的成本管理相比是一次深层次的变革和质的飞跃。

一、适应新经济技术环境的客观要求

随着全球经济一体化和资本国际化进程的加快，科学技术朝着信息化方向迅猛发展，市场需求的多样化、个性化，现代企业商品生产过程的自动化、信息化以及制造系统的复杂化是当前不可逆转的大趋势。在这种新的经济技术环境下，若继续采用在商品成本中所占比重越来越小的直接人工去分配所占比重越来越大的制造费用，必将导致商品成本信息的严重失真，进而误导企业管理者的战略决策。

作业成本管理与传统成本管理的显著区别在于前者将企业视作为满足顾客需要而设计的一系列作业的集合体，企业商品凝聚了在各个作业上形成而最终转移给顾客的价值，作业链同时表现为价值链，从而将成本管理的着眼点与重点从传统的“商品”转移到了“作业”，以作业为成本分配对象。这样不仅能够科学合理地分配各种制造费用，提供较为客观的成本信息，而且能够通过作业分析，追根溯源，不断改进作业方式，合理地进行资源配置，实现持续降低成本的目标。因此，作业成本管理能够很好地适应高新经济技术环境对成本管理的客观要求。

二、有利于加强成本控制

自 20 世纪 80 年代以来，现代企业间的市场竞争进入白热化。与此相适应，企业商品通常采用多品种、个性化、小批量的生产经营模式，以适应顾客日新月异的多样化需求，使得传统的以“商品”为管理的核心与起点，以标准成本与实际成本的差异分析及控制为重点的成本管理，日益难以适应这种新的、动态的、不稳定的生产经营环境。

作业成本管理则以作业成本为对象，以每一作业的完成及所耗资源为重点，以成本动因为基础，及时、有效地提供成本控制所需的相关信息，从而可极大地增强管理人员的成本意识，并以作业中心为基础设置成本控制责任中心，将作业员工的奖惩与作业责任成本控制直接挂钩，充分发挥企业员工的积极性、创造性与合作精神，进而达到有效地控制成本的目的。

三、有利于提高商品的市场竞争能力

随着社会生产的发展和世界经济的一体化，现代企业间的市场竞争逐渐趋于激烈化和国际化。而我国传统的成本管理模式只注重商品投产后与生产过程相关的成本管理，忽视了投产前商品开发与设计的成本管理，这已越来越难以适应当代社会经济发展的需要，极大地阻碍了企业商品市场竞争能力的提高。

作业成本管理则能很好地适应现代企业在激烈的市场竞争中的发展需要，从一开始就特别重视商品设计、研究开发和质量成本管理，力求按照技术与经济相统一的原则，科学合理地配置相对有限的企业资源，不断改进商品设计、工艺设计以及企业价值链的

构成，从而提高企业商品的市场竞争能力。

项目测试题

一、思考题

1. 什么是作业成本法?
2. 作业成本法与传统成本法有何区别?
3. 作业成本法的优缺点及需要我们注意的问题有哪些?
4. 简述作业成本法的一般核算程序。

二、技能训练题

某公司的主要业务是生产服装服饰。该公司的服装车间生产三种款式的女装和两种款式的男式西服。女装和男式西服分别由两个独立的生产线进行加工，每个生产线有自己的工厂技术部门。五款服装均按批组织生产，每批100件。有关成本资料如下：

(1) 该公司20××年12月每种款式服装的产量和直接成本如表2-6-6所示。

表2-6-6　产量、直接人工和直接材料　金额单位：元

产品品种	女装			男式西服		合计
型号	女装1	女装2	女装3	西服1	西服2	
本月批次	8	10	6	4	2	30
每批产量（件）	100	100	100	100	100	
产量（件）	800	1 000	600	400	200	3 000
每批直接人工	3 300	3 400	3 500	4 400	4 200	
直接人工总成本	26 400	34 000	21 000	17 600	8 400	107 400
每批直接材料成本	6 200	6 300	6 400	7 000	8 000	
直接材料总成本	49 600	63 000	38 400	28 000	16 000	195 000

(2) 本月制造费用发生额如表2-6-7所示。

表2-6-7　制造费用发生额　单位：元

项目	金额
生产准备、检验和供应成本（批次级成本）	84 000
女装产品线成本（产品级作业成本）	5 400
男式西服产品线成本（产品级作业成本）	6 600
其他成本（生产维持成本）	10 800
制造费用合计	214 800
制造费用分配率（直接人工）	200%

要求：根据以上资料：

(1) 采用传统成本法分配制造费用（按直接人工成本分配）。

(2) 采用作业成本法分配制造费用。

参考文献

［1］企业会计准则编审委员会．企业会计准则案例讲解．上海：立信会计出版社，2014.

［2］企业会计准则研究组．企业会计准则案例实解：主要经济业务操作指南．北京：中国宇航出版社，2014.

［3］《企业产品成本核算》编写组．企业产品成本核算：新制度与案例．北京：中国财政经济出版社，2014.

［4］财政部会计司．《企业产品成本核算制度（试行）》讲解．北京：中国财政经济出版社，2014.

［5］胡中艾，蒋小芸．成本核算．北京：高等教育出版社，2011.

［6］顾全根，刘洪海．成本会计实务．北京：人民邮电出版社，2013.

［7］江希和，向有才．成本会计教程．北京：高等教育出版社，2011.

［8］刘建中．成本会计学．北京：北京大学出版社，2012.

［9］陈东领，周美容．成本会计．北京：中国农业大学出版社，北京大学出版社，2011.

［10］张桂春．成本核算实务．北京：人民邮电出版社，2011.

［11］朱圻贤，董淑芳，刘朝臣．成本会计学．北京：北京工业大学出版社，2000.

［12］中华人民共和国财政部．企业会计准则（2006）．北京：经济科学出版社，2006.